中外教育交流与变革书系

ZHONGWAI JIAOYU
JIAOLIU YU BIANGE
SHUXI

余子侠　主编

外人来华留学的历史轨迹

◎／吉艳艳　王海凤　余子侠　著

中原出版传媒集团
中原传媒股份公司

大象出版社
·郑州·

图书在版编目(CIP)数据

外人来华留学的历史轨迹/吉艳艳,王海凤,
余子侠著.— 郑州:大象出版社,2022.4
(中外教育交流与变革书系)
ISBN 978-7-5711-1304-9

Ⅰ.①中… Ⅱ.①吉… ②王… ③余… Ⅲ.①留学教育-教育史-研究-中国 Ⅳ.①G649.29

中国版本图书馆CIP数据核字(2021)第274740号

外人来华留学的历史轨迹
WAIREN LAIHUA LIUXUE DE LISHI GUIJI

吉艳艳　王海凤　余子侠　著

出 版 人	汪林中
责任编辑	赵子夜　侯金芳　袁俊红　张　阳　邓　杨
责任校对	马　宁　李婧慧　耿新超
版式设计	付锬锬
封面设计	王晶晶

出版发行	大象出版社(郑州市郑东新区祥盛街27号　邮政编码450016)
	发行科　0371-63863551　总编室　0371-65597936
网　　址	www.daxiang.cn
印　　刷	郑州新海岸电脑彩色制印有限公司
经　　销	各地新华书店经销
开　　本	720 mm×1020 mm　1/16
印　　张	17.25
字　　数	296千字
版　　次	2022年4月第1版　2022年4月第1次印刷
定　　价	75.00元

若发现印、装质量问题,影响阅读,请与承印厂联系调换。
印厂地址　郑州市鼎尚街15号
邮政编码　450002　　　　　电话　0371-67358093

总序

人类社会已进入这样的历史时期——任何国家要想跻身于世界强国之列，必须高度重视教育。人才是国家强盛的战略资源，而人才的培养依赖教育的发展。教育交流与互鉴，对教育的发展有重要的促进作用。缘此，今日在认定教育为立国之本的同时，积极推进和发展与世界各国之间的教育交流，既是历史之必然，也是时代之应然。

一

早在十多年前，笔者在组织撰研中外教育交流丛书时，就阐明自学校教育在中国社会产生以来，中华民族的教育交流在不断地推进和发展。站在中国自身的角度或立场，这种教育交流大致可分为顺向交流、逆向交流和互向交流几种类型。笔者还根据学校教育与中华文化变迁和传衍之间的关系，大致分析了每种教育交流类型在中国历史进程中的主要特征或表现。

所谓顺向交流，是指在教育领域以中国为定点，通过相应的途径，将自身处于先进地位的文明因子和文化成分传输给其他的国家或民族的交流活动。以这种方式发生教育交流活动之时，中华文明往往处于一种上势地位或先进态势，通过相应的教育交流渠道，传播或输出到与己交流的国家或民族。例如中国近代以前的教育交流就是顺向交流，正是这种顺向教育交流，促进了今日人们所言的"东方儒学文化圈"的形成。

所谓逆向交流，则是中国作为一个文化的接受者，通过种种教育交流的渠道，将他国或他民族的先进文明因子和文化养分吸纳或引进国内，再结合国情所需融收化解于自身文明之中。其时自身的教育基本处于一种后进态势。这种逆向交流初现于明清之际，尤其突显于近代。这种类型的教育交流，推动了中国学校教育的变革和更新。

所谓互向交流是指在中外教育交流过程中，既有中华文化通过相应的教育交流途径传输给其他国家或民族，同时又有他国文化或他种文明输入中国的教育领域。其时教育交流的双方各有对方可资借鉴和吸纳的文明因子与文化养分。这种教育交流的情形，近二三十年来比较明显。它促进了中外文化的交流与互鉴，推动着人类文明的发展。

回望历史，上述三种教育交流类型只是以一种静态的眼光相对而言，其实无论在哪一个历史时期，中外教育交流的活动方式及文化内容，都不是单一的类型在发生或进行，而是顺向交流时也有逆向交流发生，逆向交流时也有顺向交流活动，或者互向交流发生时一时顺向交流占据优势，一时逆向交流成为主流。这不仅因为人类社会各个民族或国家，其文化各有优势，任何时候交流的双方互相都有可取之处，还因为双方的政治、经济、文化以及国际地位都处于一种恒动状态，故而在借鉴和吸收对方先进文化养分和积极文明因子时，也将自身的优良因素传输给对方，反之也是。如若求其区别，只是态度方面的积极与消极，作为方面的主动与被动，流量方面的充沛与弱小，以及交流时选择层面与领域的不同而已。要言之，教育，使人类社会走向文明且日益进步；交流，使教育事业得以创新而不断发展。

二

根据哲学的变易观点，任何事物只有不断地输入活性因子或吸纳新鲜养分，才能真正做到"日新，日日新"，具有"生生不息"的生命力。学校教育，无论其教育制度、教学内容，还是教育的思想理论、教学的方式方法，都只有不断地吸纳新的养分，才能够适应人类社会的发展和时代的需求，才能求其"系统"的活力常新，以利其更好地发挥自身的社会功能。

进入近代社会，中国发生"数千年来未有之变局"，国际政治地位由传统的"天朝上邦"沦落为贫弱挨打的后进之国，主体经济形态表现为自给自足的农耕经济被迫纳入世界工商经济的运行轨道。与之相应的传统教育系统，同样处于必须革新的历史关头。于是，通过教育交流我国的学校及其知识人才的培养获得了"自救"：学校教育系统吸纳新的养分，在艰难的"蜕变"过程中走向"涅槃"。

这一过程，在后人看来不过是万变宇宙间的一瞬，但在我国学校教育的发展历程中是一个极其重要的阶段，基本完成了中国学校教育的历史转型。这一转型，由何而起、因何而生、如何实现以及有何成效和经验教训，都值得学界去分析、总结，并借以探究其历史发展的规律性。因此，我们有必要也应该对这一历史时期的"中外教育交流"与中国教育的应变、革新与发展进行系统性研究和总结。

三

本书系定名为"中外教育交流与变革"，其中"交流"指中外之间在教育领域的交流，"变革"则指中国自身学校教育的变革。这两者自近代中国新式教育产生之后，一直处于一种相互联系又互相促进的状态。但学校教育无论是在理论层面、制度层面，或是教育教学实践层面，若进行线性梳理和分析，涉及的方方面面实在太多，不是一个小小的书系即能完事，因此在着手选题时，既要考虑研究者自身的学研能力和知识基础，又要考虑研究内容具有一定代表性。其结果就是产生了"码堆"的10部著作或10个方面的研究，虽说有些杂乱，但并非完全无"章"。

就学校教育的层次看，有学前教育方面和研究生教育层级的交流和变革作代表；就学校教育的类型看，有专门美术教育和电化教育这两种不同形态的教育交流与演变作代表。就教育交流的主体而言，既有来华者，也有华人出国者；既有受教者——学生群体，也有授教者——教师群体；就教育交流的成效而言，既有促进自身教育发展的教育翻译，又有促进中国社会变化的人才培养……当然，就教育交流的主要渠道或重要途径而言，留学教育及留学生群体着墨最多；就教育交流的流向及成效而言，则选题大多立足于中国自身教育的变革和发展。所有这些选题，从时间上来看，大多立足于"近代"。但如前面所言，中外教育交流与中国学校教育的发展，进入了一个新的历史阶段，即在过去近一个半世纪主要呈现为逆向交流的基础上，已开始转入以互向交流为主要特征的时代。缘此，本书系在外人来华留学和中外合作办学两项研究上，将其时间下限延至"当代"——以利于人们借以窥见新的"时代变局"中教育交流流向、形态变化之一斑。

纵观中华民族自古以来的教育交流，既有将自身已有的最先进文化推向世界的活动，亦有从其他先进的国家或民族摄取自身所需的文明因子的行为。在这种传输与求取、播衍与认同人类新知的过程中，中华民族通过种种途径一直未停歇教育交流活动，直到今天，仍在深化拓展与世界各国的教育交流与互鉴，为构建人类命运共同体贡献力量。

蕲阳 余子侠

于己亥年大寒

目 录

导　论 /001

上篇

第一章　晚清时期的外人来华留学（1840—1911） /017
　　第一节　外人来华留学管理 …………………………………… 017
　　第二节　外人来华留学所属国别 ……………………………… 028
　　第三节　外人来华留学所入学校及所选学科 ………………… 048

第二章　民国时期的外人来华留学（1912—1949） /054
　　第一节　外人来华留学管理 …………………………………… 054
　　第二节　外人来华留学所属国别 ……………………………… 063
　　第三节　外人来华留学方式 …………………………………… 080
　　第四节　外人来华留学所入学校及所选学科 ………………… 086

第三章　中华人民共和国成立初期的外人来华留学（1949—1972） /095
　　第一节　外人来华留学管理 …………………………………… 096
　　第二节　外人来华留学所属国别 ……………………………… 106
　　第三节　外人来华留学所入学校及所学专业 ………………… 121

下篇

第四章　新时期外人来华留学的制度与管理（1973—2013） /131
　　第一节　新时期外人来华留学的发展环境及态势 …………… 132
　　第二节　新时期来华留学教育制度变迁 ……………………… 140
　　第三节　新时期来华留学生日常管理变化 …………………… 158

第五章　新时期外人来华留学的生源和经费（1973—2013） /177
　　第一节　来华留学生的影响因素 ……………………………… 177
　　第二节　来华留学生的生源国别 ……………………………… 181
　　第三节　来华留学生的经费来源 ……………………………… 192

第六章　新时期外人来华留学的学校及专业（1973—2013） /203
　　第一节　来华留学生类别及学历层次 ………………………… 203
　　第二节　外人来华留学所入学校 ……………………………… 221
　　第三节　外人来华留学所学专业 ……………………………… 237

主要参考文献 …………………………………………………………… 260

后　　记 ………………………………………………………………… 264

导 论

面对席卷而来的全球化浪潮，国际教育市场竞争的加剧，不少国家尤其是一些发达国家，将国际教育作为教育、经济、政治和外交服务的重要领域，努力吸引海外生源，抢占教育服务市场，调配全球人才资源，旨在为本国教育、经济、政治和外交等工作服务。中国对国际学生教育的策略虽不同于西方发达国家，但国际学生教育无疑为我国教育和文化等的对外交流做出了重要贡献。进入21世纪以来，我国接收国际学生的规模也以每年约18%的涨幅增长，来华国际学生教育日益受到国家、地方政府和高等院校的重视。

一

来华国际学生，这里统称为外国来华留学生。对这一群体的接收与培养，在今日已成为中外教育交流的重要内容之一，是中国学校教育尤其高等教育领域日益增长的一个组成部分。这个来自异域他邦的学生群体，作为教育交流的产物和主体来到中国，进入学校接受教育，这种人类社会的群体行为或行动，在今日已产生多方面的社会效应。

首先，来华留学生在对接收国文化传播等方面有着重大贡献，有效地向世界各国传播了中华文化。

中华文化历史悠久，源远流长，底蕴丰厚，博大精深。灿烂的中华文明吸引着无数国际学生前来中国学习。改革开放后的中国业已在经济上取得了巨大成就，中国人民在新的历史时期也创造了新的物质文明和精神文明，中华文化在新时期有了新的内涵。发展来华留学生教育，可以很好地弘扬中华文化。国际学生前往异域他邦必须适应当地的文化，才能更好地生活和学习。因此，大部分国际学生都会努力调整自己以适应当地文化和生活。来华国际学生从踏上中国国土的那一刻起，就与中国人民尤其所在学校的师生一起生活、学习，自然会不知不觉地接受中华文化的熏陶，开始接触、理解并吸收于他们而言的异域文化。他们来华的留学体验，会让他们对中华文化的理解更加全面、具体和深刻。从某种意义上讲，来华留学生对中华文化的理解，应然甚至必然深于未曾来过中国或者在中国短期停留的外国人士。大部分外籍学子在完成学业后会回到自己的祖国，用在国外学习的知识、技能甚至语言和文化服务于自己的国家和人民。这一过程就是文化传播的过程。

其次，来华留学生进入中国接受学校教育，有力地促进了中国教育尤其高等教育事业的国际化。

在今日世界，学生流动是高等教育国际化进程中最有活力也极为常见的教育活动，是高等教育发展不可避免的趋势，而国际学生则是高等教育国际化的重要资源。这是因为：其一，接收更多的国际学生，有助于教学内容、课程体系的国际化和对学生管理的国际化，为派出国和接收国之间建立友好的国际关系，建立全球性的经济和外交关系打下一定的基础。其二，高等院校需要在全球范围内既竞争又合作，以获得持续发展的资源和生源。国际学生的到来有助于促进高校积极应对日益国际化的教育需求，优化国际化课程体系，培养具有全球视野的人才，有助于高等院校发展国际合作与交流，以增强学校的国际竞争力。其三，吸取其他文化的精华，增强自身文化的竞争力，是高等教育国际化和多样化，并帮助所有学生有效适应日益全球化社会的先决条件。不少学者对国际学生的行为及对校园文化带来的影响进行了研究，发现国际学生在校园文化的国际化进程中起到至关重要的作用：在参与课堂讨论或合作项目的研究以及在与本地师生交往的过程中，国际学生的不同视野会影响本地师生；国际学生为校园带来国际文化，让那些没有机会出国的学生体验文化多样性，拓展学习经验和社会交往经验。在接收并培养国际学生的学校中，师生均会在文化的交流与碰撞中更新思维、开阔视野、取长补短，吸取不同文化和文明的精华，促进国际理解与交流。国际化的学生群体有利于促进本国学生及教师与国外学生之间的交流、学生间的互相学习，不同文化在大学里交流、碰撞和融合，从而提高教育质量和学校教育国际化水平，建立起种族多样、文化多元、思想解放的人文环境和学术环境，使学校成为新思想的聚集地，成为培养大批高质量、极具创新能力和国际视野的人才的摇篮。

除了上述二者，接收外国留学生和发展国际学生的教育事业，在今日世界还会产生下述教育的社会功效。

一是抢夺国际人才资源。随着知识经济的发展，"得天下英才而育之，且用之"已成为许多国家经济发展的重要战略。尤其一些发达国家，如美国、英国、德国、澳大利亚、新加坡等，已然在全球掀起了争夺国际人才资源的无声战争。国际学生流动的格局和趋势，往往能体现各国教育核心竞争力的强弱，更集中体现国家综合实力和全球影响力。以美国为例，大量来美国接受教育的国际学生最后都成为美国重要的生产力，为美国经济发展做出了重要贡献。二战后美国取得的科技成果当中，只有20%由本土美国人所取得。在美国东部地区10个州的高校里，讲师以上的教师中通过留学定居美国的华人就有8000多人，其中教授占四分之一以上，而且他们当中越来越多的人已成为首席教授。美国利用自身的教育优势，广泛吸引全球优秀人才和拔尖人才，并为己所用，巩固和提升了教育大国的地位和国际竞争力。

由于自身的人口结构和国情特点，中华人民共和国很长一段时间都不是移民输入国家，也鲜有鼓励外国人移民中国的政策。然而，随着近些年来中国经济的发展及国际贸易的频繁，国际贸易领域劳动力市场的供不应求导致了中国对外籍劳动力的需求增加。中国人口结构变化趋势表明，人口老龄化步骤加速，青壮年劳动人口比例逐渐缩小，国家应该吸收国际人才资源的输入。吸收国际人才已日渐成为中国对外开放的举措之一，接收和留用来华留学生的需求越来越紧迫。

二是增加国际贸易收益。国际学生教育不仅对接收国的文化传播、高等教育国际化发展等方面有着重大贡献，而且对经济发展、增加国际贸易收益也有着重要意义。有关报道显示，美国和英国在国际教育领域的收入对本国平衡对外经济贸易逆差起到了重要作用。① 根据美国国际教育学院2012年的数据，每年国际学生的学费和生活花费为美国贡献200亿美元的收入。2013年，在美国高校就读的国际学生，为美国经济贡献了240多亿美元的收入。2012年，来自国际学生的收入占了英国高等教育机构收入的10%以上，一些学校的比例已高达36%。澳大利亚政府更是重视国际学生教育对本国经济发展的重要作用。他们将本国的高等教育作为重要的国际贸易产业来运作。2000年，澳大利亚的大学共收取国际学生的学费77亿美元。这笔收入平均占到澳大利亚大学总收入的8%，有些国际学生较多的大学学费收入更是占到大学总收入的1/3。至2008年，国际学生教育产业已成为澳大利亚第三大出口产业，国际学生教育为其贡献了120亿美元的收入。在加拿大，仅2012年的国际学生留学期间所付的学费及其他开支，就为加拿大经济贡献了84亿加元。纵观世界发达国家的国际学生教育，一方面可以拓宽接收院校的经费渠道，增加高校的经济收入；另一方面可以缓解接收国政府对高等教育投入的压力，同时对带动国际学生接收国经济的增长也有不可小觑的作用。除了发达国家，还有一些发展中国家也从国际学生教育中受益匪浅。

进入21世纪后，来华国际学生教育才得以大规模发展，因此对中国来说，来华国际学生教育所带来的经济收益在教育领域虽初见端倪，但在整个国家经济发展中的作用尚未显现。然而，随着国际学生教育的发展，中国必须参与到这一战略资源的竞争中，重视国际学生教育在经济领域的贡献。

三是促进国际交流与合作。由于求学特征和在留学目的地国（亦可称接收国）停留时间较长，培养国际学生是一种最深入的公共外交。接收和培养的大批国际学生，无疑会成为留学目的地国的潜在人脉资源，成为两国之间的桥梁，促进国际交流与合作。我国经济发展和政治稳定离不开和平、稳定的国际环境，离不开更多的国家和人民的理解和支持，离不开外来人士对发展本国与中国友好关系的推动。国际学生能在推动中外友好关系发展中起到

---

① 赵忠秀：《迈向亚洲最大留学目的地国——新中国来华留学综述》，《神州学人》2015年第7期，第4—7页。

重要作用。

1950年接收第一批来自东欧国家的33名国际学生，中华人民共和国开启了外国学生来华留学的序幕。经过60多年的发展，我国已培养了来自200多个国家和地区上百万的来华留学生。这些国际学生中涌现出了许多杰出校友，如埃塞俄比亚总统穆拉图、泰国公主诗琳通等。据了解，从我国毕业回国的外国来华留学生，有一些人在其国家担任了中央政府副部长级以上职务，还有一些人回国后先后出任过驻华大使和驻华使馆参赞，另有一些人成为他们国家的著名学者、大企业家，还有不少人在对中国开展交流与合作的文化、经贸等部门担任项目经理或贸易代表，更多的人则成为他们国家建设的宝贵人才。这些留华毕业生，是中国营造友好国际环境、发展软实力的一支不可忽视的有生力量。

二①

学生的国际流动，在人类社会发展史上早就出现且有记录。只是在不同的历史时期各个国家之间教育交流的学生流动现象各不相同，存在不同的特点。而且在不同的历史时期，对这种教育交流主体的称谓以及其教育行为的表述也多有不同。缘此，对外人来华留学的一些概念或名词，有必要在全书开篇部分加以厘清或阐明。

在中国历史上，留学亦称游学。然而细究"游学"一词，与今日所言"留学"，二者还是小有区别。这种区别与人类社会的进步、教育自身的发展相关。

游学，其词义本身是指远游异地从师求学。站在受教育主体的角度，是就其教育活动状态而言，重在"游"字上，是一种动态的表现。其中的"游"，指行走、来往，故而"游学"另指春秋以降的封建社会以己之长游说诸侯或权势者以谋求职位之人的社会活动。根据清末有关官方文件，如清外务部《奏议复派赴出洋游学办法章程折》中对其时留学生派遣的"名目"划分，即将

---

① 此目所叙文字，为笔者在《中国人留学史》（社会科学文献出版社2013年1月出版）一书中撰"绪言"的部分内容改写而成。

其时选派出国求学之人分为"贵胄学生""官派学生"和"游学学生",并于"游学学生"目下加以说明——"如民间自备资斧出洋者皆是"来看,这里的"游学"又带有个人自由赴异域他邦进学从师的意蕴。

留学,其词义本身是指远离乡邦留居异域他国入学求教。站在受教育者的角度,是就其教育行为方式而言,重在"留"字上;就行动主体所处状况来看,有一种静态之义。其中的"留",是指求学者在一段较长时间内停留或留止在某地(尤指留居某国)而求师问学的行为表现。如在隋唐时期,日本将跟随遣唐使(隋时叫遣隋使)而来中国求学的学生称为留学生,即因这些来华求学之人并非一时的行为,而是在那些外交人员回国后仍"留居外国"学习或研究一段时期的学子。相较而言,那些随遣唐使归国时一起回国的学生则被称为"还学生"。

尽管从词义上深探两者存在细微的差别,或从受教育者所处角度的不同而给予的说法不同,但在近代以前,确切说在进入20世纪之前,国人对远游他邦异国的求学活动,概以"游学"相称。直到清末"新政"时期实行教育变革广派学子出洋求学时,仍以"游学"专指这种教育活动或行为方式:清朝颁行种种有关留学教育的文件时,即概用"游学"一词来厘定章程;官员奏章及官方文件汇编,亦加以"游学"二字概定;政府设立的负责留学生选派工作的机构,如"游美学务处",亦以"游学"定名;民间社会对于出洋留学行为,亦概称为"游学东洋"或"游学西洋";即使身在国外求学之人物或留学归国之学子,他们发表的种种文字以及创办的报刊,亦加以"游学"二字来定名。如此等等,表明其时虽说新式教育已经兴起与发展起来,但国人仍然多用传统的"游学"指称求学之人出国留学的行动。

也就在清末留学热潮勃兴之际,国人亦有用"留学"二字指称出国求学之事,用"留学生"一词指称出国求学之人。在当时一些报刊中,既有以"留学""留学生"字样行文者,也有以"留学"或"留学生"为题而刊发文字者,还有直接以"留学"("留学生")字样作为报刊之名者。其实,即使在同一报刊或同一年份出现的有关留学及留学生的文字,也是"游学"与"留学"杂用,"游学生"与"留学生"并行。由是可见其时"游学"("游学生")、"留学"("留学生")两种称谓杂用或混称之大概情景。

其实早在20世纪之前"留学"二字就被用来指称出国求学的行为，"留学生"一词就被用来指称古代所说的游学之人士。如在1877年至1882年间出任大清国驻日本国使馆参赞的黄遵宪，即在其《日本杂事诗》中对其中有关诗句作如此注释：

> 学校卒业者，则遣往各国，曰海外留学生。日本唐时遣使我国，每有留学生，官制礼教，皆亦趋亦步。今于泰西，亦如此也。①

就其时的历史背景，黄遵宪用"留学"及"留学生"指称出国留学行为及其行为人，应该是借用了日本人对这种教育之事、之人的传统说法。前已提及，早在隋唐时期，日本即多次派遣学子来华求学。自隋开皇二十年（600年）日本推古天皇阿每多利思北孤"遣使诣阙"，到唐乾宁元年（894年）日本来唐使节参议菅原道真请求中止"聘使渡海"行动获准，在近300年的中日交流中，日本共遣派来华使团计16次之多，其中遣隋使4批、遣唐使12批。此外，还有3次"送唐客使"和1次"迎入唐大使"的遣唐行动或外交活动。在这些来华使团从事外交活动时，日本还派出了大批的学子和僧人来华求学。这种中日双方都很重视的"留学"活动，始于隋大业三年（607年）日本第二次遣隋使来华之际。正是这些来华"留学生"（也包括"留学僧"）的留学行为，使他们从"天朝上国"学到了中华的儒学、佛学、哲学、文学、医药学、天算学、音乐、舞蹈、绘画、书法、建筑、手工业技术乃至政治法律制度等，并由此开启了日本学校教育的历史源头。对于其时日本遣派来华留学的学子及其活动，中国的史书亦有记叙，如《旧唐书》记叙唐德宗时期来华留学的日本留学生的有关事迹时，就有这样的文字记载：

> 贞元二十年（804年）遣使来朝，留学生橘免势、学问僧空海。
> 元和元年（806年），日本国使判官高阶真人上言，前件学生艺业稍成，愿归本国，便请与臣同归。从之。②

可见中日两国早在隋唐之际就有"留学"及"留学生"一说。只是中国自唐

---

① 黄遵宪：《黄遵宪集》（上卷），天津人民出版社，2003，第26页。
② 刘昫撰：《旧唐书》卷一九九上《东夷传》。

以降少有人出国求学，故而在后来的文献中记叙远游异地（异域）从师求学之事每每袭用"游学"旧说，日本则对"留居"外国学习和研究之人之事袭用其祖宗说法而未改。及至近代，国人前往日本，受其影响而将"留学""留学生"转译回来，故而《清稗类钞》有此一说：

  世俗于游学生辄呼为留学生，笔之于纸亦然。盖"留学"二字，为日本之名词，输入最早，流传已久，口耳间固习之矣①。

  细检清末"新政"教育革新时期见诸文字的有关记载，其时采用"留学""留学生"指称出国求学之事之人，确实始自也多见于留日学子，后来影响所及，则不止于留日学生群体而是整个中国社会。有此"历史基础"，进入民国之后，"留学""留学生"的说法遍行于国内社会各阶层。自是"游学""游学生"逐渐退出国人的文字记载和口头谈论。

  由于留学这一学生流动方式分为本国学生流向外国和外国学生流向本国，我们站在自身的立场或角度，一般将留学行为分为出国留学和来华留学，其行为主体则分别称为出国留学生和来华留学生。其中后者才是本书的研究对象，围绕这一对象而阐析的文字即为本书的主体内容。

  言及来华留学生，当前在我国称其为外国留学生或国际学生。在今日世界各国，国际学生接收国为了区别本国所接收的国际学生和本国派出的国际学生，一般是把本国所接收的国际学生统称为外国留学生或国际学生或海外学生。在英语中，这三个词同指前来本国学习的外国学子。国际上用得比较多的是"国际学生"和"海外学生"这两个词语；中国则习惯把各国派送的国际学生称为"来华留学生"或"外国留学生"。21世纪以来，为了与国际接轨，采用国际上通用的称呼，"国际学生"成为学术界和来华留学界通用的名词。但考虑到本书所研究内容于时间跨度上是"自近代以来"，尤其从历史的实际出发，我们将采用过去常见的称谓，即"外国来华留学生"。当然，在写作过程中，出于时代背景或历史场景的需要，为求文意叙述的畅顺，也适当地采用"国际学生"或"来华国际学生"的说法。

  根据国际惯例，国际学生主要是指来到本国接受学历教育的外国学生。

---

① 章开沅、余子侠主编：《中国人留学史》（上册），社会科学文献出版社，2013，第4页。

但由于从中华人民共和国成立后至1966年，乃至1973年我国正式恢复接收来华国际学生后的一段时间，来华学习汉语和中国文化的短期国际学生是我国来华留学生的重要组成部分，因此，我国对来华国际学生的统计，不仅包括在中国接受学历教育的学生，还包括来华进修、短期及合作研究的学生。为了便于统一管理，2000年，教育部、外交部、公安部发布《高等学校接受外国留学生管理规定》，其中对外国留学生（也称来华国际学生或来华留学生）做了明确的界定：

> 外国留学生是指持外国护照在我国高等学校（系指经教育部批准的实施全日制高等学历教育的普通高等学校）注册接受学历教育或非学历教育的外国公民。[①]

这一规定，明确了来华留学生是在我国高等院校中学习的"外国公民"，包括本科生、硕士研究生和博士研究生，也包括来中国学习汉语、文化的进修生等。

在现阶段，根据经费来源不同，来华留学生可分为中国政府奖学金生和自费来华留学生。"中国政府奖学金生"，指通过中国驻外使领馆、中国高校、部分外国驻华使领馆等向中国国家留学基金管理委员会提出申请，并获得中国政府奖学金的外国学生。其奖学金内容根据国家间的协定而有所不同，可以包括学费、住宿费、生活费、医疗费等费用的全额奖学金，也可以只涵盖其中一项或数项的部分奖学金。所谓"自费来华留学生"，则是指来华国际学生在华费用，包括学费、住宿费、伙食费、医疗费、教材费及教学计划之外的实验、实习、专业参观等费用，均由本人承担的来华留学生。近些年来，除了教育部负责的中国政府奖学金，孔子学院总部负责的"孔子学院奖学金"以及国务院侨务办公室也为不同类别的国际学生提供奖学金。后两类奖学金亦由中国政府提供。但享受此两类国际学生人数不多，并且在教育部国际合作与交流司的统计数据中，他们均被并入"其他经费来源行列"统计。因此，为了统计数据的历史连贯性，本书并未将上述两类奖学金生纳入"中国政府

---

① 根据教育部国际合作与交流司来华处编的《外国留学生教育管理工作必读》2002年相关资料整理而成。

奖学金生"统计，而是将这两类学生并入"自费国际学生"或"自费来华留学生"进行统计分析。

三

通过上述种种概念的解析及其内涵的界定，相信读者即已明白，今日人们所言的"外国来华留学生"或"国际学生"，在中国的史籍中不乏他们的"身影"，描述他们来华学习的文字屡现史册。即是说，中国自古代以来，就有以"游学"之名来中国求学的"来华留学生"或"国际学生"。

最早记载外人来"中国"留学行动的文字，至少可以追溯到甲骨文的有关记录。在记录和反映殷商社会史实的甲骨文中，即有这样的记事：

丁酉卜，其呼以多方小子小臣其教戒。①

其中"多方"之"方"，应指古时之方国；"多方"即为周邻多个方国。这里的"小子"即邻近方国的贵胄或贵族子弟；"小臣"则是这些方国派来的低层青年官吏。此片甲骨的卜辞文意，是说当时最先进的文化之邦——殷商王朝的学校教育兴办甚盛之时，周邻多个方国都派有青年贵胄前来商都留学求知，而殷商朝廷也积极接纳并对其进行认真的教育和"训诫"。

及至春秋战国时期，其时"礼失于野""学在四夷"，离乡背井远道求学者更是实繁有徒，而"游学"一词亦出现在这一时期。尤其诸子私学蜂起之后，一些大师级人物的"从游者"甚多，更有不少远道慕名"游"来者拜其门下，以至出现如墨家"弟子弥丰，充满天下"的游学景象。其时亦有一国士人或学子远程前往他国求学之事，如《孟子》即有此记载：

有为神农之言者许行，自楚之滕……其徒数十人，皆衣褐，捆屦、织席以为食。陈良之徒陈相与其弟辛负耒耜而自宋之滕……见许行而大悦，尽弃其学而学焉。

……

（孟子曰）："吾闻用夏变夷者，未闻变于夷者也。陈良，楚

---

① 顾明远主编：《教育大辞典》（第8卷），上海教育出版社，1991，第363页。

>产也,悦周公、仲尼之道,北学于中国。北方之学者,未能或之先也。
>
>彼所谓豪杰之士也。子之兄弟事之数十年,师死而遂倍之……"①

从这段记事及孟子与陈相的对话,如果站在北方的鲁国或滕国的角度,则出自南蛮之地的楚国人陈良及其弟子陈相、陈辛,无论是其师"北学于中国",还是其徒陈相兄弟"自楚之滕""尽弃其学"而改习许行的农家学说,用今日的话语,均可视为由彼国而此国的"游学"即"留学"行为。这种远道游学的壮景,直到秦始皇一统天下实行"绝私学""禁游宦"的国策后,才大为收敛。然则自汉而下,这种传统的游学行为和游学之人仍然不绝于世。

降至汉代,由于王朝重视学校教育的办理和知识人才的培养,完整意义上的留学教育开始出现在中国的历史上。据史籍记载,东汉时期即因儒学影响所及,匈奴等周边少数民族政权统治者遣子弟进入汉王朝设立的学校肄习。如《后汉书》卷六十二《樊阴列传·樊宏传(附樊准)》云:

>邓太后临朝,儒学陵替,(樊)准乃上疏曰:"……孝明皇帝,
>兼天地之姿,用日月之明,庶政万机,无不简心而垂情古典、游意经艺。
>每飨射礼毕,正坐自讲,诸儒并听,四方欣欣……化自圣躬,流及蛮荒,
>匈奴遣伊秩訾王大车且渠来入(朝)就学,八方肃清,上下无事,
>是以议者每称盛时,咸言永平。"②

这是说在东汉明帝刘庄时期,由于重视儒学教育,身为皇帝的刘庄亦经常前往太学讲解儒经,其时匈奴贵族子弟亦入朝就学,以求教化。这是见于正史的中国历史上最早招收外国来华留学生的记录。

自汉而后,延续至清,外人来华留学的足迹屡有所现。尤其在那些"天下一统"的王朝兴盛时期,周边国家遣送子弟进入中国的学校接受教育的现象更为常见。今日人们常言的"东方儒学文化圈"也借此形成。其中在历史上规模最大、持续时间最长、于来华留学学子所在邦国影响最大的外人来华留学行动,无疑以前述唐帝国时期接收周边邻邦学子求学活动为是。

---

① 《孟子·滕文公章句上》。
② 班固:《后汉书》卷六十二《樊阴列传·樊宏传(附樊准)》。

在隋唐时期，除了前引东洋岛国日本前后遣派十数批多达数百人的来华留学队伍，其他如其时朝鲜半岛的"三国"（高丽、新罗、百济）等国家和地区，均有选派学子来华留学的行动或举措，如《唐摭言》即对此种教育活动有所记载：

> 太宗数幸国学，遂增筑学舍一千二百间，增置学生凡三千二百六十员。无何，高丽、百济、新罗、高昌、吐蕃诸国酋长，亦遣子弟请入。国学之内，八千余人；国学之盛，近古未有。①

这种留学阵势可谓壮观，表明其时来华留学的外邦学子并非个别现象，如在唐文宗开成五年（840年），仅新罗一国，学成归国的来华留学生便达105人之多。

隋唐之后，虽说外人来华留学盛况不再，但降及宋、元、明、清，各朝均有外人来华的求学行为。元代回回国子学（监）、清代俄罗斯文馆等中央官学机构接纳的外籍学子即是。而在明、清两朝中央官学的最高学府国子监中，外国来华学子还有一个专有名称——"夷生"。这些夷生主要来自日本、暹罗（泰国）等国。这些来华留学生除有进入中央官学外，还有极少数来自日本的学子，因为交通等方面的原因而留待福建或辽东等地方官学学习的情况。

比照前朝历代，在明朝近280年间，外人来华留学的队伍中，不仅有来自日本、琉球、暹罗、高丽、占城（越南南部）等"多方小子"，而且在这些"国际学生"中还出现了女性的身影。据《明史·琉球传》记载，在洪武年间来华求学的琉球生中就有两名女性：

> 琉球居东南大海中……洪武初，其国有三王，曰中山、曰山南、曰山北，皆以尚为姓，而中山最强。
>
> ……
>
> 二十五年夏，中山贡使以其王从子及寨官子偕来，请肄业国学，从之。赐衣巾靴袜，并夏衣一袭。其冬，山南王亦遣从子及寨官子入国学，赐赉如之。自是，岁赐冬夏衣以为常。明年，中山两入贡，又遣寨官子肄业国学……

---

① 王定保：《唐摭言》第1卷《两监》。

> 二十九年春……令山南生肄国学者归省，其冬复来。中山亦遣寨官子二人及女官生姑鲁妹二人先后来肄业。其感慕华风如此。①

对琉球所遣两名女性来华留学之举，撰有《万历野获编》的明代文学家沈德符颇为感叹："本朝外国如朝鲜，号知诗书者，间游国学，或至登第，然未闻妇人亦来中国诵读。（琉球国）向慕华风至此，真史策未见！"②

上列周边各邦，如日本、琉球、高丽等国均在明代派遣学子来中国留学之举，在清代仍得以赓续。由是而下，这条中外教育交流的主渠道之一——外人来华留学，一直未曾断流而延及本书的叙事时代。

然则，当历史跨入本书的叙事时代，中国的社会开始发生了前所未有的改变，诚如时人所言出现"数千年来未有之变局"③。随着以1840年鸦片战争为起始的"近代"的到来，中国社会开始跨进包括学校教育在内的历史转型时期。缘此，作为中外教育交流主渠道之一的外人来华留学，无论交流主体的行为还是其择取知识的路向，也开始随着社会的转型和教育的变革而逐渐发生着变化：在进入"近代"的初始阶段，因其历史的"惯性"使然，对于来华者的留学管理以及来华者求学的处所和求取的知识，基本上沿袭着隋唐以降上千年的路径运行。但当新式教育机构产生并有了一定的发展之后，来华留学者所留之所和所求之学，也悄然地发生着变化或改易。由是在晚清后期尤其进入20世纪后，来华留学者所留教育场所和所学知识内涵，由新式教育取替传统教育就成了一种历史的必然和时代的应然。尤其进入民国之后，随着学校教育领域的不断变革，新式学校及其教育已成为中国学校教育的主体乃至学校教育之唯一，外人来华留学也逐步在形式与实质上全方位地接受中国的新式学校教育了。

当然，学校教育从来就不是一个孤立乃至独立而行的事业，它总是随着国家政体改易或政治局面改换而发生着自身的变化乃至产生相应的质变。因此，作为一种历史——本书的研究内容实质上大致归属于教育史——的研

---

① 张廷玉等：《明史》卷三百二十三《外国（四）·琉球传》。
② 沈德符：《万历野获编》卷三十。
③ 李鸿章：《筹议海防折》，《李文忠公奏稿》卷二十四，民国景金陵原刊本。

究，自然追随着国家政治变革尤其政权兴替来划分大的历史时期，进行分阶段的分析、研究、讨论和总结，这就是当今大多学研著述划分章节和建构体系的基本依据。有鉴于此，本书依据外人来华留学的历史演进程序和基本发展线索，依循近代以来中国社会的实际进程，以及这种教育交流事业自身发展变化的基本规律和特征，将近代以来外人来华留学的发展变化大致划分为四大历史时段，即晚清时期（1840—1911）、民国时期（1912—1949）、中华人民共和国成立初期（1949—1972）以及新时期（1973—2013）来进行分章描叙和研究。相较而言，尤其外人来华留学作为一种教育事业在规模及影响上，作为一种交流渠道在流量及地位上，本书所叙的最后一个历史时段，显然既往任何历史时期均不可比拟，故而我们于其研究内容予以更多的笔墨，而将这一历史时段的研究按照留学制度与管理、生源和经费、学校及专业来定章分节，以利这一时期尤其改革开放以来外人来华留学事业的变化发展得到更好地展现。

最后，需要说明的是，作为一种历史研究，自然考虑到过往史事必须经过一定的历史沉淀，方能认清事物的发展脉络及其变迁规律，方可做出客观叙述以及公允评价。有鉴于此，对中国近几年的外人来华留学教育，只好留待后续研究了。

上篇

第一章
晚清时期的外人来华留学（1840—1911）

自1840年鸦片战争爆发到1912年中华民国成立，此际乃史学界所定的"晚清时期"。就整体而言，这一历史时期的中国社会，已由传统农业经济为主的封建社会，开始逐步纳入资本主义世界的运行轨道。同时，在国际地位上，中国已然丧失了政治上的上势地位，由"天朝上邦"沦为被列强各国欺凌的弱国。文化方面也发生着数千年来未有的变化，以儒家思想体系为主体的传统文化，开始逐步受到西方文明的侵逼和掺和，使得中国教育呈现由"旧"而"新"的过渡状态。在此种特殊历史背景下，外人来华留学事业也处在一个过渡时期。其时外人来华留学既继承了隋唐以来的留学传统，又不再拘泥于这种传统，尤其清末"新政"的实行，使得外人来华留学开始向现代转变。由于种种内忧外患的影响，其时的来华留学教育发展较为迟缓。

第一节　外人来华留学管理

鸦片战争后，随着清朝"闭关锁国"政策的改变，中外交涉逐渐展开，加之几千年来"天朝"对周边民族和国家的文化影响，世界各有关国家遣送子弟前来中国接受教育的现象亦不少见。就其时外人来华留学的总体趋势而言，以清末实行"新政"为分界线，可分为两个历史时段：清末实行"新政"之前，对外人来华留学的管理，依然承袭着隋唐以降的传统管理模式，使得外人来华留学处于一种失序状态；自实行"新政"以降，随着分科大学的开办，清廷开始鼓励外人来华留学，并且在管理方式上开始发生新的变化。

一、失序状态下的来华留学

19世纪40年代，随着《南京条约》等一系列不平等条约的签订，中国被迫对外开放，中外交涉也逐渐展开。于是，一些愿意学习中华文化的外国学子也有了来华留学的机会和门径。其时，来华留学的国家主要以中国周边国家为主。据相关资料显示，鸦片战争后第二年，琉球即依据既往的规矩和惯例派学子来中国留学。随后数十年间，日本、朝鲜、俄罗斯等国请求来华留学者亦不乏其人。究其原因，鸦片战争后，中国虽逐渐沦为半殖民地半封建社会，但就中国整体而言，还处于传统的封建社会形态，周边各国尤其"东方儒学文化圈"中的各邦，仍怀着朝拜"天朝上国"的心境来华学习中国传统文化，而清朝依旧以"恩泽万邦"的姿态接收各国学子来华学习。

然则，其时的清廷，虽说先后接收过周边一些国家的学子前来研习中国传统文化及相关知识技能，但对于来华留学生的管理，并无明确的规程用以依循，从而导致在封建制度走向尽头的时期，清朝对各邦派遣来华的学子，在接纳方式上依然遵循历代封建王朝的礼仪规范。鸦片战争后至实行"新政"前的历史时期，各国学子来华后，主要进入中央的国子监与各地书院学习。一般情况下，官派学生主要入国子监肄业，自费来华生则多数入各地书院就读。其时清廷在来华生的留学管理上，对就读国子监的官派生，主要依循清入关以后制定的外人来华留学政策；对就读书院的各国学子，主要按照各地书院自订的规章进行管理。这种对待来华学子依据传统模式进行管理的做法，可借以下两国来华生为例以示其详：一是传统儒学文化圈中来华留学的国家，以琉球为例；一是清入关后新的邦交国家，以俄罗斯为例。

自唐宋至元，琉球国国王之长子，即应袭爵者，均至中国入国子监读书、习礼。至其父王亡故后，才能归国受封。但论及琉球国正式派遣学子来华留学，则始自明朝洪武二十五年（1392年）秋。是年，琉球国国王遣其子日孜每、阔人马等及陪臣之子入国子监就读，朝廷命工部发给罗绢为秋衣，从人亦各有赏赐，且于国子监前建造房屋，供这些来华人众居住。

清入关后，由于实行严厉的"闭关锁国"政策，至康熙二十二年（1683年），国子监尚未接收过任何外国留学生。直至康熙二十三年（1684年），琉球学子入国子监学习的传统才得以延续。是年，清廷遣使臣翰林院检讨汪楫、中书舍人林麟焻等册封琉球。册封完毕，琉球国国王尚贞以"本国远被皇仁，倾心向学"，恳祈使臣汪楫等转奏清廷，"愿令陪臣子弟四人赴京受业"。① 不久，康熙皇帝准许琉球派遣4名子弟来北京"入监读书"②。于是在康熙二十七年（1688年）二月，琉球派遣梁成楫、阮维新、蔡文溥三人入国子监授业。自后，外国留学生尤其琉球官生，入国子监肄业者络绎不绝。

在对琉球来华留学生的管理上，清朝早已形成一套完整的体系。琉球官生初来，礼部会专门设宴款待，有时皇帝也会亲自接见这些官生。待这些来华学子入国子监后，礼部"取贡生一人，令其教习；博士一人专管，董率祭酒、司业等不时稽察，俾讲解经书、学习道艺"③。可见，国子监对琉球学生的学习管理颇为严格。曾担任琉球官生教习的潘相，在其《琉球入学见闻录》中，详细介绍了琉球官生的学习规则：

（一）每日早起，沐浴、正衣冠，诣讲堂听讲《小学》数条。《小学》完，讲《近思录》。饭后，讲经数条、临帖。灯下，讲四六、古文各一篇，诗一首，次日背诵。（二）讲书之时，诸生以齿序立，专心听讲。或有语言不通、意义未晓者，须再三问明。（三）听讲之后，各归本位肄习。衣冠必整肃，出入必恭敬，行步必端庄，不得笑语喧哗。（四）逢三日，作诗一首，不拘古律；逢八日，作四六一篇，或论序等类一篇。④

国子监对琉球官生，一方面实行严格的教学管理，另一方面于其学习期间给他们相当丰厚的生活待遇。如在康熙二十七年，清廷对琉球留华的官生3名、从人3名所吃食物、所用衣服及器物等，做出如是明文规定：

---

① 凌扬藻：《蠡勺编》卷三十七，清岭南遗书本。
② 《大清会典则例》卷一百五十七，清文渊阁四库全书本。
③ 同上。
④ 潘相：《琉球入学见闻录》卷三，清乾隆刻本。

（礼部）议准（官生）每人，冬给段（缎）面羊皮袍褂、纺丝襦裤、染貂帽、鹿皮靴、毡袜；春秋给段（缎）棉袍褂、纺丝衣裤、凉帽、马皮靴、段（缎）袜；夏给纱袍褂、罗衣裤、纺丝被褥。所用纸、笔、墨等项，月给银一两五钱。从人三人，每人冬给布羊裘襦裤、貂皮帽、牛皮靴、布袜；春秋给布棉袍褂；夏给单布袍、衣裤、布被褥、雨凉帽。并所用器皿、煤炭，均交工部给发。其官生每人口粮食物照进贡都通事之例（每名日给鸡一只、肉二斤、茶五钱、腐一斤、椒、酱、油、菜等俱备——引者注，下同），从人亦照进贡从人之例，交礼部给发，由监于附近房屋拨给十余间为住居之所。①

自后，琉球国子弟入清朝国子监肄业，均照康熙二十七年例。及至乾隆年间，琉球官生所享受的待遇，除俱照康熙二十七年之例外，在衣、食、住等方面皆有所提高：食物方面，每人每日增"黄酒一瓶、菜一斤、盐一两"②；器用方面，加增灯油二两、锡烛台四个、锡灯台四个、锡茶壶二把、锡酒壶二把、黄铜面盆四个、磁大碗二十个、小碗二十个、小盘十个、碟子十六个、茶盅十六个、酒盅十个等。可以说生活用物应有尽有。总之，琉球官生入国子监后，在华所需一切费用皆由清廷承担。

三年期满后，清廷还要礼送琉球学生归国。除赏赐筵宴外，还赏大彩缎各二匹、（衣布）里各二匹、毛青布各四匹。跟班二名亦照例，赏毛青布各四匹。到了雍正年间，官生每人加赏内库缎二匹、里二匹，从人等每人加赏缎一匹。若因交通阻塞等原因，学习期满但不能按时归国的官生，其回国之前的一切银、米、衣物等项，照旧由国子监支领。对于在学习期间不幸去世的琉球学生，除了向派遣国详细通报，还要给以抚恤。如雍正二年（1724年），琉球官生蔡宏训病故，皇帝特赐"白金三百两，以二百两交贡使附归其家，以一百两交礼部官，于近京地方营葬"③。

查诸史实，在清末实行"新政"之前，针对东方儒学文化圈各邦来华入国子监肄业的学子，清廷并未制定新的留学管理政策，基本上仍沿用既往规

---

① 《大清会典则例》卷一百五十七，清文渊阁四库全书本。
② 潘相：《琉球入学见闻录》卷三，清乾隆刻本。
③ 梁国治：《国子监志》卷四十一，清文渊阁四库全书本。

则管理这些来华留学的外国学子。

清入关后,除传统东方儒学文化圈中的邦国外,清廷还开始了新的邦交。自17世纪开始,不断向东方扩张的沙俄持续入侵中国边疆地区,由是,中俄在政治、经济、文化等方面的交往日渐增多。尤其在康熙年间,清廷曾组织两次雅克萨之战,驱逐沙俄侵略军,为此,康熙二十八年(1689年),清廷与沙俄签订了《尼布楚条约》,且对来京的俄国使臣与商队特设邸舍安置。康熙三十三年(1694年),清廷开始创设俄罗斯馆,用于安置入京俄商。及至雍正五年(1727年),中俄两国签署《恰克图条约》,定下"俄人来京就学额数":

> 俄罗斯国界近大西洋者,崇天主教;其南境近哈萨克者,崇回教;其东境近蒙古者,崇佛教。康熙间尝遣人至中国学剌麻经典,以绥东方之众,并遣子弟入国子监习满、汉语言文字,居旧会同馆。派满洲助教一人、汉助教一人教习之。至是,定俄人来学剌麻者,额数六人,学生额数四人,十年更代为例。①

雍正六年(1728)年,俄国政府即派遣官生"鲁喀、佛多德、宜畹、喀喇希木、米海拉等人"入京学习,由此拉开俄国派遣学生来华留学的序幕。②

对于俄国来华学生的管理,清廷十分重视,专门为俄国学生设立了"俄罗斯学",附设于俄罗斯馆,隶于国子监。因此,俄国来华留学生的教学事务主要由国子监主持。在俄罗斯学中,管理教学行政的官员有提调官1名,以理藩院司员充任,由堂官佥派;教习主要在国子监中选满、汉助教各1人,教习满、汉语言及经史典籍。除学习外,清廷对俄国学生的生活方面也相当照顾,俄国学生入国子监俄罗斯学后,理藩院均会发给每人每月白银3两、白面1袋。此种待遇,来华留学的俄国学生一直享受至晚清时期。直至1858年,中俄签订《天津条约》,其中第十条规定:

> 俄国人习学中国满、汉文义,居住京城者,酌改先时定限,不拘年分(份)。如有事故,立即呈明行文本国核准后,随办事官员

---

① 王之春:《国朝柔远记》卷四,清光绪十七年广雅书刻本,第19页。
② 余子侠、刘振宇、张纯:《中俄(苏)教育交流的演变》,山东教育出版社,2010,第19页。

径回本国，再派人来京接替。所有驻京俄国之人一切费用，统由俄国付给，中国毋庸出此项费用。驻京之人及恰克图或各海口往来京城送递公文各项人等路费，亦由俄国付给。中国地方官于伊等往来之时，程途一切事务，要妥速办理。①

至此，清廷不再发给俄国学生银、米等项，俄罗斯馆人员的定额也一概停止供给。

直至1901年，面对俄国学子请求入中国国子监学习的情形，清廷有如下诏告：

> 诗书执礼，孔子所雅言者也。至教人，则以忠信文行植其基，而后致精于性与天道。盖虽有教之实而未尝立教之名也。自释老二氏兴，而后强分之为三教，自耶氏之徒入中国，而复于三教外讲所谓福音者，出主入奴，支流蔓衍迄于今。盖孔教几乎或息，而胶庠之士服儒服而冠儒冠者，不复知礼义名教之防，三纲五常之大矣。初不料海外名邦反有低首倾心，钦崇我圣人之道者，谨按《大清会典》，我朝准俄罗斯遣子弟赴国子监肄业，朝鲜陪臣入贡，亦得留学中华，以故四子五经流入东西洋，每有译作旁行斜上之文，饷遗彼中学子者。②

材料中提到的《大清会典》，又名《钦定大清会典》《清会典》，全书共3312卷，是清朝官修的一部典章制度史。该书并非出自一时一人之手，初成书于康熙二十九年（1690年），后经雍正、乾隆、嘉庆、光绪四朝重修，于光绪二十五年（1899年）完成。是书以六部官制为统筹纲领，分别记载清廷各个行政机构的职掌和事例。其中关于例准俄国子弟入读国子监的说明，其文字表述为：

> 乾隆六年，奏准鄂（俄）罗斯遣子弟入学，习读清汉书。本监于满、汉助教内简选文理明白者，满、汉各二人，引见候旨；简用满、汉各一人，令其兼管教习。学生衣服、饮食等项，由理藩院给发。九年，奏准鄂罗斯学汉助教准为额外助教，咨部别行铨补。十五年，奏准鄂罗斯学满助教既非专设之员，其汉助教亦不必于额外专设，

---

① 颜世清：《约章成案汇览》甲篇卷一，清光绪上海点石斋石印本。
② 《观张广文请就南洋振兴孔教禀牍推广言之》，《申报》1901年10月19日，第1版。

应行裁汰，以昭画一。嗣后，照满助教例，以六堂[指国子监（学）的率性堂、修道堂、诚心堂、正义堂、崇志堂、广业堂——引者注]内助教兼管鄂罗斯学务。①

由此不难看出，直到清末实行"新政"发展新学之时，清廷仍按《大清会典》的相关规定接收和管理来华留学的各国学子。

至于就读书院的外国学生，主要由各地书院自行管理。清代的书院与宋、明时期的书院有所差别，不同之处在于，生徒是否作为书院的正式学生，其权力在师不在官。故而，就读于书院的外国学生，对其管理主要由书院负责。此以河北保定莲池书院为例。该书院于雍正十一年（1733年）所设，作为直隶省省会书院，该书院是地方最高级别的书院，可视为直隶地区书院的中心或代表。晚清时期，该书院自开设"古学"后，开始接收日本与朝鲜留学生入院就读。在此书院学习的外国学生，入校时，须按照中国的传统习俗，行拜师礼，方能正式入学。入学后，书院并没有严格的学习年限。究其原因，外国学生一般因学"古学"而进书院，对于此类学生，什么时候离院，什么时候算是毕业，并没有严格的限制。于书院就读的外国学生，除受书院自定的学则约束外，其他方面则相对较为宽松。遗憾的是，莲池书院的学则均已失传。

值得补充说明的是，晚清时期，虽说中国已失去其先进或"上势"的国际地位，各国来华留学者主要以儒学文化为学习内容，但是在这一历史时期也有新的教育因子出现。据有关史籍载，光绪六年（1880年），朝鲜半岛曾奏请派生来华学习武备。是年，此请求即得到清廷的准许。当年九月初六，直隶总督李鸿章遵奉上谕，奏准朝鲜派人来天津学习制造、操练。为便于管理朝鲜来华学习武备的学生，清廷特拟定章程四条：

选派人员一条：令其自备资斧，以免供亿之烦。仍许借给住房用，示绥怀之谊。

往来道路一条：惟来学之员弁、兵匠及领运器械，准其暂从海道。此外，朝贡及常行公事，仍须恪遵成宪，斟酌于经权之中，似尚无甚流弊。

给发凭票一条：所以备稽查而便约束，至从人，不必多派，亦

---

① 《大清会典则例》卷一百五十七，清文渊阁四库全书本。

不得私带商贩货物，关税可免短绌。

公文分咨一条：若循向例，朝鲜来文，须由礼部转行，然练兵、学艺、购器诸物，皆属刻不容缓。设事事由礼部核转，在该部既滋烦琐，兼恐有误机宜，今令该国分咨礼部及臣衙门，以免迂折而昭迅速，仍由臣随时奏明办理。①

从李鸿章的奏言来看，其时清朝人物"天朝上国"的气势仍然得到淋漓尽致的展现。

二、"新政"与鼓励来华留学

庚子事变后，为挽救清朝摇摇欲坠的统治，1901年1月29日，清廷颁布"变法"上谕，开始实行"新政"。此后，清朝开始鼓励各国学子来华求学。此种态度的转变，取决于其时中国教育行政权的改易。清末，各省所设之学堂，均统辖于京师大学堂，后又辖于总理学务大臣②。直至1905年，清朝的教育行政权才发生变化。是年，清廷明令停行科举，山西学政宝熙遂为请设学部而上奏：

设立学部，上师三代建学之深意，近仿日本文部之成规。遴选通才，分研教育行政之法，总持一切。又云：学制变更伊始，必须有总汇之区，请速设学部，科举既停，礼部、国子监，公事愈形清简，似宜统行裁撤，归并学部。③

宝熙这个奏折中的建议得到清廷的采纳。光绪三十一年十一月十日（1905年12月6日），为统一管理各地开设的新式学堂，推动教育的变革和发展，清廷下旨设立学部，统管全国学政。自学部成立后，即开始接管外人来华留学教育事业。此后，外人来华留学呈现出不一样的景象，出现了短暂的活跃。之所以会产生此种现象，又与其时分科大学的开办密不可分。

---

① 李鸿章：《拟议朝鲜来学章程片》，《李文忠公奏稿》卷三十八，民国景金陵原刊本。
② 光绪二十九年（1903年），张之洞复奏请设"总理学务大臣"，统辖全国学务。而于京师大学堂，另拟设总监督，专管大学堂事务，仍受"总理学务大臣"节制考核。
③ 蒋维乔：《清末民初教育史料》，《现代读物》第8卷（1936年）第18期。

其实，早在科举废除之前，朝野上下即有不少人士奏请筹设分科大学。其理由在于，根据《奏定学堂章程》的规定，在高等教育阶段，应由大学预科、分科大学和通儒院三个层级组成。然而自京师大学堂开办后，仅设有预备科和师范科，且均为中学堂高年级或高等学堂低年级的程度，加之各高等学堂毕业生已有不少，却无进一步学习的机会。职是之故，光绪三十一年七月十五日（1905年8月15日），大学堂总监督张亨嘉即在《京师分科大学亟应择地建置折》中，奏请京师大学堂设立分科大学：

> 京师既设预备科，按照高等学堂程度而教之，专门科学之始基立矣。各省高等学堂亦经开办其一二年后，毕业之优等生，均升入分科大学。拟请饬下学务大臣妥议办法等语。①

时隔三年后，光绪三十四年七月二十日（1908年8月16日），学部又上奏请设分科大学："现在京师大学预科学生，本年冬间即当毕业，自应遵章办分科，以资深造。"②随后，该奏请得到清廷的批准。1909年，学部于得胜门外东黄寺前开始修筑分科大学。③值得一提的是，分科大学最初考虑开设九科，但因"兵科"改由陆军部设立④，后定开设八科；又因医科监督屈永秋在北洋管理医院尚有未完之事，故医科又稍迟，先仅开设经科、法科、文科、格致科、农科、工科、商科七科。是时计划所需费用，由各省筹出，"大省一万、中省五千、小省三千"⑤。直至宣统二年二月二十日（1910年3月30日），分科大学开学，除医科外，共开办了七科十三门，计学生102人："经科6名，法科12名，文科26名，格致科4名，农科17名，工科14名，商科23名。"⑥

早在分科大学筹设之际，各国即有派学生来华留学之意。有鉴于此，1909年时，清廷即令外务部、学部两衙门议定外人来华留学章程。据1909年11月13日天津的《大公报》报道：

> 分科大学尚未开办，外人颇有要求派生来华留学经史文各科者，

---

① 北京大学、中国第一历史档案馆编：《京师大学堂档案选编》，北京大学出版社，2001，第279页。
② 王学珍主编：《北京高等教育史》（上卷），中国广播电视出版社，2010，第173页。
③《分科大学办法》，《教育杂志》（商务）第1卷（1909年）第10期。
④《学部筹议分科大学之内容》，《华商联合报》1909年第2期。
⑤《组织设立分科大学》，《大同报》（上海版）第10卷（1908年）第2期。
⑥《分科大学开学》，《国风报》第1卷（1910年）第6期。

政府拟饬外、学两部，会同核定详细章程。俟后外人来华留学者，均令照章办理，以期一律。①

更确切地说，在分科大学中，最为外人青睐者乃其经科大学。经科大学成立前夕，即有多国政府申请派学子入校学习。在这些国家中，不仅有周边国家，还包括欧美各国。据其时有关报载：

> 英美驻京公使照会外部，请准外国学生肄业，经科大学曾纪前报专电。现在经科大学将次开办，外务部已咨行学部，谓据驻京英、美、日、法各公使照称，各该国有向学者各数人，拟入经科大学肄业。此项学生，究应如何安插，请设法预备等语，闻学部已饬该堂监督另造洋楼数幢，以备外国留学生寄宿。②

由上述文字可知，各国学子请求所入学校皆经科大学。究其原因，主要在于两点：一是在分科大学中，经科大学最先开办，且最早开学；二是经学为中国所独有，自经科大学成立后，主要讲授"毛诗学""周礼学""春秋左传学"三门，且以"四书"为通习之课，而在各国士子之中，皆有讲求经学者。③职是之故，自学部开始筹设经科大学，即有一些国家请派学生入校学习，借以研习中国传统文化学术。

需要说明的是，面对各国学子请求入经科大学一事，其时的清廷与教育界人士表现出两种截然不同的态度。据其时资料显示，面对此种情形，清廷持鼓励支持的态度。1909年，学部奏请准许外国学生入经科大学肄业并酌定简章。奏称：

> 查各国大学除教授本国学生外，外国人有程度相合而愿入学肄业者，亦无不一体收取，诚以学问之道无有穷尽，惟互相师法而后讨论益精。自臣部筹设分科大学以来，屡有外国人前来询问能否准其入学肄业。臣等窃维近日中国学生游学东西各国者甚多，今中国设立大学，而彼国亦愿来学，以往来施报言，固所以厚邦交，以知识交换言，亦所以广教育。臣等公同斟酌，经学一科为中国所独有，

---

① 《议订外人留学章程》，《大公报》（天津）1909年11月13日，第2版。
② 《学部优待外国留学生》，《申报》1909年12月2日，第5版。
③ 《分科大学开办先声》，《教育杂志》（商务）第2卷（1910年）第1期。

拟先就经科大学，准外国人入学，预由臣部酌定简章以期妥洽。至其余各科大学，设立之初，恐难遽及东西各国之完备，外国人入学一节，拟暂从缓议。①

1910年，学部再次奏请外国学生入经科大学肄业。②是年1月10日，清廷准学部所奏，正式准许外国学生入经科大学。据相关史料记载：

> 外国人愿在中国经科大学留学一节，外间喧传已久，兹知学部蒙尚书，已于二十九日奏明经学一科为中国所独有，准外国人入学，由部臣酌定简章以期妥洽。奉旨允准。③

与之有异，其时的教育界人士，面对西方各国来华求学，并没有沉浸于喜悦之中，而是多持怀疑态度，并对之怀有防范之心。如《教育杂志》在1909年即刊文告诫国人：

> 经科大学不日开办，闻各国请派学生留学者，英国二名、法国三名、美国二名、日本三名，其德、俄、意、奥、比等国亦均派人留学。按我国一举一动，外人莫不注意。公等对于此事，将以吾道大行自喜乎？须知外人固别有用心也。④

事实上，自一开始外国学生请求入中国学堂时，学界即持此态度。如早在1907年，义国（意大利）使臣咨照外务部，"以坎（加）拿大、奥（澳）大利亚愿派学生入中国农业学堂肄业，请予认可"⑤。对此，学界当即有如下质疑声音出现："中国学校方在萌芽，学科尚未完备。而外人遽有入学国之请，意果何在？试默索之。"⑥只是清廷于此种声音并未引起重视，或根本不在意这种发自民间的"警言"。故而经科大学开办后，清廷不仅准许各国学子入经科大学，而且开始主动招收外国学生，不过其时"附学者甚属寥寥"⑦。更可悲可叹的是，清学部的"外人来华留学章程"尚未出炉，清朝已然走向历史的末路。

---

① 《外国学生准入经科大学》，《申报》1910年1月23日，第6版。
② 《又奏拟准外国学生入经科大学肄业酌定简章片》，《预备立宪公会报》第2卷（1910年）第24期。
③ 北京大学校史研究室编：《北京大学史料　第一卷：1898~1911》，北京大学出版社，1993，第454页。
④ 《外人请入经科大学》，《教育杂志》(商务)第1卷（1909年）第11期。
⑤ 《外人求入农业学堂》，《直隶教育杂志》1907年第13期。
⑥ 《外人请入中国农业学堂何为》，《振华五日大事记》1907年第29期。
⑦ 《专电·电五（北京）》，《申报》1910年3月14日，第3版。

第二节　外人来华留学所属国别

1755 年，清乾隆帝"闭关锁国"之举，关闭了中外教育交流的大门。鸦片战争后，清朝封闭近百年的大门被迫开启，随着一系列不平等条约的签订，中国开放了一些通商口岸，使外人得此便利来华活动，同时也为外人来华留学提供了一定的条件。其时，为留学而来华者，主要是中国的周边国家，尤其是传统东方儒学文化圈的邻邦，包括琉球、日本、朝鲜半岛等国。自 1901 年起，清廷开始大张旗鼓地推行"新政"。在此期间，随着中国教育领域的变革，欧美各国也开始派遣学子来华留学。

一、周边国家来华留学

据现有史料显示，鸦片战争后至清末"新政"，在传统的周边邻邦中，主要有三个国家派遣子弟来华学习，即琉球、朝鲜半岛及日本。在这三者之间，因日本派遣的来华留学生较多且较为特殊，故而另作一目专门对其进行介绍，在此主要对琉球、朝鲜半岛两国的来华学子留学情状作具体论述。此二国的来华留学生，其来华留学方式不仅包括官方派遣，还有自费来华。其时的官方派遣，主要指各国政府单向地派遣子弟前来中国学校学习；而自费来华主要指各国学子因对中国某些学术文化感兴趣，无须通过官方渠道而私自来华求知。需要说明的是，清末实行"新政"前，官方派遣来华生主要进入国子监学习，自费来华的学子则大多进入各地有关书院就读。实行"新政"后，随着中国书院的裁撤，官方派遣成为周边国家来华留学的主要方式。

琉球国学生若想来中国学习，必须由琉球国国王先向清廷奏请。在上奏中，琉球国国王往往强调，"下国僻处弹丸，常惭鄙陋，执经无地，向学有心"[①]。获清朝皇帝恩准后，琉球即派遣学生搭乘进贡船只，进入国子监学习。琉球

---

① 潘相：《琉球入学见闻录》卷三，清乾隆刻本。

学生到达中国后，先到礼部报到，再由礼部送国子监肄业。

进入清朝以后，琉球遣派学子来华留学的行为，史籍中常有记叙。前文已述，在此不赘。步入晚清后，琉球仍与中国继续保持着教育交流。如 1841 年，琉球即派阮宣诏、向克秀、郑学楷、东国兴 4 人来华留学。此外，另有从人 4 名，分别是东世泰、庄克达、平启翼、练启功。在华学习三年期满后，此批学生于 1844 年 4 月归国。① 值得一提的是，甚至在被日本吞并的前十年，即同治八年（1869 年），该国仍派葛兆庆等学生来中国学习。是年，礼部为琉球官生入国子监读书日期一事致内务府咨文：

> 查琉球国王遣送官生葛兆庆等入监读书，经本部奏交国子监肄业。今准国子监选择九月二十六日令该官生等入监肄业，相应将官生葛兆庆、林世忠、林世功等三名并跟伴蔡光地、衡向辉、茄行仁等三名委员送监，相应知照内务府可也。②

需要补充说明的是，在这三名官生中，其中葛兆庆于同治十年（1871 年）病故，同治十二年（1873 年）时，仅有林世功一人归国。这也是琉球向中国派遣的最后一批留学生。1879 年，琉球即被日本吞并，结束了中琉之间的教育交流。自鸦片战争起，至琉球被吞并止，琉球共有三批学子来华留学，现借助下表（见表 1-1）以示其详。

表 1-1 晚清时期琉球来华学生一览表

时间	琉球国在位国王	来华留学生	所入学校
道光二十一年（1841 年）	尚育	阮宣诏、向克秀、郑学楷、东国兴	国子监
道光二十八年（1848 年）	尚泰	郑良佐、蔡呈祯、蔡大鼎	（学修葺王陵之法）
同治八年（1869 年）	尚泰	葛兆庆、林世忠、林世功、毛启祥③	国子监

[资料来源] 根据《大清会典》《国子监志》《清史稿》等资料整理而成。

言及朝鲜半岛学子来华留学，在隋唐时期较为多见。彼时朝鲜半岛的"三

---

① 中国第一历史档案馆编：《中琉历史关系档案》，人民出版社，2014，第 543 页。
② 中国第一历史档案馆编：《中琉历史关系档案》，人民出版社，2014，第 724 页。
③ 同治八年（1869 年），官生毛启祥于入国子监途中病故。

国"（高丽、新罗、百济），"均有选派学子来华留学的行动或举措"。①据《新唐书》载：

> 及太宗即位，益崇儒术，乃于门下别置弘文馆，又增置书、律学，进士加读经史一部。十三年东宫置崇文馆。自天下初定，增筑学舍至千二百区，虽七营飞骑亦置生，遣博士为授经。四夷若高丽、百济、新罗、高昌、吐蕃，相继遣子弟入学，遂至八千余人。②

及至清朝，朝鲜半岛选派子弟来华学习的行为亦未中断。如顺治五年（1648年）三月，朝鲜即派宋仁龙来华学习西洋历法。鸦片战争后，据相关资料显示，朝鲜为抵抗日本，曾派学生来华学习武备。原因在于，进入近代后，朝鲜经常受到日本的威胁，为强国定邦，朝鲜开始向清廷请求帮助。光绪六年（1880年），朝鲜国王向清廷上奏，请求派员来华学习武备。在奏章中，朝鲜表明其派员来华学习的缘由：

> 朝鲜武备早宜购求，所以迟至今日者，实因外藩私购戎器有干例禁，迨时势既迫，始敢吁请，犹恐缓不济急。又称该国义州距营口仅六百里，由营口附轮船直达天津，不过数日，或自津门航海东驶可径泊该国黄海道之长渊、丰川两府。将来领运器械、来学员弁，当从海道为便捷。③

其后，朝鲜国王的请求得到清廷的准许。光绪六年九月，李鸿章遵旨筹办朝鲜来华学习武备一事。其后，李鸿章命津海关道郑藻如等与朝鲜赍奏官卞元圭拟具来学章程。光绪六年九月二十七日，在李鸿章上奏的《拟议朝鲜来学章程片》中，将朝鲜奏下元圭与天津海关道郑藻如等拟议的"朝鲜员弁来华学习制造、操练章程"录呈御览：

> 一、拟选派三十八人分入东、南两局学习制造，以两员分管之。通事传语者，东局用二人，南局用一人。又选派精明强壮弁兵四十人，分隶亲军枪炮营内学习操练，亦以两员分管之。通事传语者二人以上。共以八十七人为额。资斧、火食等项，皆朝鲜国自备，惟住房由中

---

① 章开沅、余子侠主编：《中国人留学史》（上册），社会科学文献出版社，2013，第6页。
② 欧阳修：《新唐书》卷四十四，清乾隆武英殿刻本。
③ 李鸿章：《李文忠公奏稿》卷三十八，民国景金陵原刊本。

国借给。

二、朝鲜国朝贡信使往来所经道路，自必永遵成宪。惟此次派人来学，系属破例之举。若得径从海道，更觉便捷，且制造、操练等事，一二年内当可探讨门径，为期不至过久。拟请酌量变通，奏咨立案，暂由海道来往，不在朝请常行公事之列。除来学之弁兵、学徒、委员、通事、从人而外，别人别事不得援照办理。至朝鲜国请中国代购军械、机器等件，俟购到后，由中国咨照，朝鲜方可派员从海道前来领运。

三、委员、弁兵、学徒、通事人等，由北洋大臣衙门给发空白凭票，交朝鲜国按名填给，并造名册呈送北洋大臣衙门及礼部备查。到中国后，遵守中国规矩，专心听教，倘或不遵约束，由中国官发交派来委员查核办理。至随从之人，敷用为止，不必多派，亦按名给予凭票。附则、册末一体遵奉约束，不得私带商贩及一切货物。

四、凡属练兵、学艺、购器、军务公文，由朝鲜国王分咨礼部及北洋大臣衙门以归便捷。①

朝鲜来学章程制定后，清廷还为朝鲜派员来华学习的内容作了具体规划。李鸿章认为，应择朝鲜国十五六至二十岁者数十人，分入东、南两局学习各种技艺，"其选择之人，除画图、汽机而外，应从该国素业铜、铁、木各工匠内心思灵巧者"中选派来学。

光绪七年（1881年）三月，朝鲜国王派陪臣赵龙镐带匠徒赴津，后因赵龙镐病故，于是年九月，改派陪臣吏曹参议金允植等率领学徒共69人，先行学习制器。其时，正值海道封冻，朝鲜生员仍从旱路入关。这些匠徒来华后，被分派入机器、制造两局。清廷令各局委员督饬工匠尽心教导，"以期技艺速成，俾得回国转相传授"。但对于这些匠徒的管理，仍由金允植等负责。是年十二月初二，李鸿章在《朝鲜来学制造折》中言及："朝鲜委员率领匠徒来津学习制器，现已分派各局妥办。"②

---

① 李鸿章：《李文忠公奏稿》卷三十八，民国景金陵原刊本。
② 李鸿章：《李文忠公奏稿》卷四十二，民国景金陵原刊本。

二、日本的来华留学[①]

关于日本派遣学子来华留学之事，可溯自隋大业四年（608年）。据史料记载，大业四年九月，值以小野妹子为大使的来隋使团（即"遣隋使"）动身来华之际，日方加派有学生入隋求学："倭汉直福因、奈罗译语惠明、高向汉人玄理、新汉人大国、学问僧新汉人旻、南渊汉人请安、志贺汉人惠隐、新汉人惠齐八人同行。"[②] 自是开启日人来华留学的航程。

时间延至1840年，鸦片战争爆发。1842年，中国在鸦片战争中战败，被迫与英国签订了中国近代第一个不平等条约中英《南京条约》。此事震动了日本朝野。为寻求应变之道，日本开始打破其锁国体制，转而向欧美汲取先进文化，为此，专门向欧美各国派遣了留学生。与之同时，日本仍保持着对中国的注意。19世纪60年代，日本曾先后4次遣使访沪，提出建交、通商、派员来华留学的请求。如在1867年年末，日本幕府长崎奉行上书清廷江南道应宝："今者更有禀请，欲赴贵地传习学术或经营商业，就便侨寓者，向后或有此等人来，望为照应。"[③] 后应宝将此事告知上海通商大臣曾国藩，曾旋即上报总理衙门。然而其时的总理衙门，因日本威胁朝鲜而对日持警戒态度，故而对日"传习学术"有所质疑。后日方解释"承问所传系何项学术云云，盖其所谓学术者，凡有益于我国家之事，不论何项，皆欲使之学焉者也"。不久，曾国藩在回复批文中言："将来答复时仍宜申明，如来人专习中国学术，决不吝惜；如有传授于中国者，尚须察酌。"[④] 由此不难看出两点：其一，幕府末期，日本即有派学子来华留学之意；其二，19世纪60年代，清廷已同意日本派人来华留学的请求。后因日本内部政局动荡，日本派学子来华留学之举并未成行。

及至明治政府建立，日本加快了与中国建交的步伐。在与中国的外务交

---

① 此小目内容，主要借助谭皓博士的既有研究成果，以利本节内容的完整。特此说明，并向谭皓博士致以谢意！
② 沈云龙：《隋唐时代日本派遣来华的留学生》，《国论》第1卷（1935年）第2期。
③ 黄荣光编：《同治年间中日经贸交往清档》，《历史档案》2008年第2期。
④ 同上。

涉中，日本开始意识到精通汉语的重要性，缘此，近代日本派遣来华留学生由是展开。据日本外务省留下的史料载：

> 在东洋诸国交流日益频繁，公私往来不断增加之今日，一苇可航之日清韩三国之关系日渐密切，事务亦弥弥多端。随之造就通晓言语吏牍文者为方今之要务已不待言。然本省官员中通晓支那言语吏牍文者仅二、三人，而其中少数又派往清韩公署，目下在省者仅郑永宁、中田敬义。日常省务时有翻译通弁之障碍。①

由上观之，其时的日本，派遣学生来华学习的目的，在于培养外交人才。

自明治政府开始，日本向中国派遣的留学生，其派遣方式主要分为三种：藩费、官费、自费。藩费留学生，指的是由日本各藩政府派遣的来华留学生。藩费生的存在原因在于，明治政府推翻幕府统治后，日本各藩依然存在，且拥有很大的势力，可以自主派遣学子出洋。但需要说明的是，明治初年，日本海外留学生事务主要由外务省负责，各藩在派遣留学生之前需先向外务省申请，得到批准后方能遣送学子出国。据现有史料显示，近代日本首批来华学生当数明治初年的藩费留学生。1870年，丰津藩、山口藩向外务部申请各派1名学生来华学习，后得到外务部的批准。时隔一年后，松江藩亦派遣2名学生前往香港学习。此4名来华留学生，可视其为晚清时期最早获日本官方批准来华留学的藩费生。现将这4名学生的相关信息列表（见表1-2）示下。

表1-2 首批日本藩费来华留学生一览表

姓名	所属藩	留学年龄（岁）	留学地	所习科目	来华时间
日下萨藏	丰津藩	24	上海	英学	1870
畔合太三郎	山口藩	21	上海	英学	1870
冈田好成	松江藩	不详	香港	英学	1871
井川讷郎	松江藩	不详	香港	英学	1871

[资料来源]根据谭皓的《近代日本首批官派留华学生考略》（《抗日战争研究》2016年第2期）相关资料整理而成。

1871年7月，为巩固以天皇为首的新政权，日本明治政府废除全国各藩，

---

① 大里浩秋、孙安石：《近现代中日留学生史研究新动态》，上海人民出版社，2014，第124—125页。

统一为府、县，结束了日本长期以来的封建割据局面，此举即日本历史上的"废藩置县"。自此，藩费学生不复存在。原由各藩派往各国的留学生，其所需费用统由国费支出。

晚清时期，就来华留学的日本官费生言之，其派遣主体，不仅包括日本中央政府，还包括日本军方、外务省、大藏省、农商务省、文部省等。日本第一批官派来华留学生，主要由日本中央政府所派。1871年5月17日，日本明治政府下令，派遣"鹿儿岛藩小牧善次郎、伊地知清次郎，高知藩桑原戒平，佐贺藩成富忠藏、福岛礼助"5人赴清朝留学。其后，日本还派遣水野淳造、黑冈勇之助来华学习。① 这些学子，可视其为近代日本官派来华留学的先驱。此7名来华留学生的具体信息列表（见表1-3）示下。

表1-3 近代日本首批官派来华留学生一览表

序号	姓名	别名	生源地	留学年龄（岁）	社会阶层	来华时间	护照归回日期
1	小牧善次郎	小牧昌业	鹿儿岛藩	28	藩士	1871.5.25	1872.11.14
2	伊地知清次郎	伊地知季方	鹿儿岛藩	26	不详	1871.5.25	1872.11.14
3	桑原戒平	桑原义质	高知藩	27	不详	1871.5.25	1872.11.14
4	成富忠藏	成富清风	佐贺藩	26	藩士	1871	1873.3.2
5	福岛礼助	福岛九成、武韶、礼介	佐贺藩	24	藩士	1871.5	1873.9.30
6	水野淳造	水野遵、淳藏、惇藏	尾张藩注	21	藩士	1871.5	1873.8.13
7	黑冈勇之助	黑冈勇之丞、季备	鹿儿岛藩	19	藩士	1871.5	1873.8

[资料来源]谭皓：《近代日本对华官派留学史（1871—1931）》，社会科学文献出版社，2018，第39页。

注：表中所列的尾张藩，因其藩主是尾张德川家，其居城为名古屋城，明治时代初期改称为名古屋藩。

第一批官派学生来华后不久，即1871年7月18日，明治政府设立了文

---

① 谭皓：《近代日本对华官派留学史（1871—1931）》，社会科学文献出版社，2018，第35页。

部省，开始接管海外留学事务。1872年8月3日，文部省颁布《学制》，其中第58—88章即为《海外留学生规则事宜》。9月25日，文部省向各国办务使发出命令，要求按照《学制》规定，召回不合条件的留学生。10月9日，文部省指出："已向办务使送达命令，将本省管理之生徒中于专门科修学者定为初等留学生，其余归朝。清国留学生徒照此处理。"①也许与此变革有关，在7名来华留学生中，小牧善次郎、伊地知清次郎、桑原戒平3人在华留学一年半，于1872年11月5日归国。1872年11月18日，文部省再提召回清国留学生一事，且将召回命令发给驻清领事馆。1873年2月，其余4人在日本政府的命令下，在华身份转为"视察"，结束了在华留学生涯。

言及日本军方派学生来华留学，主要分为两类：一是陆军省派学生来华留学；一是参谋本部派学生来华留学。其中陆军省派学生来华留学，始自1873年年末。是年，陆军省派遣8名军官来华留学，是为近代日本军方派遣的首批留学生，同时也是日本官方派遣的第二批来华留学生。1873年11月28日，陆军省下令，派遣军官美代清元、益满邦介、长濑兼正、向郁、中村义厚、江田国容6人来华留学。12月9日，又增派军官岛弘毅、芳野正常2人一同来华。这批学生来华之目的，从日本陆军省收录的一份对全体海外留学生总要求的《心得书大纲》中可见一斑：

　　一、在彼国欲学彼国之事，必先通晓彼国语学，故将以此为最初之专务。

　　二、每人虽皆奉职于日本陆军，但于彼国在留期间，应随其风俗，著用其国之常制衣服。

　　三、研究科目虽为主务，但一切事件全部听从彼地在留陆军少将兼二等特命全权公使山田显义之指挥，绝无违背。②

不难看出，此8名学生来华，表面上是学习汉语，真正目的则是军事侦察。现将此8名来华留学生的相关信息列表（见表1-4）显示。

---

① 谭皓：《近代日本首批官派留华学生考略》，《抗日战争研究》2016年第2期。
② 谭皓：《近代日本军方首批留华学生考略》，《抗日战争研究》2014年第1期。

表 1-4　陆军省首派来华留学生一览表

序号	姓名	生源地	军衔级别	来华时间	离华时间
1	美代清元	萨摩	陆军中尉	1873.12.15	1875.1.22
2	益满邦介	萨摩	陆军少尉	1873.12.15	1874.10.26
3	长濑兼正	萨摩	陆军少尉	1873.12.15	1879.3
4	向郁	长州	陆军少尉	1873.12.15	1874.10.26
5	中村义厚	萨摩	陆军军曹	1873.12.15	1874.10.26
6	江田国容	萨摩	陆军军曹	1873.12.15	1874.10.26
7	岛弘毅	松山	陆军中尉	1873.12.15	不详
8	芳野正常	长崎	少尉试补	1873.12.15	1874.12.24

[资料来源]谭皓:《近代日本对华官派留学史(1871—1931)》,社会科学文献出版社,2018,第61页。

这批学生来华后不到半年,日军以征伐杀害琉球船员的台湾"番民"为借口,入侵中国台湾,攻打牡丹社和高士佛社,企图占据台湾。面对此种情形,清廷一边与日军交涉,一边积极备战,且不断寻求国际上的调停。随后,日军陷入困境,开始改变原计划,转为和谈。然而中日双方连续论争数日,仍无结果,谈判陷入僵局。眼见战事一触即发,日本军方开始计划让留学中国的日本学生归国。1874年10月26日,中村义厚、向郁、江田国容、益满邦介4人结伴,由上海返回日本。随后,岛弘毅也于同年10月底归国。由于1874年10月31日清廷与日本和谈成功,双方签订《北京专条》,是故其余3人皆推迟归国时间。美代清元因在归国途中感染眼疾,迟至1875年1月22日方才回国;芳野正常于1874年12月24日因病回国;长濑兼正则继续留在中国从事谍报活动,直至1879年才回国。

除陆军省外,参谋本部也曾派生来华留学。1879年年末,参谋本部为培养汉语人才,即派遣16名学子来华学习汉语。此为继陆军省派生来华留学后,由日本军方派遣的第二批来华留学生。此16名来华留学生的具体情况由下表(见表1-5)可知。

表 1-5 参谋本部派遣来华留学生一览表

序号	姓名	生源地	社会阶层	身份及备注
1	柴田晃	东京府	士族	东京外国语学校汉语专业学生
2	御幡雅文	长崎县	平民	东京外国语学校汉语专业学生
3	关口长之	东京府	士族	东京外国语学校汉语专业学生
4	大泽茂	东京府	平民	东京外国语学校汉语专业学生
5	谷信敬	栃木县	士族	东京外国语学校汉语专业学生
6	平岩道知	京都府	士族	东京外国语学校汉语专业学生
7	濑户晋	熊本县	士族	东京外国语学校汉语专业学生
8	原田政德	山口县	平民	东京外国语学校汉语专业学生，后改名为木野村政德
9	小川忠弥	栃木县	平民	东京外国语学校汉语专业学生
10	沼田正宣	东京府	士族	东京外国语学校汉语专业学生
11	末吉保马	福冈县	士族	东京外国语学校汉语专业学生
12	西山谨三郎	长崎县	平民	东京外国语学校汉语专业学生，后改名为草场谨三郎
13	富地近思	石川县	士族	不详
14	川上彦次	不详	不详	不详
15	杉山昌大	不详	不详	不详
16	山口五郎太	佐贺县	士族	陆军军官，在厦门自费留学

[资料来源]谭皓：《近代日本对华官派留学史(1871—1931)》，社会科学文献出版社，2018，第102页。

如其初愿，这批留学生归国后，或成为日本军方的汉语教师，或成为中日交涉的重要人员。可见，参谋本部此次派遣学生来华学习汉语，其实是在为日本侵华做准备。

追随日本中央政府和军方相继派人来华留学之后，自1874年起，日本外务省也开始派送学生留华。1871年9月13日，李鸿章与日使伊达宗城签订《中日修好条规》（18条）和《通商章程》（30款），正式开启了中日近代外交关系的大门，中日也开始互派公使。自条约签订后，日本任命的几任公使仅在北京作短暂停留，直至1874年2月22日外务省任命柳原前光出任驻华公使。鉴于驻华公使经常与清廷官员进行交涉，汉语翻译人才的培养引起外务省的高度重视。是年 3 月 17 日，在柳原来华之际，外务省即向太政官提议，从东京外国语学校汉语专业学生中挑选 2 至 3 人，随同柳原来华留学。这是外务省首次提出派遣来华留学生。随后，太政大臣致函柳原前光，命其于已在华的日本人中，挑选三两人担任公使馆书记见习，以传习中国语言。① 是年 7 月，柳原抵达北京后，从在华的日本人中任命郑永昌、片桐让之担任公使馆书记见习。不过，此二氏并不同于留学生。1875 年 11 月 7 日，外务省再次提出派遣学生来华留学，得到太政官的批准。其后于 1876 年，外务省正式派遣 3 人前来中国留学。

1883 年 8 月，为了推进赴华留学事业，加强留华学子的管理，日本外务省正式颁布《清国北京留学生规则》12 条：

第一条　留学生在清国留学期间应学习汉语及吏牍文，同时购阅其国之经史书籍。

第二条　留学生毕业年限为满三年。

第三条　留学期间给予学费每人每年日本银币 420 元及往返旅费。

第四条　书籍及其他物品全由自费购买。

第五条　留学生于留学期间受我国驻北京公使全权管理，服从其训示命令。

第六条　毕业后作为对本省之报偿义务，须于本省工作满五年，担任相应职务。但奉职中给予一定月俸。若本人请求辞职，则应于辞职之时返还所得全部学费及旅费。

第七条　留学期间亦应依照公使命令处理临时公务。

第八条　留学期间由于品行不端及犯罪而被开除的学生，须在 60 日以内赔偿当初给予的全部金额。

第九条　留学期间由于怠惰、不学习而毕业无望者，开除时同第八条须赔偿当初给予的全部金额。

第十条　由于疾病事故等原因不得以（已）提出退学申请者，

---

① 谭皓：《试论近代日本外务省对华派遣留学生制度（1871—1931）》，《抗日战争研究》2017 年第 2 期。

经讨论可准许申请。但不给予回国旅费。且从前所给学费是否需要返还，由本省定夺。

第十一条　留学志愿者须在附页的第一号志愿书式中提供第二号的保证状，向本省提交志愿书。

第十二条　留学生之保证人须由两名东京府内居住、身份可靠、拥有财产的人士担任。①

上述规则成为日本派遣学子来华留学的重要指南，可视为近代日本首次颁布的来华留学生规章。1894年，外务省再次制定《外务省留学生规程》，将选拔来华留学生的过程规定得更加详细。这一系列规章的制定，使得此后至民国成立，外务省派遣的来华留学生日渐增多。现将晚清时期外务省派遣的来华留学生列表（见表1-6）示下。

表1-6　1876—1911年外务省派遣来华留学生一览表

序号	姓名	来华留学时间	结束留学时间	留学地
1	中田敬义	1876.3	1881.1	北京
2	颖川丰太郎（颖川高清）	1876.3	1880	北京
3	富田祭福	1876.3	不详	北京
4	吴永寿	1880.3	不详	北京
5	铃木行雄	1883.8.18 *	1885	北京
6	濑川浅之进	1883.8.18 *	不详	北京
7	田边熊三郎	1883.8.18 *	不详	北京、上海、镇江、香港
8	西源四郎	1883.8.18 *	1885.9	北京
9	吴大五郎	1883.10.10 *	1886.3.29 *	北京
10	大河平隆则	1884.7.24 *	1890	上海、汉口、香港
11	足立忠八郎	1884.7.24 *	不详	上海、汉口
12	山冈直记	1884.7.24 *	不详	北京、上海
13	丰岛舍松	1884.7.24 *	1889.4	上海、江西、香港
14	中西正树	1884.7.24 *	1886	天津、北京

---

① 大里浩秋、孙安石编：《近现代中日留学生史研究新动态》，上海人民出版社，2014，第127—128页。

(续表)

序号	姓名	来华留学时间	结束留学时间	留学地
15	山崎龟造（山崎桂）	1884.7.24*	1890	北京、香港
16	横田三郎	1884	1886	北京
17	铃木恭贤	1884.11	1887.10	福州
18	小田切万寿之助	1886.3.2*	1887	天津、香港
19	天野恭太郎	1887.10.1*	不详	北京
20	高洲太助	1888.5.24*	不详	香港、芝罘（烟台）、北京
21	河野西	1890.12.30*	不详	芝罘
22	速水一孔	1891.9*	不详	北京、上海
23	船津辰一郎	1894.6.5*	不详	北京
24	深泽暹	1896.5.26**	不详	北京
25	岩村成允	1897.8.16*	不详	北京
26	野口多内	1897.10.5*	不详	北京
27	池部政次	1898.10*	不详	北京、芝罘、福州
28	早田良助	1898.10*	不详	上海
29	中畑荣	1898.11.30***	不详	汉口、北京
30	德永喜三	1900.9.22*	不详	福州
31	高森强太郎	1902.10.9*	1905.5.10*	北京
32	大和久义郎	1902.10.9*	1905.10.7*	北京
33	藤井元一	1902.10.9*	1905.2.1*	北京
34	喜多川清	1903.11.26*	不详	不详
35	市川信也	1906.9***	不详	北京、上海
36	三浦一	1906.9***	不详	北京、上海
37	榑松宇平治	1906.9***	不详	北京、上海
38	小松正则	1906.9***	不详	北京、上海
39	饭田昇治	1906.9***	不详	北京、上海
40	河野清	1907.11.29*	不详	北京
41	高桥隆司	1911.7.31*	不详	不详
42	米内山庸夫	1911.7.31*	不详	不详
43	增井宗俊	1911.8.3*	1915.5.8	北京

[资料来源]根据谭皓《试论近代日本外务省对华派遣留学生制度(1871—1931)》(《抗日战争研究》2017年第2期)一文资料整理而成(其中"*"代表日本正式任命或解任留学生时间;"**"代表"启程来华留学时间";"***"代表"抵达时间")。

除上述日本来华留学生外,日本大藏省、海军省、农商务省及文部省均曾有派遣学生来华留学之举。因大藏省、海军省派遣学生较少,在此不作重点介绍。就农商务省派遣学生来华留学而言,始于甲午战争后。甲午战争后,中国与日本签订《马关条约》,中国不仅向日本支付巨额赔款,而且被迫开放了多处通商口岸,允许日本在通商口岸开设工厂。在此背景下,自1896年起,日本农商务省开始派遣大量实业练习生以留学生的名义来华,在学习农、商、工等技术之余,针对中国工商业状况展开调查,为日本对华经济扩张与军事侵略提供情报。至1905年止,农商务省共派遣43名"实业练习生"来华留学。现将这10年间农商务省所派的来华生名单(见表1-7)示下。

表1-7 1896—1905年间农商务省派遣来华"实业练习生"一览表

序号	姓名	大约来华时间	留学地
1	宗像寅三	1896.10.30(发)	上海
2	高岛笃治	1896	苏州
3	坂本菊吉	1898	杭州、苏州
4	杉山常乔	1899.6.1(着)	上海、香港
5	庄村秀雄	1899.6.1(着)	牛庄(海城)
6	桥本龙吉	1899.6.1(着)	牛庄
7	常念保平	1899.6.1(着)	牛庄
8	田村忠一	1899.6.1(着)	牛庄
9	柴田麟次郎	1899	上海
10	平冈小太郎	1899	上海
11	安永东之助	1899	上海
12	牛岛正巳	1899.8.1(批)	汉口
13	石塚丰次郎	1899.11.8(批)	汉口、重庆
14	轰木长	1900	上海、江苏、浙江、北京
15	稻石谦藏	1900	上海、浙江

(续表)

序号	姓名	大约来华时间	留学地
16	竹内德太郎	1902	牛庄
17	中井国太郎	1902	牛庄
18	阿部野利恭	1902	旅顺
19	关贞江	1902	杭州
20	小川清一	1902	广东、香港
21	肥田玄次郎	1902	广东、香港
22	神村源之助	1902	牛庄
23	大庭景秋	1902	哈尔滨
24	平贺深造	1902	汉口、长沙
25	三方勘之郎	1903.1（批）	汉口
26	志户茂一	1903.6（批）	上海
27	鹤冈永太郎	1903	北京、山东
28	村田忠三郎	1903	杭州
29	川津弘	1903	苏州
30	谷环	1903	苏州
31	曾根廉郎	1903	福州
32	立川次郎介	1903	天津、山东
33	栗林孝太郎	1903	汉口
34	大森松四郎	1903	长沙
35	岛田定知	1903	重庆
36	江川繁一	1903	汉口
37	山田彦松	1903	上海、南昌
38	松永祐三	1903	大连
39	国松和三郎	1903	汉口
40	石井纲雄	1903	重庆
41	仓上福太郎	1903	汉口
42	滨田纯一	1903	芝罘
43	坂田长平	1903	天津

[资料来源]谭皓:《近代日本对华官派留学史(1871—1931)》,社会科学文献出版社,2018,第207—209页。注:表中标注"批"者为获批成为"实业练习生"的时间,标注"发"者为从日本启程来华时间,标注"着"者为抵达中国留学时间;未加标注者,均为推测。

19世纪90年代,随着日本高等教育规模的扩大,为培养胜任汉语教学的教员,自1899年起,日本文部省也开始派遣学生来华留学。现将其派遣的来华留学生具体信息依次列表(见表1-8)。

表1-8 晚清时期文部省派遣来华留学生一览表

序号	姓名	来华时间	归国时间	研究学科	留学前所属学校	职称
1	服部宇之吉	1899.9.17	1900.9	汉学、汉学教授法及研究法	东京帝国大学文科大学	助教授
2	狩野直喜	1900.4	1903.4	汉学、东洋哲学	东京帝国大学文科大学	助教授
3	伊东忠太	1902.4.9	不详	建筑学	东京帝国大学工科大学	助教授
4	冈本正文	1903.8.1	1904.3.25	清语	东京外国语学校	助教授
5	宇野哲人	1906.3.14	1908.3.14	支那学	东京帝国大学文科大学、东京高等师范学校	助教授、教授
6	桑原骘藏	1907.4.17	1909.4.17	东洋史	东京高等师范学校	教授
7	盐谷温	1909.9	1912.8.1	支那文学	东京帝国大学文科大学	助教授

[资料来源]谭皓:《近代日本对华官派留学史(1871—1931)》,社会科学文献出版社,2018,第223—224页。

与其他来华留学者有所不同,文部省所派留华生中的服部宇之吉,在留学中国后,又曾返归中国新式教育机构任教,担任过京师大学堂师范馆的总教习,讲授教育学、心理学和伦理学等课程。当年曾任其翻译助教的范源濂说过:"将来如有人作中国教育史,叙述师范教育之起源,第一页就应当从服部博士所曾尽力之事业说起。"①

言及日本自费来华留学生，晚清时期多有所见。如刘声木《桐城文学渊源撰述考》中载，在张裕钊执教直隶莲池书院期间，即有单独师事张氏者7人。崔栋、张殿士、刘若曾、宫岛彦、黎汝谦、齐令辰、宫岛诚一郎。可见，在19世纪80年代，张裕钊的得意门生中就有2人来自日本。

三、欧美国家来华留学

追踪晚清时期来华留学活动的足迹不难发现，除中国周边国家外，欧美国家也曾派学子来华留学。现有资料显示，欧美国家来华留学方式主要是官方派遣。尽管在规模、人数乃至历史渊源等方面难以与中国周边国家相比，然而作为外人来华留学史的重要组成部分，理应得到学研界的重视。在这些国家中，同处西方世界横跨欧亚大陆的俄国不得不提。该国位于欧洲东部和亚洲大陆的北部，而其首都彼得堡在波罗的海沿岸，大城市莫斯科则在东欧平原上，故而在传统意义上，人们将其视为欧洲国家。再者，俄国学子来华留学较晚，直至西方世界进入近代社会后，俄国才有派生来华留学的举措，是故本书将俄国来华留学放在此目进行叙述。

在与清廷签订《尼布楚条约》后不久，俄国即向清廷提出派人来华学习中国传统文化的请求，此要求得到清廷的允许。不过其时的俄生来华，主要目的是学习喇嘛教经典，对此前文已有所述。此类来华学习方式，由于其学期不长且缺乏制度保障，故而俄国一直希望实行定期来华留学的计划。

及至1728年《恰克图条约》的签订，规定清廷每10年接收6名俄国学生来华学习满、汉文字，至此，俄国向中国派遣留学生才走向正轨。此后直至清末，来华留学的俄国子弟不绝如缕。是故在1901年时，清廷为振兴中国传统儒学而诏告："谨按《大清会典》，我朝准俄罗斯遣子弟赴国子监肄业。"②由是可知，清末开始实行"新政"之际，俄国子弟仍得以准入国子监学习。

---

① 刘问岫编：《中国师范教育简史》，人民教育出版社，1984，第18页。
② 《观张广文请就南洋振兴孔教禀牍推广言之》，《申报》1901年10月19日，第1版。

自第一批俄国来华留学生开始，国子监俄罗斯学前后延续了 130 余年，共接收 14 班俄国学生，共计 49 名。① 在第十二班俄国学生来华之际，中国已跨入近代。兹将晚清时期来华留学的俄国学生名单列示于下表（见表 1-9）。

表 1-9 晚清时期入国子监肄业的俄国学生名单

班次	在华时间	来华学生	中文译名	去向
第十二班	1840—1849	约·安·戈什克维奇	不详	届满回国
		弗·瓦·戈尔斯基	不详	1847 年卒于北京
		伊·伊·扎哈洛夫	杂哈劳	1849 年回国
		瓦·巴·瓦西里耶夫	王西里／瓦习礼	1850 年回国
第十三班	1850—1858	米·达·赫拉波维茨基	晃明	不详
		尼·伊·乌斯宾斯基	不详	1851 年卒于北京
		尼·伊·涅恰耶夫	不详	1854 年卒于北京
		康·安·斯卡奇科夫	孔气／孔琪庭	1857 年因病回国
第十四班	1858—1864	阿·费·波波夫	柏林	1870 年卒于北京
		康·巴甫里诺夫	不详	不详
		德·阿·彼舒洛夫	孟第／丕业什楚罗福	1863 年回国
		尼·姆拉莫尔诺夫	不详	不详

[资料来源] 根据余子侠、刘振宇、张纯的《中俄（苏）教育交流的演变》（山东教育出版社，2010）和蔡鸿生的《俄罗斯馆纪事》（中华书局，2006）两书资料整理而成。

清末实行"新政"后，国子监被裁撤，随着京师大学堂的重新开办，俄国开始奏请派遣学子入京师大学堂肄业。在俄国学生入京师大学堂之前，俄方曾派学生来该校参观。如宣统元年四月二十七日（1909 年 6 月 14 日），俄国公使廓索维慈致中国外务部函，请求学部准许"海参崴东方语言学堂肄业生索柏尼齐、阿尼西、柏罗诺夫、吕诺夫 4 名"，前往京师大学堂游览观光。② 是项事务经外务部转学部核办，答复："可也。"此后不久，俄国开始正式

---

① 余子侠、刘振宇、张纯：《中俄（苏）教育交流的演变》，山东教育出版社，2010，第 20 页。
② 北京大学、中国第一历史档案馆编：《京师大学堂档案选编》，北京大学出版社，2001，第 350 页。

派遣学生前来京师大学堂学习。自是至中华民国成立，俄国共有 2 名学生入京师大学堂就读，现分述如下。

宣统元年七月二十九日（1909 年 9 月 13 日），俄国公使廓索维慈再次致函清廷外务部：

> 迳启者，兹据本国大学堂委派官费游历员兼充东省铁路学堂教习阿理克禀称，拟赴京师大学堂听讲经史二课，月余为期，并参观中、小各等学堂等因，查该员驻华已历三载，习学汉文，业入门径，即于本年十月抄回国充当大学堂汉文教员，因是烦请贵部转与学部相商，准其听讲，以广学问。①

其后，俄国公使的请求得到学部的允许。是年九月初一，阿理克入京师大学堂听讲经史课程，中国方面还为其开具了"经史课程表"（见表 1-10）。

表 1-10 京师大学堂经史课程表

上课日期	上课时间	课程	授课教师
星期二日	八至九钟、九至十钟	中国历史	谭教习授
星期四日	三至四钟	经学	饶教习授
星期五日	三至四钟	经学	饶教习授
星期六日	八至九钟	中国历史	谭教习授

[资料来源] 北京大学、中国第一历史档案馆编：《京师大学堂档案选编》，北京大学出版社，2001，第 354 页。

紧随阿理克之后，时隔一月，海参崴东方语言学堂毕业生迪德生，因"研究汉文起见，甚愿前往京师大学堂听讲中国历史，以广学问"②。该生将此想法禀明俄国公使廓索维慈后，俄公使再次致函中国外务部转学部，后得到学部的允许。不仅如此，京师大学堂还将"所有中国历史讲授时间另单开"，转至迪德生，让其按照开具时间前往京师大学堂听讲。

除俄国外，晚清时期，学校教育处先进地位的欧美国家也有派学生来华留学的举措，其中主要有美、英、法等国。这些国家派人来华留学主要发

---

① 北京大学、中国第一历史档案馆编：《京师大学堂档案选编》，北京大学出版社，2001，第 352 页。
② 北京大学、中国第一历史档案馆编：《京师大学堂档案选编》，北京大学出版社，2001，第 354 页。

生在清末。究其原因，鸦片战争后，用坚船利炮轰开中国封闭大门的西方列强，认为中国是陈腐的、代表农耕文明的、经济技术落后的东方封建国家，对其只有征服与掠夺，万万不会遣派学生来中国学习千疮百孔的传统教育。但在中国经历洋务运动、维新变法后，随着中国各级各类学堂的发展及京师大学堂分科大学的开办，一些对中国传统文化甚感兴趣的外邦学子也开始动起了来华留学的念头，其中美国即为显例。如在1898年，《申报》即载文指出：

> 美国向无远略之心，此开国总统华盛顿在位时所立美国原例也。今美国幅员广大，駸駸富强，美班（指西班牙——引者注，下同）之役，美人遂变初心，拟收拾飞腊比（即菲律宾）群岛，将来东方商务，美必与英抗衡，而英处此俄法德三国联盟经营东方，英亦乐与美联合。今美国现甚注意东方之事故，欲使陆军中之武弁学习俄土（指土耳其）中三国语言，将来又调选武弁到中国北京学习华言，谓能操此语者，必不次超擢，以示鼓励。每年拟在缅甸考试各学语之员一次，如有武弁愿往学语者，准给假一年，专来中国学习。①

由此不难看出，其时美国即有拟派下级武官来华学习中国语言之意，当然其根本目的在于为政治侵略做人才准备。

清末实行"新政"后，随着中国分科大学的开办，清廷开始准许外国学生入经科大学肄习。此消息传出后，各国外交使节纷纷将此信息传回本国，英国即是如此。宣统二年五月十二日（1910年6月18日），英国公使麻穆勒为本国学部拟刊布中国准招留学生事致中国外务部函：

> 敬启者，前阅去年（1909年）十二月初二日，《政治官报》有学部奏"经科大学拟准外国学生肄业"一片，当经译送本国政府查照。近悉本国以中国嘉惠远人，俾得研究经学切感竭胜。并闻本国学部拟将奏片刊登各种学报，且将大旨颁送凡有华文之大学堂矣。②

由此函不难看出，当清廷准许外国学生入经科大学后，各国均将此消息传达

---

① 《美存远志》，《申报》1898年11月29日，第1版。
② 北京大学、中国第一历史档案馆编：《京师大学堂档案选编》，北京大学出版社，2001，第363页。

至本国各大学堂。缘此,京师大学堂的经科大学开办后,计拟派遣学生来华留学的欧美国家不断增多。1909年《申报》即有此报道:

> 此次开办经科大学,外国之前来留学者甚多,法国三人、美国二人、日本三人、英国二人,平素皆讲求中国经学,具有根柢。而我国如黑龙江陕甘新疆等省,现经各督抚咨覆,竟无此项合格经生,亦可慨已。①

可见,在经科大学正式开学前,美国、法国、英国等欧美国家均有派遣学生前来中国入经科大学学习的安排或打算。

第三节 外人来华留学所入学校及所选学科

晚清时期,作为中国传统教育主体的官学和书院,成为各国来华留学生的聚集地。就外人来华留学所入学校言之,以1905年科举废除为界,可分两个时段:科举废除前,各国来华留学生主要入国子监与书院学习;科举废除后,来华留学的各国学子开始进入新式学堂就读,但主要进入京师大学堂肄业。至于外人来华留学所选学科,整个晚清时期皆以中国传统文化为主,其中以"经学"为最要,间有极少数人学习"新学"学科。

一、来华留学生所入学校

鸦片战争后,清廷迫于应对千年变局,开始被动地变革学校教育。自1862年京师同文馆创办起始,陆续开设了一批新式学堂,甚至维新变法时期开办有新型的综合性高等学府。但是直至20世纪初,其时中国学校教育的主体依然以国子监—书院—塾学为其体系的主干。由其时各国学子来华留学之史料可见,各国学子来华学习,大多仍属于一种传统时代接纳外邦人士来华

---

① 《京师近事》,《申报》1909年11月18日,第6版。

留学的"传统模式"。故而,各邦学子来华后,所入学校仍然限囿于传统的学校教育模式,主要进入中央官学的最高学府国子监或各地书院肄业。值得注意的是,其时的官费生一般入国子监肄习,自费生则大多进传统书院求知。

外国学生来华入国子监的情形前文已述,故不再赘。关于其时外人入中国书院学习的情景,不少史料均有记载。如在光绪九年(1883年),其时的湖广总督涂宗瀛,捐银5000两助开叠山书院,并购经史子集157部存该院以供生徒诵读。由是,叠山书院闻名遐迩,"不仅省内外学者慕名而来,而且朝鲜左海(道)成均世儒徐相默于1901年(光绪二十七年)携弟子边尚玉谒见万清轩,并住书院受教30余日"①。

再如前文所述保定莲池书院,在晚清时期曾接收了不少外国留学生。言及此举,不得不提及张裕钊其人。光绪九年,张裕钊应李鸿章之邀,主掌莲池书院。张氏到院后,兼主讲"古学",门生约几千人,他以其古文法施教于莲池,"一时材俊之辈,奋起朋兴,标英声而腾茂实者,先后相继不绝"②。张裕钊在莲池书院的教育活动,影响波及海内外,一时间慕名前来者不绝如缕,其中不乏日本学子。自此,莲池书院开始接收外国留学生,成为对外开放的书院。如1887年,莲池书院接收日本青年宫岛大八就读,学习书法、古文。宫岛大八(1867—1943),字咏士,号勖斋,日本国米泽市人。1887年4月12日,因仰慕张裕钊的才学,宫岛大八由日本横滨港乘船前往莲池书院留学,于5月19日抵达。刚开始,张裕钊并不愿宫岛大八入院学习,其后被宫岛大八的好学精神打动,于是请示总督李鸿章,获其批准。6月3日,宫岛大八行拜师礼,正式入莲池书院就读。为了便利与中国学生交往和表达自己的向学之心,宫岛大八还穿起中国服装,梳起发辫。③1888年,李鸿章为安排张佩纶来莲池书院任院长,有意让张裕钊另谋他业,张裕钊愤然辞离,返回武昌任江汉书院院长。随后,宫岛大八追随张裕钊至江汉书院就读。甲午战争爆发后,宫岛大八返日。归国后,宫岛大八在日本创办善邻书院,致力于汉语教育,还将张裕钊的书法艺术广为教授,在日本形成张氏书法

---

① 湖北省地方志编纂委员会编:《湖北省志·教育》,湖北人民出版社,1993,第14页。
② 河北省保定市地方志编纂委员会编:《保定市志》第4册,方志出版社,1999,第710页。
③ 柴汝新主编:《莲池书院研究》,河北大学出版社,2012,第268页。

流派。

戊戌变法时期，清廷曾发布上谕，命各地大小书院一律改为学堂。但由于变法以失败而告终，书院改学堂之举戛然而止。庚子国难后，清廷不得不改弦更张推行"新政"。自后，在清廷的推动下，书院进入了大批改办学堂的历程。1905年，科举制度正式废除后，旧式书院失去了存在的价值，国子监亦被撤并入学部，那些原来还在观望徘徊的书院，也不得不下定决心，纷纷改设学堂。此种举措，使得新式学堂得到了加速发展的良机。士绅捐资兴学、地方集资办学成为一股潮流，然而此时的高等教育层次的学府，包括京师大学堂也不过两三所，因此来华留学的外国学生，也多半进入首善之区的京师大学堂就读。1910年分科大学开学后，各国来华留学生犹有至者。如1910年10月，日本人佐藤知茶和菊川谦次郎分别入京师大学堂的经科和文科肄业。[1]

值得补充说明的是，晚清时期，除国子监、书院外，亦有外邦派遣学子就读地方官学的行为。俄国即为一例。光绪四年（1878年）十二月二十七日，伊犁将军金顺函称，俄国拟令一两个学生前来新疆库尔喀喇乌苏学习"汉字言语"，且请求地方政府予以照护。据相关史料记载，光绪五年（1879年）二月初七，清廷函令金顺，考虑到"库城不惟无教习之人，亦无教习之地加以投入"，且"俄国之陕回，屡出剽掠，道途不靖，照护该学生一节，诚恐鞭长莫及，难免疏虞"[2]。可见，此次俄国请求派遣学子入读中国地方官学一事，并未得到清廷的准允。

光绪十一年（1885年），驻扎库伦总理俄国事务吉拉诺尔匡索勒大臣什什玛呼福奏称："本国现有诸生数名，业已在库学习汉语，因此恳祈本处印房择选通晓汉文一名派委，即在本处匡索勒大臣衙门为师，特为教读俄罗斯诸生。"[3] 其后，库伦办事大臣桂祥等考虑到印房当差书手、七品顶戴文童山西汾阳人李鸣生通晓汉文，即派其为俄国学生的教习。后因李鸣生病故，改由其胞兄李喜生代为教习。由此可见，光绪年间即有俄国学生入中国地方官

---

[1] 张研、孙燕京主编：《民国史料丛刊 文教·高等教育》，大象出版社，2009，第89页。
[2] 孙学雷、刘家平主编，国家图书馆藏：《清代孤本外交档案》第16册，全国图书馆文献缩微复制中心，2003，第6371页。
[3] 孙学雷、刘家平主编，国家图书馆藏：《清代孤本外交档案》第16册，全国图书馆文献缩微复制中心，2003，第6374页。

学就读。

二、来华留学生所选学科

晚清时期，中国的学校教育，虽自京师同文馆而后陆续创立有一定数量及规模的新式学堂，然而由于历史的惯性，这些外邦学子几乎都进入传统的教育机构，接受以儒学为主体的中华传统文化知识的教育。民国成立前，甚至时至民国初年，外人来华留学所选学科，皆以中国传统文化为主，其中"经学"最为各国学子所钟爱。

1880年，国人开办最早的报刊之一《申报》就出现过这样的记载：

> 日本朝廷现拟派发其子弟来华学习中国语言文字，兹闻人数尚无定额，惟据该国日报所言，则令所派子弟在华时改服中华衣服，辫发皆从华俗，以取其便云。①

此种现象的出现，与其时清廷在教育领域的举措有着不可分割的联系。鸦片战争后，面对传统封建教育破败衰微的景象，清朝统治阶层采取了诸种措施以回应内外冲击。其中一项重要的措施，即重振和巩固儒家学说在封建教育中的至尊地位。其时中国的教育，自私塾、书院而各级官学乃至国子监，全面强调儒家学说及圣贤义理，甚至到《奏定学堂章程》颁布时，仍极其重视国学与经学。著名学者陈东原曾对《奏定学堂章程》中"重视国学与经学"，进行了一番细致的描述：

> 大学堂分为八科，而以经学科大学为首。中小学校，则甚重读经。小学堂以读经为必修科，初等小学堂五年，应读十万零一千八百字，高等小学堂四年，每星期均读经六点钟，挑背及讲解六点钟，共十二点钟，另有温经钟点，每日半点钟。中学四年，每星期均读经六点钟，挑背及讲解三点钟，共九点，每日温经半点钟在外，其重视读经如此。奏定章程第一册为学务纲要，有专条论"中

---

① 《日肄华文》，《申报》1880年4月3日，第2版。

小学堂宜注重读经以存圣教"。又谓"经学课程简要并不妨碍西学"。又谓"学堂不得废弃中国文辞以便读古来经籍"。又谓"理学宜讲明"。①

自上不难看出，在其时的学堂中，经学为最主要科目之课目，相当于现在大学教育中的一级必修课。值得注意的是，学部成立后，对各学堂读经课程，仍颇为注重。1907年时，学部就强调指出："各学堂有将此课减免者，殊属舍本齐（弃）末。拟再告知督学局转饬各学堂，均应按照定章，认真教授，不准将读经一课，任意减免，致碍学科统一之政云。"②由此可见"经学"在晚清时期的重视程度之一斑。由前文所述俄国阿理克、迪德生来京师大学堂听讲经史之学不难明白，其时的周边各国对于"上邦"中国的传统文化，仍怀有积极向学的真心实意，依然以学生的角色派员来华研习。

不得不提的是，晚清时期，来华留学生除学习中国传统文化外，尚有少数人来华学习"新学"，如前所述朝鲜学子来华学习制器、练兵即是。现将清廷为其制订的学习内容列表（见表1-11）示下。

表1-11 清廷拟定朝鲜生徒来华学习武备一览表

所学技艺	年龄（岁）	人数	条件	所入局
画图	15或16	4	择聪明而有悟心、能通文义者	分隶东、南两局
木样厂	20内外	4	择该国有心思之木工	分隶东、南两局
翻砂厂	不详	4	择年力精壮、有膂力、有心思者	分隶东、南两局
枪子厂	不详	4	不详	专隶东局
机器厂	15或16	4	选择较宽	分隶东、南两局
汽机锅炉厂	年20上下	4	不详	分隶东、南两局
熟铁厂	不详	4	择该国素业铁工者	分隶东、南两局

---

① 陈东原：《清末之新教育》（上），《教育通讯（汉口）》（复刊）第1卷（1946年）第2期。
②《学部注重读经》，《直隶教育杂志》1907年第9期。

(续表)

所学技艺	年龄	人数	条件	所入局
火器厂	15或16	4	不详	分隶东、南两局
制火药	不必年轻	3	择该国向习此艺者	专隶东局
制镪水	20内外	1	择聪颖者	专隶东局

[资料来源]根据李鸿章的《李文忠公奏稿》卷三十八（民国景金陵原刊本）中奏折内容整理而成。

综合言之，晚清时期的外人来华留学，从最初清朝以"恩泽万邦"的高傲姿态，被动接收外人来华求知，到清末实行"新政"后以"学习西方"的低姿态，鼓励并招徕各国学子来华学习，在中外教育交流过程中，此种态度的转变，为以后中国接收外人来华留学教育事业的发展，提供了可供参照的范式。在历史长河中，尽管晚清社会来华留学的人数较少、国别不多且绩效有限，然则宛如山泉涓流，使得自古以来外人来华留学事业得以延续。与之同时，留学中华的这批外来学子，尤其那些真情仰慕华夏文化和真心求取中华经典的学子，如同一缕清风，将中华文化的优秀典粹吹向世界各地，有效地架起了沟通中外教育交流的友好桥梁，同时为民国时期中国留学教育事业的发展奠定了一定的历史基础。

第二章
民国时期的外人来华留学（1912—1949）

1912年1月1日，中华民国宣告成立，孙中山于南京就任中华民国临时大总统，中国延续两千多年的封建君主专制制度由是终结。然而，以"清帝逊位"为诱饵的袁世凯，很快窃取了辛亥革命的胜利果实。自是至1927年南京国民政府建立，主宰北京中央政局者皆为北洋各系实力派人物，是为"北洋军阀统治时期"或"民国前期"。1927年，南京国民政府建立，初因"一·二八事变"短暂行都洛阳，后因全民族抗战开始而移都重庆，直至1949年因彻底失去大陆统治权而退居台湾一隅，是为"南京国民政府时期"或"民国后期"。客观而论，无论在民国前期抑或民国后期，其时中国国内政局大多时段呈现纷纭无常之态势。在此种特殊历史情境下，外人来华留学教育虽较从前有了一定程度的发展，但受国内与国际局势动荡的影响，犹如踟蹰霜雪而举步维艰。

第一节　外人来华留学管理

清朝覆灭后，因封建专制政体的崩溃瓦解，与之相适应的旧教育体制已完全丧失其生命力，新教育在风雨飘摇中开始生发嫩芽，呈现出新的气象。民国时期，外国学生留学中国，在留学教育史上留下一幅怪诞的图景。以时间划分，可分为两大历史时段：一是"北洋政府时期"，一是"南京国民政府时期"。在民国前期，中国政府虽制定有外人来华留学规程，然而，其时的中国政局一直处于不安定的混乱状态，北洋政府施政的重心在错综复杂的政治纷争，故而外人来华留学呈现一种放任状态。南京国民政府建立后，为加强与世界各国之间的文化交流，开始制定一系列的优惠政策，以吸引各国学子来华留学，但在其后期，长期的内外战争又极大地影响了这种教育事业的顺利进展。

一、"放任自流"下的来华留学

1912年1月3日，中华民国临时大总统孙中山于南京组织临时政府，1月5日任命蔡元培为中华民国第一任教育总长。其时正处新旧交替之际，各地学校大都停办。1月9日，教育部正式成立，为尽快恢复各级各类学校的正常秩序，教育部开始采取一系列必要的措施，以改革学校制度、革新教育内容。为促使各地学校迅速开学，教育部在短时期内出台了各项教育政策，逐步将民国初年紊乱的学校教育引上正轨。

教育部自成立后，直隶于大总统，"管理教育、学艺及历象事务"，下置总务厅及普通教育司、专门教育司、社会教育司等。值得注意的是，"外国留学生事项"，则由专门教育司负责。自此，外人来华留学事务由教育部负责接管。1912年10月24日，教育部公布《大学令》，明确规定"大学以教授高深学术、养成硕学闳材、应国家需要为宗旨"，其设置分"文科、理科、法科、商科、医科、农科、工科"七科。① 自大学分科后，海外一些国家，或因仰慕中华文化，或因造就翻译人才，或因学生个人兴趣爱好，陆续有学子请求前来中国学习。为规范外国学生来华留学的行为，1916年9月19日，教育部发出第13号"训令"，颁布实行《大学分科外国学生入学规程》，对外国学生入中国大学的要求进行了详细规定。现将该规程的具体内容列示如下：

第一条 大学分科得许外国学生入学。其全修分科某门科目或选修一门或数门中之数科目，均听入学生之便。

第二条 外国学生全修分科某门应修科目，修业期满，试验及

---

① 《法令·专门学校令：大学令》，《中华教育界》1913年2月号。

格者，得授以毕业证书；选修数科目者，给以各该科目之修业证书。

第三条　外国学生之领有毕业证书者，得与本国本科生一律称学士。

第四条　外国学生欲入学者，须于学年开始以前，请由其本国公使函送本部，经部指令欲入学之校考验合格，始得入校肄业。其选修数科目者，得于各该科目之始期行之，但经一次考验入学，欲续选本门之他科目时得免考验。

第五条　外国学生入学时须考验之事：

（一）开具学历书并呈明所得之学业证书；

（二）作中文一篇或以中文译成其本国文；

（三）笔记中国语讲义一段；

（四）试某门题一道或数道得以其本国文答之。

第六条　学费、膳宿费与本国学生一律收受，不愿膳宿者听。

第七条　外国学生自愿退学时，须由其本国公使函致本部证明，方准退学。

第八条　外国学生于大学本国学生应守之规程、命令，未经校长特许解免者，及特为外国学生施行之规程，均须遵守。

第九条　凡经本部立案之私立大学，除第三条外，均适用之。

第十条　本规程自公布日施行。①

是项规程的颁布，虽有一定的积极意义，却也不乏缺陷之处。积极意义在于，此规程不仅规定了外国学生来华留学之流程，且对外人来华留学提出了一定的要求。按照该规程，外国学生若想来华留学，首先须由所在国公使向中国教育部致函，然后经所入学校试验合格后，方准入学。可以说，此规程的公布，不仅为外国学子来华留学提供了"通行证"，而且使得外人来华留学开始有章可循。然而，从上述十条内容中不难看出，该项规程并没有对外国学生的学历有任何限制。仅在第五条中提到，外国学生入学时，须"开具学历书并呈明所得之学业证书"。从字面意思来看，只要是外国学生，无论何种学历，

---

① 《大学分科外国学生入学规程》，《教育公报》第3卷（1916年）第11期。

只是将所得之学业证书呈明，即可入校学习。可见，此项规程的颁布，仅是针对外国学生申请入学的应急举措，较为粗略。

其时的外人来华留学教育并未引起中国政府足够的重视。现有史料显示，在北洋时期，关于外人来华留学，除《大学分科外国学生入学规程》外，北洋政府并无其他作为。之所以出现此种现象，原因在于北洋政府时期全国出现无数大大小小的军阀，各地军阀拥兵自重，忙于军事与政治斗争，整个中国陷入无休止的内战之中。为扩充实力，各地军阀大量举借内外债，导致民穷财尽、国库空虚。上述种种作为，进一步导致中国教育经费短缺。故而其时的北洋政府，对于外国学子留学中国无优待政策，从上述规程第六条即可见一斑：外国学生的"学费、膳宿费与本国学生一律收受，不愿膳宿者听"。

也正因其时中国政府无暇顾及外人来华留学事务，加之进入民国以后，中国风气日开，教育部对各校管理较松，由是，外国学生留学中国，主要由各校自由招收。这就在无形中赋予了各校在招收外人入学方面的自主权和自由度。为方便外国学生入学，各高等学府开始自行制定外国学生来校留学规程，如国立北洋大学即为显例。1924年，国立北洋大学制定了《外国留学生规程》，并以中、英两国文字并行发布，具体内容如下：

> 第一条　外国人愿来本校留学者，须于本校招生时，用中英两国文字开具请愿书，说明国籍、住址、最近亲属或后见人之姓名、住址及本人在何处学校毕业，亲自报名并呈最近像（相）片一张及最后毕业证书，听候核夺，俟核准后，随本国人同受入学试验。
>
> 第二条　外国人受本校入学试验取录后，须由保证人书具保证书，证明该生实系品行端正，保其在校遵守一切规程，俟核准后，始得留校。
>
> 第三条　外国留学生不得在本校寄宿，但情形特别者，得由本校随时酌量通融办理。
>
> 第四条　外国留学生遵守本校一切规程，与本国学生无异。
>
> 第五条　外国留学生须交纳学费，计预科每年六十元；本科土木工学门一百二十元，采矿学门一百四十元，冶金学门一百四十元，分两次交纳：第一次在九月开学以前，交纳一半；第二次在一月

十五日以前，交纳一半。届期不交，不得上课；过十日不交，即行除名。

第六条 前条所列学费，包括修学用品及实地练习一切费用。至书籍、画具以及零星纸笔等件，须由该生自备，约计预科每年约二十元，本科约八十元。其书籍、画具有愿在本校购买者听，惟须呈缴全价现款。

第七条 外国留学生如有损失本校器具、仪器或妄费药料及他项用品时，须赔偿全价。

第八条 外国留学生应着之校服及每日饭馔，由该生自备。

第九条 外国留学生每年所取名额，以每班取录本国学生后所缺之额为限。

第十条 外国留学生修业期满，试验及格给予毕业证书与本国学生无异。

第十一条 外国留学生若中途退学或因事除名，所交学费概不发还。

第十二条 此项规程经教育部核准暂行试办，嗣后须察看情形随时修改。①

国立北洋大学虽为外国学生制定了留学规程，但从第九条不难看出，其时的各地高校，对于招收的外国留学生，并没有定额，录取的人数主要以"每班取录本国学生后所缺之额为限"。

又如湖南公立法政专门学校，据相关资料显示，1924年3月，该校校长李希贤，"以韩人崔钟烈，恳入该校肄业"，特定《外国籍学生留学规程》，"呈请教育司核准"②。该规程强调，外国籍学生，经校长许可，应与本国学生受同等之待遇。其后，韩国学生崔钟烈，经该校试验及格，后呈经教育司核准，得入相当班次为旁听生。1924年3月18日，"韩国人崔钟烈来长沙入湖南公立法政专门学校留学"③。

---

① 王强主编：《民国大学校史资料汇编 1》，凤凰出版社，2014，第52—54页。
②《教育司优待韩国生办法》，《大公报》（长沙）1924年3月23日，第7版。
③ 杨道正主编：《长沙教育志（1840—1990）》，长沙市教育志编纂委员会，1992，第237页。

二、南京国民政府与来华留学

1927年4月18日,蒋介石在南京成立国民政府。南京国民政府成立伊始,沿用广东国民政府时期的教育行政委员会制度。在蔡元培等人的极力主张下,中华民国大学院于1927年6月17日宣告成立,蔡元培被任命为大学院院长。是年6月27日,中央政治会议通过《中华民国大学院组织法》11条,后于7月4日正式公布。依照组织法的规定:"中华民国大学院,为全国最高学术教育机关,承国民政府之命,管理全国学术及教育行政事宜。"①但是,其中并未涉及外国学生来华留学事项。一直到1928年6月13日发布的《修正中华民国大学院组织法》中,仍未见有任何关于外人来华留学事务的条文与规定。究其原因,在南京国民政府成立的最初几年,因事务繁杂,在制度和政策方面,无暇顾及外人来华留学教育的具体安排,仍然沿用北洋政府时期的相关政策,外人来华留学事业依然处于放任状态。

然则,不到一年时间,大学院便悄然落幕。1928年8月,大学院院长蔡元培辞职,10月,国民政府行政院成立。是年11月1日,国民政府下令:大学院改为教育部,"所有前大学院一切事宜,均由教育部办理"。11月30日,教育部正式成立,继续接管外人来华留学事务。当年12月,国民政府公布《教育部组织法》,规定教育部设总务司、高等教育司、普通教育司及社会教育司等部门。可以这样说,外人来华留学事业虽由教育部负责,但教育部中并无专门管理此项事务的机构。其时的外人来华留学事务,划归高等教育司兼管。由是,教育部成立后的数年间,关于外人来华留学,南京国民政府并未出台相应的具体方针政策。

有意思的是,甚至在1930年,其时报章仍有如此记载:

波兰公使署参议郭雷新斯基(Krysinski)前在巴黎留学时,与上海法政学院朱佛定教务长同班肄业,同得博士学位,此次来华,订立中波条约,闻上海法政学院课程完备,教授多系知名之士,故

---

① 《要闻·中华民国大学院组织法》,《申报》1927年6月30日,第11版。

> 特要求郑毓秀院长，准其在该院肄业，现在中波条约已告成功，郭氏特于日昨由京来沪，赴该院报到注册。①

由上观之，郭雷新斯基入上海法政学院学习并没有经过一系列有组织、有系统的程序，而是仅向郑毓秀院长提出请求，经院长认可后，即可入校学习。故而可以说，其时的外人来华留学，并不是一项在相关制度规范下的有组织、有系统的教育活动，而是仍处于一种放任的状态。

事实上，南京国民政府建立初始，即开始注意与世界各国之间的教育交流，为此也制定了多项政策，可惜的是，大多是关于国人出国留学的方针与政策。关于外国学生留学中国，虽已引起多方人士的注意，但国民政府在政策法令方面一直没有多少作为。然而随着时间的推移，外人来华留学教育事业逐渐引起国人的重视，国内各有关高校开始效仿国立北洋大学的做法，自行制定外国学生来校留学章程。加之其时国民政府对外国学子留学中国并未作任何限制，反而使外人来华留学的氛围更加自由，从而吸引了不少国家的学生前来中国学校就读，此际也是外人来华留学最显热潮的时期。

到 1937 年，日本帝国主义对中国的侵略由局部而全部，由蚕食而鲸吞，且对中国的大专院校进行狂轰滥炸，使得中华民族教育事业处于破碎动荡之中。在此战火纷飞的年代里，各大专院校或被迫停办，或频频迁徙，加之教育部无暇亦无力关注外人来华求知向学，致使外人来华留学事业很快陷入低谷。不过，在此需要补充说明的是，全民族抗战时期，国民政府虽未出台有关外人来华留学的规章，但因不少院校皆有自定的接收外人来校学习的规则，故而在此期间来华留学的外籍学子仍不乏其人，尤其是已为亡国之邦的朝鲜的青年学子。

全民族抗战结束前夕，中国胜利在望，加之通过反法西斯战争，中国国际地位得以提升。为加强与各国之间的文化交流，各国请求来华留学的学子日渐增多，国民政府开始着手制定各项优惠政策，主动吸引各国学子来华留学。此项举措，使得外人来华留学事业开始了低速的发展，甚至在中华人民共和国成立前夕，国民政府还于 1947 年 2 月 12 日对《教育部组织法》进行了最后一次修订。在此次修订中，主要内容之一即增设了"国际文化教育事业处"。

---

① 《法政学院之外国留学生》，《申报》1930 年 3 月 12 日，第 11 版。

该处的职责包括掌理"关于国际文化团体合作事项、关于国际间交换教授及学生事项"等。至此,外人来华留学事业终于等来了专门管理此项事务的政府机构。只是此际对于这个"政府机构"来说,已是"无可奈何花落去"了!

在设置了"国际文化教育事业处"之后,教育部为奖励中国周边国家学生研究中国文化起见,特设置了南洋学生奖学金,且于1947年3月11日以高字第13887号部令公布。现将其奖学金办法的具体内容示下:

一、教育部为奖励南洋学生研究中国文化起见,特设置南洋学生奖学金(以下简称本奖学金)。

二、本办法所称南洋学生为越南、暹罗、缅甸、马来亚、婆罗洲、爪哇、苏门答腊、菲律宾地之各族学生。

三、本奖学金设于国立中央大学、国立中山大学、国立北京大学、国立清华大学及国立暨南大学,每届共计五十名内,越南、暹罗、缅甸各九名,马来亚五名,婆罗洲二名,爪哇及苏门答腊九名,菲律宾七名。

四、凡南洋学生已在中等学校毕业,年在廿五岁以上,略通中国语文,对中国文化感有兴趣,经当地政府保荐者,均得申请本奖学金。

五、本奖学金每名每月暂定国币十万元,并免征肄业学校学杂各费,但学生来回旅费应各自理。

六、本奖学金定期四学年,但领受本奖学金之学生,在校期间操行不良或学业成绩过差者,得由肄业学校报请本部停止发给。

七、本奖学金由本部委托中国政府派驻南洋各地使领馆审核,每二年举办一次,以五月为审核时期。

八、申请本奖学金之学生,应将左(下)列证件于审核前一个月迳送当地中国使领馆:

1. 申请书三份(式样略)
2. 二寸半身照片三张
3. 中等学校毕业证书
4. 当地政府保荐书

九、各使领馆应于审核后，将申请书、照片各二份，连同毕业证书于六月内转送本部复核，经本部核准后，再通知各该使领馆转知各生来华入学。

十、本办法自公布日起施行。①

为便利外国留学生入我国专科以上学校肄业起见，国民政府教育部专门制定了《外国留学生优待办法》。该办法于1947年4月16日以参字20835号部令公布，令各省市教育厅局、公私立专科以上学校遵照执行。②现将此优待办法的具体内容列示如下：

第一条　教育部为便利外国留学生入我国专科以上学校肄业，特订定本办法。

第二条　外国留学生，经我国驻外使领馆及其他国外国际文化合作机关保送者，得由教育部分发专科以上学校肄业。

第三条　保送外国留学生，须于每学年开始前，开具姓名、性别、年龄、籍贯、学历等项，连同毕业证书、肄业成绩单及二寸半身像（相）片二张，送由教育（部）核办，保送名额，由保送机关与教育部商定之。

第四条　各校对于教育部分发之外国留学生，应从宽甄试，成绩及格者作为正式生，不及格者作为特别生，其中国文、国语程度较差者，由校设法另予补习。

第五条　各校对于外国留学生，应指定人员负责协助指导，注意其生活状况及学业情形，于学期终了时，分别列表呈报教育部备查。

第六条　本办法自公布日起施行。③

从此，对于外人来华留学，才开始有了真正意义上有序的管理。该规则明文规定，经我国驻外使领馆及其他国外国际文化合作机关保送的外国留学生，由教育部分发专科以上学校肄业。经保送且愿入中国学校就读的外国留学生，须于每学年开始前，直接向教育部呈缴学历、毕业证书、肄业成绩单等项，而不是像既往那样直接向所入学校呈缴。可见，对外国学生留学中国，教育

---

①《南洋学生奖学金办法》，《教育部公报》第19卷（1947年）第4期。
②《外国留学生优待办法》，《教育部公报》第19卷（1947年）第5期。
③同上。

部不再表现出"放任自流"的态度。

尤值一提的是，在此《外国留学生优待办法》中，教育部不仅加强了对来华留学生的管理，且对外国学生的层次作出具体划分，要求各校对于教育部分发的外国留学生，应在开学前进行甄试，依据其考试的具体情况，将其分为两类：（一）正式生；（二）特别生。对于国文、国语水平较差者，各校应设法对其补习。此后，对于外人来华留学管理，各校有了可供参照的标准和可资取用的规章。征诸历史实情，在中华人民共和国成立前的几年间，正是得益于此项优待政策的实施，方能在兵荒马乱的年代招徕多个国家的学子来华学习。

第二节　外人来华留学所属国别

北洋军阀统治时期，前有袁世凯与张勋的复辟逆流，后有大大小小此伏彼起的军阀混战，致使北洋政府并无过多精力去开展新的邦交。其时，派生来华留学者，依旧多为与中国有教育交流渊源的周边国家。直至南京国民政府建立，才开始积极拓展对外交流渠道，改变世界各国对中国的印象。就世界各国对来华留学态度而言，诚如时人所言："近来世界各大学，多有慕吾国文化之名，派遣学生来华留学之计划。"① 在国民政府的努力下，与之前相比，民国后期来华留学的国家明显增加。检讨历史实情，按照与中国距离的远近，这些国家大致可分为两类：一是中国周边国家；二是欧美有关国家。

一、周边国家来华留学

民国时期，在中国周边国家中，来华留学生所属国别主要有日本、朝鲜、印度、暹罗、越南等国。在这些国家中，尤以传统时代来华留学历史最久、人数最众的日本和朝鲜两国学子为多。

---

① 《欧美大学生来华留学》，《浙江教育行政周刊》1930年第35期。

在来华留学的周边国家中，日本可算是一特例。1912年，明治天皇去世，日本进入大正时代。自此，日本转以东亚为中心，开始以对华利益扩张为取向，举国朝野日益重视中国问题。1914年，第一次世界大战爆发后，侵略中国的列强分裂为两大对立营垒——同盟国集团与协约国集团。为重新瓜分世界，这两大集团忙于在欧洲厮杀，无暇东顾。日本认定这是推行大陆政策、独占中国的天赐良机，于是向以袁世凯为首的北洋政府提出"二十一条"的无理要求。日本帝国主义赤裸裸的侵略行径激起中国人民的极大愤慨，中国掀起大规模的持续反日运动。

这一时期，为进一步了解中国，日本开始大量派遣学子来华学习。其时日本学生留学中国，主要采取如下几种方式：其一，由外务省、文部省等提供资助；其二，由日本民间财团出资资助；其三，自费来华。总体而论，有经费资助的占多数，自费来华留学者人数较少，故在此不作专门论述。

然而，就日本外务省派遣学生来华留学而言，则与晚清时期有所不同。中华民国成立至1919年，外务省仍按晚清时期制定的《外务省留学生规程》派遣人员来华留学。随着日本对华"二十一条"的提出，中日关系变得十分紧张，缘此，自1919年起，因受中国民众反日情绪的影响，外务省开始尝试将学生安排至其开办的学校中肄业。其中最典型的机构，非东亚同文书院莫属。自进入明治时期（或时代）以来，日本陆续成立一些与中国及亚洲有关的民间团体，其中最具实力者，以东亚会和同文会为是。1898年，两会合并为东亚同文会。1901年，东亚同文会在上海创办中国语学校，命名"东亚同文书院"。此书院以"中国语教育"为重点，专门为日本对华扩张培植人才。自开办起至1919年间，东亚同文书院只招收日本学生。这些学生由日本各府县招考，每年入学者少则数十人，多则逾百人。1919年，外务省开始插手东亚同文书院的校务，正式派遣学生入东亚同文书院学习。如当年11月，外务省即派遣前田正胜等5人入东亚同文书院就读。至1926年为止，外务省向东亚同文书院派遣学生共27名。[1] 截至九一八事变爆发，外务省共派遣58名学生来华"留

---

[1] 谭皓：《试论近代日本外务省对华派遣留学生制度（1871—1931）》，《抗日战争研究》2017年第2期。

学"。现将此58名来华学生的基本信息列示如下（见表2-1）。

表2-1　1912—1931年外务省派遣来华留学生名单

序号	姓名	来华留学时间	结束留学时间	留学地
1	古泽宪介	1912.10.10*	1916.4.18	不详
2	泽村荒治	1912.10.10*	不详	不详
3	田中正一	1913.10.10*	不详	不详
4	长冈半六	1913.10.10*	不详	不详
5	清水亨	1914.9.21*	不详	不详
6	白井康	1914.9.21*	不详	不详
7	土桥贤	1915.10.25*	不详	不详
8	岛田才二郎	1916.10.14*	不详	不详
9	道明辉	1916.10.14*	不详	不详
10	桥本正康	1916.10.14*	不详	不详
11	前田正胜	1919.7**	不详	上海、北京
12	奥山实太	1919.7**	1921	上海
13	池田千嘉太	1919.7**	不详	上海、北京
14	横山要	1919.7**	不详	上海、北京
15	卫藤隅三	1919.7**	1921	上海
16	杉原千畮	1919.7**	不详	哈尔滨
17	中田丰千代	1920.6**	不详	上海、北京
18	今井贞治	1920.6**	不详	上海、北京
19	村田久一	1920.6**	不详	上海、北京
20	市川修三	1920.6**	不详	上海、北京
21	冈村正文（中村正文）	1920.6**	不详	上海、北京
22	福井保光	1920.6**	不详	上海、北京
23	清水忠藏	1920.6**	1924	赤峰、北京
24	石井省三	1920.6**	不详	哈尔滨
25	小坂士	1921.4**	不详	上海、北京
26	小泽重则	1921.4**	不详	上海、北京

(续表)

序号	姓名	来华留学时间	结束留学时间	留学地
27	八谷实	1921.4**	不详	上海、北京
28	奥田乙治郎	1921.4**	不详	上海、北京
29	桥爪友五郎	1921.4**	不详	上海、北京
30	根井三郎	1921.4**	不详	哈尔滨
31	冈谷英太郎	1921.12***	不详	哈尔滨
32	福间彻	1922.4**	不详	上海、北京
33	难波武雄	1922.4**	不详	上海、北京
34	桥丸大吉	1922.4**	不详	上海、北京
35	泉水一人	1922.4**	不详	上海、北京
36	关岛荣	1922.4**	不详	上海、北京
37	野口芳雄	1922.4**	不详	哈尔滨
38	竹中末夫	1922.6.26***	不详	北京
39	小池静雄	1923.4**	不详	上海、北京
40	棚平桂	1923.4**	不详	上海、北京
41	杉本胜比古	1923.4**	不详	上海、北京
42	片冈长冬	1923.4**	不详	哈尔滨
43	高杉登	1923.4**	不详	哈尔滨
44	藤野进	1923.4**	不详	北京、张家口
45	上村清记	1926.4**	不详	上海
46	仁宫武夫	1926.4**	不详	上海
47	木岛清道	1926.4**	不详	上海
48	小黑俊太郎	1926.4**	不详	北京
49	金子二郎	1926.6.26***	不详	北京
50	松平忠久	1927.6.2*	不详	广东、海南
51	改发健祐（改发龟之助）	1927.6.2*	不详	北京
52	菅原信雄	1928.4**	不详	北京

（续表）

序号	姓名	来华留学时间	结束留学时间	留学地
53	植田修	1928.4**	不详	北京
54	盛田敬一	1928.4**	不详	北京
55	池田克巳	1929.4**	不详	北平
56	吉川重藏	1929.4**	不详	北平
57	山下善大	1929.4**	不详	北平
58	藤岛健一	1929.4**	不详	北平

[资料来源]谭皓：《近代日本对华官派留学史(1871—1931)》，社会科学文献出版社，2018年，第345—347页。注：表中"*"为正式任命或解任留学生的明确日期；"**"为参加选拔考试时间；"***"为抵达时间或出发时间（仅金子二郎一人）。

自1920年起，该院开始设立中华学生部，专门招收中国学生。此时，东亚同文会还开办有天津东亚同文书院和汉口东亚同文书院，其中，汉口东亚同文书院于1922年3月正式开学。①其后，天津东亚同文书院更名为中日学院，汉口东亚同文书院更名为江汉高级中学。不过需要说明的是，此二书院逐渐成为日本学生的"中转站"，不懂中文的日本学生来华后，先在这两所书院中学习，然后再分配至中国其他学校肄业。如据1935年相关史料称：

> 日联社四月十日东京电——今日中日文化部，派两日童，年各15岁，来我国津、平两处留学。两童将于四月二十一日由神户启程来津，先在天津中日学院学习华语。学成后，即入中国各大学肄业。②

1938年，同文书院升格为"大学"，主要目的是"培育兴亚之领导人才"，至此，东亚同文书院殖民学校的性质完全暴露。二战结束后，东亚同文书院迁回日本。

除外务省外，日本文部省也曾派人来华留学。然而，在民国时期的日本来华留学生中，由文部省所派遣的学生仅占少数。如在1922—1928年间，据文部省年报，累计在外留学人员，"每年约350至450人，其中留学中国者

---

① 章开沅、余子侠、郑刚主编：《教育国际化进程的视野与探索——"中外教育交流国际学术研讨会"论文集》，华中师范大学出版社，2013年，第239页。
② 《两日童来我国留学（中英文对照）》，《英语周刊》1935年第132期。

最多为6人，一般仅3—4人，后来更减少到1人，甚至出现空缺的年份"①。现据既有资料，将1912—1931年间日文部省派遣来华求学者抽取数人列表（见表2-2）示下，借以窥见文部省派来留华学生情状之一斑。

表2-2　1912—1931年文部省派遣留华学生一览表

序号	姓名	留学前所属学校	身份	来华留学时间	结束留学时间	研究学科
1	高濑武次郎	京都帝国大学文科大学	助教授	1912.3.6	1915.3.6	支那哲学
2	铃木虎雄	京都帝国大学文科大学	助教授	1916.4.6	1918.4.6	汉学
3	关野贞	京都帝国大学工科大学	助教授	1918.3.17	1920.3.17	建筑史
4	石桥哲尔	山口高等商业学校	教授	1920.1.15	1921.1.15	支那语
5	仓石武四郎	京都帝国大学大学院	助教授	1928.3.23	1930.8.3	汉学

[资料来源] 根据谭皓的《试论近代日本外务省对华派遣留学生制度（1871—1931）》（《抗日战争研究》2017年第2期）和[日]仓石武四郎著，荣新江、朱玉麒辑注的《仓石武四郎中国留学记》（中华书局，2002）等相关资料整理而成。

由上表可知，由文部省派遣的来华留学生虽少，其中却不乏较有名气者，如铃木虎雄、仓石武四郎等。铃木虎雄，字子文，号豹轩，1878年1月18日出生于新潟县西蒲原郡（现吉田郡）粟生津村。1916年1月，铃木虎雄由文部省派遣，前来中国留学，于4月6日抵达北京，同行者有松本文三郎等人。铃木氏在华留学归国后，主要从事中国文学方面的研究，颇有造诣。其主要著作有《支那诗论史》《支那文学研究》及《陶渊明诗集》等。另一位著名的日本留华生仓石武四郎，1897年出生于新潟县高田市，1928年3月23日，他以文部省资助的在外研究人员的身份来到北京，开始其留学生涯。在规定的两年期满后，他又得到上野育英会的奖学金资助，继续留在中国，于1930年8月5日返归日本。② 回国后，仓石武四郎不仅创建

---

① 《日本帝国文部省年报》第50—62号（1922—1935年），转引自桑兵《国学与汉学：近代中外学界交往录》，浙江人民出版社，1999，第265页。
② 仓石武四郎著，荣新江、朱玉麒辑注：《仓石武四郎中国留学记》，中华书局，2002，第3页。

了"中国语学研究会""中国语讲习会"等学会,且编写了《汉语的结构》《岩波中国语辞典》等多部著作。公允而论,这些留华生为正常的中日文化交流做出了各自的贡献。

南京国民政府建立前,日本着意效仿美国,将庚子赔款的一部分退还中国,用于发展中日文化交流事业。其主要原因在于,20世纪初,美国为能在列强争夺中国的竞争中处于有利地位,开始退还庚子赔款的一部分,成立"中华教育文化基金",用于资助中国留学生赴海外学习。此项举措,一定程度上赢得中国社会的好感,由此美国开始取代日本,成为吸引中国学生前往留学最强势的国家。这种世情的变化,引起日本的警惕和效仿。于是,日本也设法利用到手的"庚款"来加强中日文化"交流"的事务。

先是第一次世界大战爆发后,中国曾根据国际形势的变化,向各国提出缓付庚子赔款,得到各国的同意。自1917年12月起至1922年11月底,中国停付日本庚子赔款。到1922年12月原规定重新支付之时,日本政府于第46次议会提出"对支文化事业特别会计法律案",此案则以庚款为基金。为办理对华文化事业,1925年,中日双方签订《中日文化协定》,规定"以日庚款之一部分",在华组织"东方文化事业委员会"①,又称"中日文化事业委员会"。自1930年起,该委员会开始补助留学中国的日本学生,如1936年的平冈武夫、1937年的奥野信太郎等均是受助者。

全民族抗战开始前夕,日本仍有留学生来华留学。1936年,外论社译《泰晤士报》云:

> 东京日本学生,研究中文之兴味,渐趋浓厚。所有日本各大中学,自本年秋季学期起,课程表中,概列有中文一科,以孔子孟子及其他中国文学等为材料,如中文不及格,则不得升学,若考试中其成绩特出者,得官费送往中国留学,以图深造。将来留学学校,以国立北京大学、南京中央大学及广州中山大学三大学为限。肄业年限,限定三年,其第一批选定之留学生,将于明春来华,研究中国文化、

---

① 《日本对于庚款津贴华生案之变更》,《教育杂志》第20卷(1928年)第4期。

中国历史及中国政治三者云。①

全民族抗战开始后,虽也有日本学生来华留学,然则性质已变,而且基本上均进入各伪政权所设学校中。

言及朝鲜半岛学子来华留学的行为,民国时期亦不少见。不过不同的是,这一时期的朝鲜半岛学子留学中国,是带着一腔热血来学习知识的,其目的在于朝鲜的民族解放。1910年8月,日本逼迫韩国政府签订《日韩合并条约》,正式吞并朝鲜半岛,自此至1945年间,朝鲜半岛完全沦为日本的殖民地,深受日本侵略者的倾轧。1945年,日本投降,根据雅尔塔会议的决定,朝鲜半岛被划分为南北两块势力范围:一是处于苏联势力范围的北部——朝鲜;二是处于美国势力范围的南部——韩国。

1919年3月1日,日本禁止朝鲜半岛在学校内使用朝鲜民族语言,引起青年学子展开大规模反抗活动。是年,韩国独立运动领导人先后在海参崴、上海、汉城(今首尔)等处成立临时政府,最后,三处临时政府合并于上海,组成"大韩民国临时政府",并且获得中华民国孙中山领导的护法政府的承认。此后,不少朝鲜半岛学子请求入中国学校学习。令人欣慰的是,自朝鲜半岛沦为日本殖民地后,中国有多所大学为朝鲜半岛学子及时地敞开了大门。现以私立南开大学和国立中山大学为例,以示其间朝鲜半岛学子来华留学之情状。

1919年,张伯苓创办南开大学。身为该校校长,张伯苓十分同情被日本殖民统治的朝鲜青年,特地开门迎纳这些国破家亡的异邦学子。如在1924年,南开大学中学部的生源分布,即有"朝鲜学生8人"②,而且这些朝鲜学生入校后,均不同程度地受到南开大学的照顾。又据1927年的统计,是年南开大学学生310人,除来自全国23个省区外,"另有朝鲜学生2人"③。

国立中山大学,原名国立广东大学,为孙中山先生亲手创立。1921年10月,广东护法政府正式承认在上海成立的"大韩民国临时政府"为半岛人民

---

① 《日本将于明春派学生来华留学》,《进修半月刊》第6卷(1936年)第2—3期。
② 南开大学校史编写组:《南开大学校史(1919—1949)》,南开大学出版社,1989,第27页。
③ 南开大学校史编写组:《南开大学校史(1919—1949)》,南开大学出版社,1989,第126页。

的合法主权政府。随后,孙中山令正在筹办的国立广东大学和黄埔军校大量接受流亡在华的韩国革命青年,以为韩国独立运动培养人才。据中山大学第一任校长邹鲁回忆:

> 民国十二年(1923年),我奉国父命,创办国立广东大学,就广事招收安南(越南)、台湾尤其是朝鲜的青年入学。不惟入学试验予以便利,并予以免费待遇,且供给衣服、书籍,志在鼓励朝鲜等青年多多入学,养成朝鲜多些复国人才。①

正因有此积极举措,早在国立广东大学成立初期,即有韩国革命青年来校学习。自1926年8月起,国民政府决议,国立广东大学改称"国立中山大学"。根据相关史料显示,自1924年国立广东大学创立至1927年5月大革命失败,国立中山大学共招收韩国留学生52名。②自大革命失败后,国立中山大学仍承前制,继续招收朝鲜半岛学子入校就读。

全民族抗战开始后,中国学校或惨遭毁坏或被迫内迁,导致留学中国的朝鲜半岛学子有所减少。1939年上海沦陷后,大韩民国临时政府几次迁移,最终于1940年9月迁至当时中国的战时陪都重庆。在中国政府帮助下,韩国复国运动人士在中国成立"韩国光复军"和"朝鲜义勇队"。1941年12月8日,太平洋战争爆发,大韩民国临时政府于12月9日向日本宣战,为此,朝鲜半岛不少有志青年怀着"光复祖国"的抱负,再次来到中国学习。其时,在国立中央大学文学院肄业的文靖珍曾发表《韩国学生在中大》一文,即道出了其时朝鲜半岛学子来华留学的缘由:

> 我们的祖国——朝鲜,虽是一个半岛上的小国家,但在地理、政治及军事上都占有重要地位,她是解决东亚问题的关键。在这时候,一群由朝鲜来到自由中国的学生,或许有人怀疑着,他们为什么不上前线干工作呢?其实抗战的大时代中所赋与(予)的任务,我们早已尝试过了。就是说,我们之中,没有一个不曾以英勇无比的气概奔驰于各地战场上,和中国将士们一样忠勇果敢地冲杀过敌人。然而我们

---

① 邹鲁:《祝朝鲜复国的回顾》,《中央日报》1945年10月25日。
② 魏志江:《中韩关系史研究》,中山大学出版社,2006,第255页。

与日本强盗拼命，或担任某种工作的时候，总觉得本身的能力不够，因此我们觉得学习是必要的。为了完成未来的事业计，我们几个朝鲜同学，便重新踏上了探求真理的道路——来到中国的大学里来读书。[①]

仅察其言，深见其情。更难得的是，除南开大学与中山大学外，中国其他高校也接收了不少韩籍学子。据相关史料显示，1943年，教育部令各大专院校统计其接收的韩籍学生，现将各校上呈的记录在案的韩籍学生列示如下（见表2-3）。

表2-3　1943年各校韩籍学生统计表

姓名	性别	年龄（岁）	籍贯	就读学校	所在院系	备注
马一新	男	26	朝鲜京城	国立福建音乐专科学校	三年制师范专修科	原毕业于中央军校特训班
李秦环	不详	不详	不详	国立同济大学	医学院	1931年7月毕业
李起东	不详	不详	不详	国立厦门大学	不详	该校1925年度第一届学生
金仁洙	不详	不详	不详	国立厦门大学	不详	该校1928年度第四届学生
权蕙卿	不详	不详	不详	私立武昌中华大学	工商管理系	1937年7月毕业
金允泽	女	34	朝鲜平壤	私立华西协合大学	文学院外国文学系	1943年已任该校外文系讲师，历任光华大学及各中学英文教员，为高毓灵夫人
丁莱东	男	39	朝鲜全南	私立北平民国学院	英国文学系	该生系1929年度毕业生
李镇龙	男	35	朝鲜平原	私立北平民国学院	大学部预科	该生系1929年度毕业生
吴南基	男	35	朝鲜全罗南道	私立北平民国学院	经济学系	该生系1931年度毕业生
鞠淳叶	男	36	朝鲜全南	私立北平民国学院	经济学系	该生系1932年度毕业生
崔东仙	女	19	朝鲜	私立金陵女子文理学院	外国语文系（在读生）	曾在重庆文德女中肄业，中学证书上籍贯为上海，其父名崔友江

[资料来源] 根据《全国私立各院校呈报韩籍员生调查表及有关文书》（中国第二历

---

① 文靖珍：《韩国学生在中大》，《沙磁文化月刊》第2卷（1943年）第9期。

史档案馆馆藏:"国民政府教育部档案",全宗号5,案卷号2080)和《外国来华学生登记簿及有关函件》(中国第二历史档案馆馆藏:"国民政府教育部档案",全宗号5,案卷号15142)等资料整理而成。

值得一提的是,在日本投降后,仍有韩籍学子来华留学。如在1948年,教育部分发韩籍学生洪安义一名,入国立暨南大学法学院经济系肄业。据该校校刊记载:"此为外国留学生至本校读书之第一人。"①

至于中国西部的邻邦印度,历史文明悠久,而且与中国的文化交往长达两千余年。进入近代社会后,由于具有同样受异族欺凌的背景,两国之间的支持与交流从未中断。在全民族抗战开始后,印度孟买学联就曾致函中国的同志:

中国的学生同志们:

我们孟买的学生借此机会,在你们民族史上的危急时期向你们致弟兄的敬意。我们无论何时对中国学生运动的奋起与以衷心叹赏的拥护,我们并确信,学生团体在抵抗来自任何方向的对你们民族的暴力的威胁时,总是站在最前线的,并将在你们的岗位上为建立一个光荣的统一的国家而作至善的努力。未来的光荣的中国将是照耀全世界的一座灯塔。

你们弟兄般的:

P.K.墨塔 H.Z.几来尼(孟买学联名誉秘书)

四月十日②

由上述书信可见,印度学生与中国学生之间存在着深厚的友谊。言及民国时期印度派遣学生来华留学的行为,最初的行动可见于南京国民政府建立后不久。1930年,印度政府曾来函询问南京中央大学可否容纳外籍学生,该校当即函复"表示欢迎"③。遗憾的是,由于九一八事变的发生,随后又有一连串的华北事件和七七事变,故而印度学子来华留学一直未见成行。印度学生真

---

① 《三十七年度本校招生概况:韩籍学生洪安义,部令分发来校攻读》,《国立暨南大学校刊》1948年(复刊)第19期。
② P.K.墨塔、H.Z.几来尼:《印度孟买学联致中国学生书:中国的学生同志们……》,《战时青年》1938年第9期。
③ 《欧美大学生来华留学》,《浙江教育行政周刊》1930年第35期。

正意义上的前来中国留学的行为，则发生在全民族抗战开始之后。1942年，印度教育顾问沙金特来华访问，归国后即建议中印交换学生10名，学习期间一年，以增进中印两国之间的文化合作。为此，沙金特还提议，留学生出国旅费由派遣国政府负担，留学期间学费、生活费等则由留学国家负担。由于种种原因，此项提议并没有立即付诸实际。

1943年2月，中国教育文化访问团赴印度考察，因原任团长蒋廷黻政务繁多，临时不克分身，而改由顾毓琇担任，率领团员吴俊升、沈宗濂、吴文藻及秘书顾毓（瑞）一行五人前往印度"访问教育文化"①。历时约两个月后，教育文化访问团归国，临行前，沙金特作为印度政府教育顾问，专赴加尔各答与中国教育文化访问团讨论中印交换教授及学生等文化合作事项。② 其时的加尔各答教育界认为，中印交换留学生举措意义极大，希望借交换留学生来促进中印之间的教育交流。不久，在中印双方的共同努力下，中印交换学生被提上了议事日程。

1943年9月，教育部高等教育司准印度教育当局选定研究生10名来我国研究。11月，中印交换留学生首途来华的印籍学生10人，全部抵聚加尔各答，候机飞渝。中国教育部当即决定，印籍学生来华后，"将在我国从事研究工作一年或二年，由我教育部供（给）学费"③。12月，第一批印度学生来到中国，于1943年12月4日午后3时，由教育部高等教育司司长吴俊升陪同，出席"三民主义青年团"中央团部举行的中印青年座谈会，首由胡庶华副书记长致开会词，对印度来华学生表示衷心欢迎。胡庶华在致辞中，对印度于中国全民族抗战以来"惠赠医药"，表示深深"感谢"。随之印度学生余亚梅表示，"希望中印交换学生，将有女生参加"，并告知中方人士，他们离开印度时，"印度女生都盼望能到中国"。④

值得说明的是，其时印度来华留学生，多是25岁以下青年，来自印度各

---

① 万仁元、方庆秋主编，中国第二历史档案馆整编：《中华民国史史料长编》第61册，南京大学出版社，1993，第164页。
② 《我访印团返陪都：交换教授学生大体商定》，《中央日报》1943年5月1日。
③ 《促进中印互相了解，印留学生候机来华》，《新华日报》1943年11月15日，第2版。
④ 《沟通中印文化，印度来华的各位研究生都洋溢着这希望》，《新华日报》1943年12月5日，第2版。

大学，均不会中文，但能讲流利的英语，其中数人对学习中文汉字有浓厚的兴趣，由是引出了一则小插曲。曾有记者告知印度学生，在战时中国求学，生活或较清苦。令人感慨的是，他们答道："我们乐于和中国友人共艰苦，且希望能久在中国。"① 时隔一年后，中国方面交换生10名已全部期满返国，印度方面交换生10名，"许鲁加（嘉）奉准延长期限，尚在北京大学研究，沈书（苏）美受聘在四川大学任教及（叶）夏克任职于印度驻华使馆"②，其余人众均返归印度。

第一批印度学生归国后，1946年，印度政府为使印方人士深切了解中国文化，训令印度专员公署与中国教育当局商洽，派遣第二批印度学生10人来华研究，同样很快取得中国政府的同意。与上次印度学生来华留学不同的是，印度政府提出负担第二批来华学生在华一切费用，不再重劳中国资助。于是中国教育当局"通知国立北京、清华、浙江及武汉各大学预为分配"，各校发受2—3名学生，同时为了便于妥为指导，"电印政府征询彼等学历及研究科目"。③

1947年，印公费留华学生阿巴萨来女士等10人，由印度经上海赴北平，于是年8月25日到达。受教育部委托，北京大学特组印度学生辅导委员会，辅助彼等就学，并安排他们第一年为基本国语文训练，即入北平华文学校就读，到1948年时再分发北大、清华、中大等校。据悉："此10（名）印度留学生中，7人曾得硕士学位，3人为印度大学助教，均系学有专长，将分别在华研究艺术、哲学、中印关系、汉学等，内有阿巴萨来女士一人决入北平艺专。"④ 与前一批有所不同，此批印度学生由印度政府供给奖学金，其目的在"加强中印之文化关系"。⑤

除上述三个国家外，暹罗、英属马来亚、越南等国也有学子来华留学。因其人数较少，在此仅作简单介绍。据现有史料显示，暹罗学生来华留学行

---

① 《促进中印互相了解，印留学生候机来华》，《新华日报》1943年11月15日，第2版。
② 《高等教育国际文化合作及教育费资格审查情况工作报告》，中国第二历史档案馆馆藏："国民政府教育部档案"，全宗号5，案卷号1955。
③ 《印度学生二批来华将分配各大学研究》，《申报》1946年12月6日，第8版。
④ 《印度留华学生到平》，《教育通讯》（汉口）（复刊）第4卷（1947年）第1期。
⑤ 《印学生一批将来华留学》，《中央日报》1947年3月13日，第5版。

为主要出现在南京国民政府建立以后。如 1933 年，北大在校学生中，即有暹罗学生 1 名。1937 年 3 月 21 日，暹罗中暹协会和中国中暹协会分别在曼谷、南京成立。其目的有二："一则以求两国民族之亲善，经济之提携及文化之沟通；一则注重于消弭中暹人民之纠纷。"① 自中暹协会成立后，两国邦交亲善大有进步，与此同时，来华留学的暹罗学生亦有所增加。全民族抗战开始前，仍有史料显示：

> 暹方近以仰慕我国文化，有拟派该国学生来华留学之意，中国中暹协会理事长周启刚，为此特呈请政府对暹罗派遣来华学生，分别大学、中学规定学额，各予优待，以便沟通文化，联络邦交云。②

就英属马来亚学生来华留学而言，较著名者，非英属马来亚半岛望加锡王族之王子——安惠尔苏丹 [即后文"安哇尔（Anwar）"] 莫属。1934 年，安惠尔苏丹因崇仰中国文化来华留学。据他本人所言，此次来华欲入中国著名大学，系由中国驻英属马来亚总领事王德荣介绍，后被介绍"入吴淞同济大学肄业"③。至于越南来华留学生，人数较少，且留学行为主要发生在中华人民共和国成立前夕。如 1947 年，国立第二侨民中学在第二学期中即有 3 名（2 女 1 男）越南学生就读。④

二、欧美国家来华留学

中华民国成立后，中国的学校教育通过一系列的改革，逐渐进入世界新式教育运行轨道。为能够与各国同步，中国不仅在国内设立多所高等教育机构，而且主动感受和汲取西方国家的先进文化，中国教育开始由传统向现代转型。尤其是南京国民政府建立后，中国开始注重与世界各国之间在教育领域的交往，为加强与各国之间的教育交流，逐渐重视外人来华留学事业。与晚清时期相比，民国时期来华留学的欧美国家不断增加。这些欧美国家不仅包括美国、

---

① 张长虹：《移民族群艺术及其身份：泰国潮剧研究》，厦门大学出版社，2011，第 152 页。
② 《暹罗学生将来华留学》，《边疆》第 2 卷（1937 年）第 12 期。
③ 《马来望加锡王子来华崇仰我国文化在沪留学》，《申报》1934 年 10 月 4 日，第 14 版。
④ 《全国公私立各专科以上院校教职员及学生统计表册》，中国第二历史档案馆馆藏档案："国民政府教育部档案"，全宗号 5，案卷号 2075（1）。

英国与德国，还包括波兰、瑞士、法国及欧亚大陆之间的土耳其等国。在上述这些欧美国家中，美国、英国、德国为派遣学生来华留学较早且人数较多的国家，相对而言，其余国家来华留学人数甚少，故而不作专门叙述。

值得注意的是，美国、英国及德国三国派遣学生来华留学的行动，基本上都发生在南京国民政府建立之后。据相关史料分析，其原因大致有二：其一，北洋政府时期，政局一直处于不安定的混乱状态，其时的中国社会，实质上被军阀和列强所操控，中国文化教育事业的国家层面管理大多散乱无章。如此状态下的学校教育，在教育上处于先进地位的欧美各国自然少有派人前来学习的兴趣。其二，南京国民政府建立后，重新调整了大学的学科建制，使得中国的高等教育有了一定程度的发展，且学科开设也日渐接近世界各国大学而逐步齐全起来，加之国民政府对外国学生留学中国并无过多限制，因而能够吸引一些异邦学子来华求知。

实际上，就来华留学而言，世界各国多有仰慕中华文化之辈；就各国政府论之，多有派遣学生来华留学之举。其中美国即为显例。就美国政府言之，为真正了解中国传统文化，南京国民政府建立后，该国即有派遣青年子弟前来中国学习华文之意。面对美国政府派生来华留学的请求，其时的国民政府教育部表示出相当大的诚意，不仅多方设法接纳外籍学生入中国学校就学，而且更重要的是，依教育部规定，对于外籍学生，学费从廉，以示优待。关于美国政府派生来华留学一事及中国政府方面的态度，时人做过一番细致入微的描述与评说：

> 天道有变迁，人事有循环，文化有转移。我中国青年学生，纷纷渡洋留学国外，已二十余年。从未闻有外籍学生之来我国就学者，首先来者，为美国。因胡佛总统深明立国非道德，不足以治世而平天下。如英法诸国，亦有鉴于频年天灾人祸，人民死亡不可以数计，皆不明道德之故，所以亦相继使青年子弟来我国学习华文，以明道德之至理。闻教育部长蒋梦麟，已多方设法，容纳外籍学生来我国就学。一切由部妥定办法，学费从廉，以示优待。拟先设立于上海，俾外来学子，均先安顿。又闻外交部长王正廷，已将此事转达外邦各国，庶多提倡，以遂学术与宗教之志愿。因科学制造为各国之绝艺，

而于道德一术，为我中国开化最早。列古治世之平天下，皆从道德而来，不行则乱。今外人觉悟而更求道德，非至我中国不可。相见必鱼贯而来，不绝于途也。①

基于上述中方态度和外邦所求，在南京国民政府建立后不久，美国即有大学生来华研究中华文化。1929年，美国大学生一行10人，来华入各教会大学旁听，借以研究"吾国文化及社会生活情形，时间以半年为限"。这批学生来华后，先入广州岭南大学，次年2月至3月，入上海沪江大学；3月至4月，入南京金陵大学；4月至6月，入北平燕京大学。②可以说，这批学生虽为旁听生，但开启了美国学生入中国大学之先河。

全民族抗战开始后，美国学生较少有来华留学者。曾有一名留学中国的美国学生阿道理（Richard Adlard），1937年由卧大（俄勒冈州立大学）交换至岭南大学就读农科一年级。不过该生来华后，入学仅读了一个学期。中国学生秦道坚曾对该生及其为何离校作过如下介绍：

> 时值中日战事起，他便跑到菲律滨（宾），然后回美国，这学期再来卧大复课……讲到阿道理对于中国的热情，是很值得我们佩服的。他曾为着中国做了许多宣传和募捐的工作。他曾自己作了一篇文章，要求美国政府实行抵制日货，自己花了一笔印刷费，印出几百份寄给美国国会议员及亲友等。③

全民族抗战胜利后，美国恢复派遣学生来华留学。不过不再是单纯的单方面派遣，更多的是采用中美交换留学生的方式。如在1946年3月，教育部接外交部转来华盛顿州议会来函，称中国学生在华盛顿大学或州立华盛顿大学肄业者，"每年得免缴学费、杂费及图书费，以50名为限，但以互惠为条件"④。接函后，教育部认为可行，随即函复该州议会，允为办理。1947年，美国开始选派学生来华留学。其时，包括中国在内，得与美国享受教育交换权利者，共有22国。⑤1947年，中美两国政府正式交换学生，所需经费由两国政府负担。

---

① 可翁：《外籍学生将来华留学》，《大常识》1930年第166期。
② 《美国大学生来华研究我国文化》，《湖南教育》1929年第14期。
③ 秦道坚：《一个到过中国的美国学生：留美追忆之七》，《西风（上海）》1941年第60期。
④ 《美国愿与我国交换留学生》，《申报》1946年3月8日，第4版。
⑤ 《美选派学生来中国求学》，《申报》1947年7月19日，第5版。

据其时报载:"现美政府已决定遣送学生150名来华,送交我国内各大学。"①

几乎与美国在同一时期,英国也有学生来华留学。1929年,英人爱士拉氏因闻徐家汇交通大学之名而入该校肄业。缘该大学自改组后,校务积极整顿,种种工业上之设置,较之前更形完备,故而引起爱士拉氏的向往。据其时资料显示:

> 爱氏系沪上英侨之子,本拟投考英国伦敦大学,因对于物理一科经验缺乏,拟在沪上工科大学从事补习,现经交涉署刘云舫君介绍入该校为选科生,专习实验一门,该校当局业已照准。西人肄业中国大学,尚系破题儿第一遭云。②

可见,当时新闻将爱士拉氏视为欧美国家学生入中国人自办的大学之第一人。当然,这是就南京国民政府建立后的情形而言。

除个人自费来华留学外,中英庚款委员会也曾派有来华留学生。言及此举,不得不提到《中英庚款协定》。1930年9月22日,国民政府外交部部长王正廷与英国驻华公使蓝普森在南京订立《中英庚款协定》,规定将一部分英国退还庚款用作留学事业。1932年夏,广州国立中山大学教育学研究所主任庄泽宣赴欧洲出席世界新教育会议,报告中国新教育近况,受到欧洲学界的热烈欢迎。为此,中英庚款委员会设立在伦敦的大学联华委员会,遵照《中英庚款协定》,即派员来华留学——首派窦女士(Miss Darroch)入中山大学教育学研究所研究中国教育问题。窦女士幼年在华生长,精通中文,回英后,在爱丁堡大学专攻教育,毕业后历充该邦中小学教员,其时为伦敦帝国教育研究所研究员。此次窦女士被派来中国留学,可称为英国正式派遣来华留学之第一人。③

在欧美国家中,除英、美两国外,还有德国值得一提。1911年辛亥革命发生后,德国与列强各国保持一致,支持袁世凯篡夺革命果实。作为列强之一的德国,自然不屑派生来华留学。一战结束后,德国成立魏玛共和国政

---

① 《出国留学与来华讲学》,《中华教育界》(复刊)第1卷(1947年)第3期。
② 《英国学生入中国大学》,《兴华》第26卷(1929年)第10期。
③ 《英国派遣学生来华留学:首派窦女士到中山大学教育研究所》,《浙江教育行政周刊》第4卷(1933年)第21期。

府，其时的德国作为战败国，已然失去了之前作为列强之一的优越国际地位。为了打破困局，德国政府急于恢复外交政治地位，在中德关系上采取主动。1920年，德国政府派卜尔熙来华开展活动，以求恢复中德之友谊。在卜尔熙锲而不舍的交涉下，1921年7月1日，中德双方签订《中德协约》，宣告两国恢复友好及商务关系。其后，卜尔熙成为驻华公使。

蒋介石掌权后，急于在国际上寻找新的支持力量，将目光投向德国，对发展中德关系寄予厚望。基于中德双方对彼此的需要，留学成为其开展中德交流的渠道之一。为进一步推动两国之间的教育交流，1929年6月，卜尔熙之公子报名入国立清华大学肄业，"是为外人入国立清华大学肄业之第一人"①。自此，德国陆续有学生请求入中国学校就读。据其时报载：

  兹悉有籍隶德国之青年，于日前驰函上海复旦大学校长李登辉博士，欲至该校研究院研究，专攻文学史，以完成其博士学位。李校长以该校研究院规程，凡国内外著名大学毕业生，均得入院研究，但学程仅至硕士学位为止，未便照允，当即裁函答复，并介绍渠向南京中央研究院蔡元培院长，及中央大学张乃燕校长处，请其代为设法，借副德青年向学之热忱矣。②

第三节　外人来华留学方式

近代以降，随着中国政权的嬗替和政体的更换，外人来华留学的途径也随之发生相应的改变。纵观近代一百多年间外人来华留学的形态，大致可分为两类：一是官方派遣，一是自费来华。其中官方派遣在外人来华留学中为最主要的一种形态。然而，就此二者言之，晚清时期与民国时期差异迥然。自清朝的故步自封到民国自由民主氛围的渐显，使得外人在来华留学方式的

---

① 徐世光：《清华大学下学期有外国学生肄业（中英文对照）》，《英语周刊》1929年第713期。
② 《德国学生亦欲来华留学》，《湖北教育厅公报》第1卷（1930年）第2期。

选择上，逐步由单一走向多元。

一、官派来华留学

与晚清时期相比，民国时期的官方派遣别有一番涵蕴。晚清时期，官方派遣主要指各国政府单向向中国派遣学子。进入民国以后，官方派遣不仅指单向的各国学子来华留学，还包括双向的中外互派或互换留学生。可以说，中外互派留学生，属于一种双向交流，此种来华留学方式的出现，说明在与世界各国的教育交流过程中，中国开始力求立足于平等的地位。

就单向的各国政府派遣学子来华留学而言，此种留学方式，贯穿整个民国时期。以英、美两国所派最为显例。如在1924年，中国科学社在讨论英美退还"庚子赔款"用途时言及："在中国有名大学中设额若干，备英美人来华留学。"① 其后，教育部部长蒋梦麟极力倡导外籍学生来中国大学肄业。在中方的努力下，1930年，据中央广播无线电台省整委会收音处报告，"美国已派定八人来华"，要求在中央大学入学或旁听。其时与此项举措的有关材料记载："现闻中央大学已复函表示欢迎，查现世界潮流，学说为公，万不可对外人有轻视之心。"② 除美国外，英国也按照《中英庚款协定》，选派人员来华留学。前文提及的英国首派窦女士入中山大学教育学研究所研究中国教育问题即是其一。

除欧美各国外，民国时期，周边国家官方也曾不时派遣子弟来华留学。如1934年，日本即派遣井上伸一等10人进中国学校求知。③ 全民族抗战开始前夕，暹罗国为贯通中暹医学，特派服务皇家海军医院之任毕堪南达君来华，入北平清华大学，从事研究医学及中国卫生行政。任君来华后，记者特地对其进行了访问，兹志所谈如次：

> 任君现年三十七岁，为暹罗皇属人物，早年毕业于暹京屈拉龙孔大学后，即服务于海军界，为暹海军中下级干部重要份（分）子，

---

① 《中国科学社对英美退还赔款用途之宣言》，《申报》1924年8月12日，第15版。
② 《美派学子八人来华留学，要求中央大学准入学或旁听》，《山东教育行政周报》1930年第90期。
③ 《日童留学来华 使之彻底理解中国 十年树人储材备用》，《申报》1934年4月16日，第7版。

曾一度奉派游历欧美各国，后以有志医学，乃服务于皇家海军医院。

最近暹政府为贯通中暹医学，特派任君来华，入北平清华大学攻医科，并研究我国卫生行政之设施，为期一年返国。①

甚至在中华人民共和国成立前夕，菲律宾政府还派遣4名学生入厦门大学研究中国语言。据菲律宾政府称："研究中国语言，俾菲人可充分认识中国，尤以服务于外交部菲人，更有此项需要。"②在菲律宾政府看来，菲方缺少"熟识中文"之官员，乃最近中菲条约商谈进展迟缓原因之一。除上述国家外，1947年，经国民政府教育部核准后，越南政府也曾选派7人来中国入中山大学法学院肄业。此7人分别是段德仁、郑功德、郑功成、武福悬、武德进、陈文巩、阮绍光。③

言及双向的中外互派留学生方式，此类交流起步较晚，多见于南京国民政府建立后。需要言明的是，中外互派留学生，不仅包括双方政府派遣，还包括各国文化协会等团体或组织与中国政府之间的互派、各国高校与中国大学双方之间的换遣。在这三者中，政府之间互派留学生为其中最常见的一种互派方式，而各国文化协会等团体之间互派留学生方式则出现较早，至于各国高校之间互派留学生，此种方式属于民国时期的特例。

关于各国文化协会与中国政府之间互派留学生，德国方面亦甚为积极。1934年，为沟通中德文化起见，德国享堡基金会拟派康达女士来华研究中国文学及美术，请中国酌予补助费，在同等条件下，亦请中国派一大学生赴德研究科学，以资交换。对于德国的请求，据其时报载："闻中国教育部，对此交换学生研究事，已允许照办。"④中德双方当即还确定，自1934年7月起，"每月补助康德（达）小姐110元，以一年为限（大约在中央研究院研究），而中国指定在德研究生一人，亦同样受德国按月拨发补助费"。⑤此行可视作中德交换留学生之肇端。

时隔一年后，中德双方遂正式互派留学生。据1935年的有关报道：

---

① 《暹罗派员研究我国医学》，《江苏学生》第7卷（1936年）第4期。
② 《菲官费生来华留学　已择定厦门大学肄业》，《申报》1947年6月6日，第5版。
③ 《越南选派学生入我大学肄业》，《申报》1947年10月31日，第6版。
④ 《中德为沟通文化交换研究生》，《申报》1934年9月2日，第19版。
⑤ 同上。

德国学生三人，石克林、梅克们安梅者，今日起程赴中国，将肄业于北平之清华大学，盖实行中德两国大学学生互换肄业之办法也。德国第三学生，将于十二月间起程。同时清华学生三人，将于十月抵柏林。①

全民族抗战开始前一年，德国远东文化协会还与中国政府商定交换研究生。其中3人于1936年9月23日抵达北平，送入清华大学肄业；其余4人也已出发。因此，在1936—1937年，中德双方互派学生"已增至7人"②。自后，有关中德双方互派留学生的文字屡见报端。

至于各国政府与中国政府之间互派留学生，此种留学方式肇端于1936年中国与波兰、意大利各交换学生1名，学生所需费用由留学国给予。次年，中德亦有交换学生6人之提议，后因日寇侵华而中止。全民族抗战开始后，同盟国为加强彼此之间的文化交流，各国政府常有向中国政府建议互换学生之举。其时的国民政府为培养科技人才，进而与国际科学接轨，开始接受各国政府的提议。因此，全民族抗战期间，各国政府与中国互派留学生现象经常出现。前文所述中印两国交换留学生即为其例。

全民族抗战结束后，各国政府与中国互派留学生的举措得以延续。如1947年，土耳其为敦睦中土两国邦交及沟通两国文化起见，特与中国交换留学生10名。中国赴土耳其学生，由教育部指派各大学在成绩优良学生中遴选。土耳其来华留学生，有2名被分配至国立中央大学。其时的国立中央大学政治系系务会议，曾预选留土学生孙明生、李润林、唐飞霄、黄纲、李芳、翟文炳、邓德、袁鸿业等8名，"由本校呈部"③。然而，因种种原因，此次中土双方互派留学生并未成功。事实上，早在1943年，土耳其政府即建议与中国交换10名留学生，后因战时交通阻塞未能实现，故而留下遗憾。

提及各国大学与中国高校双方之间互派学生，此类举措较为少见。据相关文字记录，全民族抗战结束一年后，有秘鲁京城里玛之圣马可大学，

---

① 《中德实行学生互换肄业　德国学生起程来华入清华》，《申报》1935年9月25日，第13版。
② 《中德沟通文化　交换留学生》，《申报》1936年10月8日，第7版。
③ 《土耳其交换留学生，政治系选拔真才》，《国立中央大学校刊》（复刊）1947年第11—12期。

建议与中国各公私立大学交换教授、学生和书刊,且拟在圣马可大学设立中文科,研究中国文化及中秘文化之有关问题,目的在于"促进中秘文化之沟通与合作"。①圣马可大学成立于1551年,为全美洲历史最久之大学,直隶秘鲁国会,极负盛名。次年,中国政府为增进中秘邦交起见,互换中秘学生各1人②,且捐赠秘鲁国立圣马可大学中文科系奖学金及讲座经费秘币125000元。③

二、自费来华留学

进入民国后,随着中国高校日增,自费来华留学者屡现身影。自费来华留学,此种非官方渠道而系个人或团体自费前来中国学习的留华形态,在民国时期较为普遍,且方式开始多样化。可以说,民国时期的自费来华留学形态,其方式主要分两种:其一,个人因慕名中国某校或某系科,直接致函该校,并自备经费来华学习;其二,通过中国学界名人或教育组织或团体的介绍前来中国学校肄业。现将这两种方式分述如次。

论及自费来华留学中纯属个人求学行为者,在晚清时期即已出现,一直延续至民国。1929年,据其时报载:"闻丹麦女生斯密蒂(Gerd Smidt),曾在巴黎东方学院毕业,对于东方学问,欲加深造,拟在下学期亦来入该大学(指清华大学——引者注)云。"④甚至在中华人民共和国成立前夕,仍有各国人士自费来华学习。如1947年时史料载:乂(意)大利乂(意)籍翻译员白道礼君,对于中文研习有素,且感兴趣,现拟加入中央大学文哲两系旁听,以资深造。

至于通过中国学界名人、教育团体或组织介绍来华留学的方式,在晚清鲜见其例,主要出现在民国时期。究其原因,主要是当时的中国学校教育有了一定程度的发展,然而政府并未出台具体来华留学政策,故而各国学子若

---

① 《中秘交换学生 秘鲁大学校长建议》,《申报》1946年9月22日,第6版。
② 《秘大学创设中文系 赠蒋主席荣誉博士》,《申报》1947年7月26日,第5版。
③ 《我国赠秘鲁圣马可大学 中文科系奖学金 计秘币十二万五千元》,《申报》1947年1月12日,第8版。
④ 《清华大学近讯·丹麦女生入学》,《中央日报》1929年7月30日,第1版。

想来华学习，大多需借助外力才能实现：或通过中国学界名人引介，或经由教育团体联络。现各举例以示其情。

就前者言之，如土耳其学生赖毅夫来华学习可为例证。1928年，赖毅夫上呈其时大学院院长蔡元培：

> 窃学生籍隶土耳其共和国，曾受大学教育，平时对于东方文化——特别的是中国文化——异常敬重……本年三月间，贵国政府委员胡汉民先生等驾临敝国，经学生拜谒面谈，胡君亲加考试，当承赐予证明书为证，并承孙科先生赐赠三民主义等书，以作纪念。惟学生将来拟来中国留学，甚欲先得贵院发予通晓华文证明书，以便恳邀敝国政府之照准，而为到抵中国时之一种证据，庶可引起华人之兴趣，而得相当之便利。因此谨将胡君给予之证明书连同寄上，敬恳俯鉴下情，予以照准，发给通晓华文证明书，至为盼祷。①

其后，大学院发给赖毅夫通晓华文证明书，使其得以留学中国。又如，1932年，中国高等学府中央大学英语教授勃雷贾氏（Parejas），介绍其夫人（瑞士人）及一波兰女士拉格·奥肯斯基（Ladg Oakenski）两人入中央大学旁听。两人皆谙熟法文，曾在欧洲各国求学。②

就后者言之，韩国生宋休东来华留学即是一例。据当时长沙的《大公报》报道，韩国学生宋休东一向羡慕"湘中文化"，特至湖南省教育会"要求介绍"入湖南省第一中学学习，"省教育会当即准如所请"，并"备文函知第一中学"。其函云：

> 敬启者，兹据韩国学生宋休东来会面称，学生仰慕贵国文化，欲入贵省第一中学求学，以资深造。恳贵会备函咨送等语。查吾湘省立学校，收录外国学生，已有第一女师范先例可援，事关推广教育，用特函达台端，敬希酌予收录为荷。此致第一中学校长。③

1924年9月，宋休东心愿得遂，顺利进入长沙省立第一中学留学。④

---

① 《土耳其学生赖毅夫来呈（为呈请给予通晓华文证书以便来华留学由）》，《大学院公报》第1卷（1928年）第8期。
② 《瑞波两女生留学中大昨已到校旁听》，《中央日报》1932年12月25日，第3版。
③ 《韩国学生来湘就学》，《大公报》（长沙）1924年9月19日，第7版。
④ 杨道正主编：《长沙教育志（1840—1990）》，长沙市教育志编纂委员会，1992，第237页。

再是，民国以来，在中外教育交流过程中，外人来华留学活动日益成为维系中外友好关系的一条重要渠道，如马来王子安哇尔（Anwar）来华留学即是其证。1934年，据其时报载：

> 南洋荷属东印度，西里伯斯岛（Celedes）望加锡（Macassar）土王巽他氏（Sonda）之子安哇尔（Anwar），曾毕业于荷兰高级中学，近以巽他氏素仰我国民俗朴厚、文化发达，又慕国立同济大学办理完善，举世知名，因托我国驻锡领事王德莱氏，介绍来华。①

不久，经其时上海市教育局局长潘公展代为安置后，安哇尔来到上海，首先由中南文化学会理事刘士木、黄索封二人陪同，前往市教育局谒见潘局长，后潘氏派专员周尚办理安哇尔王子就学事宜。办妥后，周尚、刘士木、黄索封三人一道送安哇尔至同济大学，商洽入学手续。因该校校长翁之龙博士公差晋京，由秘书长杜殿英博士接见，当即允许经过考试后，按照程度插入相当班级。杜博士更以南洋为中国华侨繁荣发展之地，敦睦攸关，对此甚加注意。值得一提的是，当安哇尔由吴淞返沪参观市府时，科长李大超予以热情招待，且在"新雅酒楼宴请并陪同参观上海银行等处"②。可见，马来王子经我国驻锡领事介绍来华，受到国民政府的高度重视，为两国之间的教育交流营造出一种和谐的气氛。

第四节　外人来华留学所入学校及所选学科

跨入民国以后，中国的政治、经济、文化发生了翻天覆地的变化，在教育领域，中国的教育体制也几经变换，逐渐实现由传统学校教育向现代学校教育的转型。因此，与晚清时期相比，各国学子来华后，可供选择的学校不再仅限于高等教育阶段，开始延伸至中等教育阶段与初等教育阶段。就所选

---

① 《马来王子来华留学》，《海外月刊》1934年第25期。
② 同上。

学科而言，因"经学科"的废除，外国学生来华后，不再局限于中国传统文化的学习，所选学科也日渐走向多样化。

一、来华留学生所入学校

中华民国成立伊始，开始对清廷旧式学堂进行裁并改组，且创设了一批新型学校。随着中国学校尤其高校数目的不断增加，外人来华留学所入学校，不再集中在一两所高等院校。民国初期，高等教育机构主要包括大学、专门学校和高等师范院校。其中就大学和专门学校言之，又分公立与私立两种性质。民初十年，公立大学仅4所，分别是国立北京大学、北洋大学、山西大学及国立东南大学。据相关资料显示，民国初期，在这四者之间，外国学生较钟情于国立北京大学与国立北洋大学。

就国立北京大学而言，受外国学生所青睐的原因有二：一是北京大学历史相当悠久，其前身为京师大学堂，1912年5月更名为国立北京大学。早在晚清时期，即有不少外国学子入京师大学堂肄业。二是晚清以来外国学子大多入京师大学堂学习的留学传统，使得该校声名远播海外。上述两种原因使得国立北京大学成立初期，即有外国学生前来求学。如1912年日本人浅井周治即前来北大肄习；1922年有3名朝鲜学生报考北京大学，[①]虽未录取，但足以体现外国学生想入北京大学就学的心情。据资料显示，1926年时，北大在校学生有1606名，其中朝鲜学子3名、日本学子3名。[②]

此时有一所大学较为特殊，这就是国立北洋大学。该校前身为天津北洋西学学堂，由盛宣怀创建于1895年，1896年更名为北洋大学堂。1900年，义和团运动爆发后，北洋大学堂校址被德军占为兵营，由是被迫停办。在袁世凯的支持下，1903年，北洋大学堂复校。1912年，北京国民政府教育部规定北洋大学堂改称北洋大学校，直隶于北京国民政府教育部。1913年1月12日《大学规程》公布后，该校再次改称"国立北洋大学"。之所以言其特殊，是于外人来华留

[①]《北京大学本年度招生统计》，《教育杂志》第15卷（1923年）第12期。
[②]《北大学生籍贯调查 以直隶四川为最多》，《晨报》1926年9月3日；转引自王学珍、郭建荣主编：《北京大学史料 第二卷：1912~1937》（上），北京大学出版社，2000，第596—597页。

学事业而言，国立北洋大学实开各高等学府之先，最早制定了《外国留学生规程》，并以中、英两国文字同行发布，为外国学生来校肄业敞开了门户。

在此需要说明的是，民国初期，外国学生除入国立大学外，其时的中学，也有数所招收外籍学生。据1917年长沙的《大公报》所载：

> 日本仙台人村田殖孝（16岁）入北京高等师范学校附属中学许否，事出前三月，范（源濂）总长即至该校校长互相研究是否允许，但基于中日亲善方针，此次考试如能及格，即允其入预备科肄业。
>
> 二十日提出正式保证书，日人之入中国中学者，将自村田君始云。①

可见村田殖孝乃日人中首位进入中国新式中学的来华留学者。

1917年，国民政府教育部在《修正大学令》中，放宽了大学学科的设置标准。1922年，"新学制"中明确规定了大学设数科或一科皆可。随着大学学科设置标准的降低，国立大学数量骤增。据1924年相关资料显示，其时统计在案的国立大学即达16所。②之后，国立大学数量居高不下。除国立大学外，私立大学及其他高等院校数量也随之攀升。与之同时，外国学生所入学校中，不仅包括国立大学，还有私立大学。就外国学生所入国立高校而言，不仅有综合性大学，还有专科学校。据相关史料显示，其时外人来华留学，主要以综合性国立大学为主，私立大学和专科学校为辅。综合性国立大学，又以国立北京大学、国立清华大学、国立中央大学、国立中山大学、国立同济大学、国立厦门大学等为首选。外国学生之所以选择这些学校就学，除自身的兴趣爱好外，还与各校自身的作为有关。因学校众多，在此仅以中山大学与清华大学为例。

20世纪20年代，中山大学即开始"优待少数民族、华侨及外国来华留学生入学"③。1932年，中山大学直接制定了《蒙藏朝鲜台湾印度马来等处学生优待规则》。适用此规则之学生及具体内容如下：

第一条　适用本规则之学生如左（即下）：

---

① 《日人有留学我国者》，《大公报》（长沙）1917年8月29日，第6版。
② 《国立大学联合会之发起》，《申报》1924年7月1日，第11版。
③ 张紧跟编：《百年历程：1905—2005中山大学的政治学与行政学》，中山大学出版社，2005，第25页。

> 甲、在中华民国国境以内，不以汉语为母语之国民。
>
> 乙、在中华民国以外，以失地而失国籍之中国人。
>
> 丙、印度，及其他南洋各处人民。
>
> 第二条　前条资格，须有该地方政府，或本校承认之公私团体之负责证明，或有其他确实证据，可以证明者。
>
> 第三条　前项学生，亦须受入学考试。惟程度不足者，得由本校酌量情形，插入相当班次中。（附属中学小学在内）
>
> 第四条　学杂各费，应照普通学生缴纳，如经本校审查，学行良好者，得酌免学费，但其余各费，仍须缴纳。
>
> 第五条　上项免费生，每处最多不得过三十名。如逾额时，以各生成绩高下为免费标准。
>
> 第六条　其他一切待遇，均照普通学生办理。①

正是此款优待规则，吸引了不少外国学生入中山大学留学。

就国立清华大学来说，其前身是清华学校，1925年设立大学部，开始招收四年制大学生，1928年更名为"国立清华大学"。清华大学成立后，为便利外国学生来校肄业，1930年9月9日，该校评议会通过了《暂订外国学生肄业章程》，具体内容如下：

> 第一条　高级中学或与其程度相当之学校毕业之外国学生，请求入校肄业者，除依本校章程准其与本国学生照章投考者外，经该国驻华公使馆或其他教育机关之介绍，得入本校为特别生。
>
> 第二条　特别生应交纳之校费与应守之规则，除有特别规定者外，与一般学生同。
>
> 第三条　特别生不编年级，但所学之功课如经考试及格，得给与（予）成绩证明书。
>
> 第四条　特别生寄宿本校，须纳宿舍费每学期二十元。
>
> 第五条　特别生非经入学考试，不得改为正式生。

---

① 梁山、李坚、张克谟编：《中山大学校史（1924—1949）》，上海教育出版社，1983，第159页。

第六条　本章程自公布日起施行。①

1937年7月，日本发动全面侵华战争，中华民族的高教事业遭受重创。在政府相关政策支持下，其时多数专科以上学校不得不作出迁徙之计。在此特殊背景下，外人来华所入学校，不仅包括综合性大学、私立大学，还有国立中学。就外人所入综合性大学而言，以中央大学、武汉大学、西南联大、浙江大学、中山大学等高校以及中央研究院为主。此种情形，从1943年第一批印度学生所入学校中可见一斑（见表2-4）。

表2-4　1943年第一批印度来华研究生名单

姓名	科目	分配学校
萧尔	农	中央大学农科研究所
芮古木	政治	中央大学法科研究所
叶夏克	哲学	中央大学文科研究所
沈书（苏）美	历史	武汉大学文科研究所
许鲁嘉	历史与哲学	西南联大文科研究所
叶赫生	哲学	西南联大文科研究所
钱菊班	农	金陵大学农科研究所
狄克锡	考古学	中央研究院历史语言研究所
佘亚梅	数学	浙江大学理科研究所
甘尚书	植物学（偏重稻作）	中山大学农科研究所

[资料来源]《中印交换留学生及教授案》，中国第二历史档案馆馆藏："国民政府教育部档案"，全宗号5，案卷号15145。

在这10名印度留学生中，有已得学士学位者，有已得硕士学位者，是故高等教育司指定研究生中已得学士学位者及硕士学位者各1名，进入国立西南联合大学文科研究所、文科研究所哲学部分别作研究生和研究员。作研究生者，与本国各大学研究生相同，研究期限2年，期满经考试及格并提出论文（必要时得特许以英文写作）经审核通过者，给予硕士学位。作研究员者，随同指定导师进行研究，期限1年，必要时得延长1年，研究

---

① 王强主编：《民国大学校史资料汇编　8》，凤凰出版社，2014，第307页。

期满，由西南联大给予证书。① 其余印度学生在华留学期间，以中国农业及历史为主要研究学科，"同时对中国人民反抗日本侵略之英勇战争，亦将有所观摩"②。

就私立大学而言，主要有私立华西协合大学、私立金陵女子文理学院等。值得注意的是，其时入私立大学的外国学子，一般主要是各国的贵族或官宦子弟。如1943年，"新任印驻华专员梅浓将来渝，其长女公子，拟入成都之金陵女子文理学院肄业，此乃印度女学生入中国大学之第一人"③。

与此前相比，全民族抗战时期以后的中学，招收的外籍学子逐渐增多。此种现象可从其时的文字资料中得到证实。如在1946年，皖省国立第九中学有外籍生李中西等38人，欲随皖籍学子一道复员就读国立九中。④ 由此可见，在此历史时段，外人来华留学所受教育并非仅限于高等教育层次，外国学生走进中等教育机构肄业，日渐成为一种风气。这种现象的发生及持续存在，表明其时中国学校的教育质量正在提升，并受到外籍学子的青睐。

二、来华留学生所选学科

从清末到民国，中国近代大学学科的发展，经过时代巨变的激荡，在不断地变化与发展。在西学东渐之风的冲击下，书院制度的瓦解、科举制度的废除和国子监的裁撤接踵而发。在封建教育秩序已然灭顶的情形下，民国时期，在各地小学中，教科书为合乎民国的共和宗旨，小学读经科一律废止；在大学学科建制中，以"四部之学"为主的中国传统经学，开始转型为鉴取西方学校教育的学科体系建构。随着中国学科的发展，外人来华留学所选学科，也开始由传统经学转向现代科学。

论及外人来华留学所选学科，民国时期，大致可分为两个历史时段：（一）民

---

① 张思敬、孙敦恒、江长仁主编，北京大学、清华大学、南开大学、云南师范大学编：《国立西南联合大学史料·教学、科研卷》第3卷，云南教育出版社，1998，第523页。
② 《中印各交换留学生十名：印主究农业历史我主究工程哲学》，《教育通讯》（汉口）第6卷（1943年）第28期。
③ 《梅浓之女拟来华留学》，《教育通讯》（汉口）第6卷（1943年）第26期。
④ 《外国来华学生登记簿及有关函件》，中国第二历史档案馆馆藏："国民政府教育部档案"，全宗号5，案卷号15142。

国成立至全民族抗战开始;(二)全民族抗战开始至中华人民共和国成立。讨论此际外人来华留学所选学科,不得不提及其时中国大学的学科建制。民国政府 1912 年 10 月 24 日颁布的《大学令》与 1913 年 1 月 12 日颁布的《大学规程》,规定了大学学科的编制。《大学令》明确规定,大学分文、理、法、商、医、农、工 7 科,且首次提出了大学学科设置标准,至此,中国的大学学科基本以近代西方学科为参照而分类。与晚清时期的学科体系相比,民国时期的大学学科体系有诸多改变,其中最值得注意的是,传统经学被取缔,"经学"不再是一种学科门类,而是附属于文科之中,自此失去其独立学科地位。

颇为尴尬的是,即使民国前期大学的学科体系发生了变化,而且其中中国传统学科地位急剧下降,然而令人意想不到的是,于各国学子而言,中国传统文化仍为其来华求学的首选学科。据相关资料显示:1912 年 9 月,日本人浅井周治入读北京大学,被编入大学文科经学门,随班上课,至民国二年(1913 年)四月毕业。但浅井周治"续请留学五个月",得到校方的肯定答复:"允之。"① 再如 1936 年,外论社译《泰晤士报》云:

> 东京日本学生……将来留学学校,以国立北京大学、南京中央大学及广州中山大学三大学为限。肄业年限,限定三年。据闻其第一批选定之留学生,将于明春来华,研究中国文化、中国历史及中国政治三者云。②

其主要原因在于,就外国方面而言,上至政府要员,下及民间人士,皆仰慕中华传统文化。因此,无论是官费生,抑或自费生,其时来华留学的动因,多为中国传统文化所吸引。

不过,各国学子来华后,中国传统文化虽为首选,但是在这一时期,外国学子已开始逐步接受其他学科,诸如经济、法律、政治、教育、医学等。为了便利了解实情,现仅以国立中山大学历年韩籍学子所选学科为例列表(见表 2-5)以示。

---

① 张研、孙燕京主编:《民国史料丛刊 文教·高等教育》,大象出版社,2009,第 91—92 页。
②《日本各校添中文课,明春将派学生来华留学(泰晤士报)》,《外论通信稿》1936 年第 1652 期。

表 2-5 国立中山大学历年韩籍毕业生统计表

姓名	性别	年龄（岁）	曾肄业院系	备注
金星淑	男	27	法科政治系	1928 年 6 月毕业
金圭善	男	30	医科	1930 年 6 月毕业
李贞浩	男	22	文学院中文系	1934 年 6 月毕业
金贞淑	女	25	法学院经济系	1936 年 6 月毕业
金昌华	男	25	文学院教育系	1937 年 6 月毕业
徐尚虎	男	23	法学院法律系	1937 年 6 月毕业
安炳武	男	26	法学院政治系	1937 年 6 月毕业
宋冕秀	男	27	法学院经济系	1937 年 6 月毕业
金德穆	男	25	法学院经济系	1937 年 6 月毕业
金鍈	男	24	法学院经济系	1937 年 6 月毕业
金孝淑	女	24	法学院经济系	1937 年 6 月毕业
金龟泳	男	26	法学院经济系	1942 年 6 月毕业

[资料来源]《全国私立各院校呈报韩籍员生调查表及有关文书》，中国第二历史档案馆馆藏："国民政府教育部档案"，全宗号 5，案卷号 2080。

如果说全面抗战开始前外人来华留学所选学科主要以中国传统文化为主，那么在七七事变后，外人来华留学所选学科，现代科学则成为主流，涵盖了文、理、工、农、法、医等学科。其主要原因在于：就宏观层面而言，经历了民国以来 20 多年的发展，伴随着中国留学生的陆续归国，西方现代科学被带入国内且逐步生根发芽；于微观层面论之，经过民国前期的学科调整，中国各大高校中学科建制已渐趋完善。在此基础上，与既往相比，外人来华留学所选学科开始走向多样化。

自中国传统经学被取缔后，西方的现代学科开始占据大学学科体系的主导地位。随着各国先进学科知识的引入，中国的大学也逐步构建起以西学为基础的大学学科体系。与之相应地，各国学子来华后，在学科的选择上逐步转向现代科学。此种情形，从 1943 年国立中央大学韩籍生所选学科中可以窥见（见表 2-6）。

表 2-6　1943 年国立中央大学韩籍生所选学科一览表

姓名	性别	年龄（岁）	曾肄业院系	原毕业学校
金维	男	32	文学院外文系	安岳安新学校
马超群	男	30	法学院政治系	咸北会宁公立商业学校
陈春浩	男	27	法学院政治系	汉城中央中学
金仁	男	24	法学院政治系	平壤崇实中学
王中元	男	28	工学院机械系	平壤中学
赵桂林	女	20	医学院医本科	教育部特设第五中山中学班
文靖珍	女	27	文学院外文系	广州仲元中学

[资料来源]《全国私立各院校呈报韩籍员生调查表及有关文书》，中国第二历史档案馆馆藏："国民政府教育部档案"，全宗号 5，案卷号 2080。

有趣的是，上述韩国学生在中国不仅努力学习所修专业知识，而且积极发表自己的见解。如文靖珍在中央大学肄业期间，曾公开指出自己和同伴选择各自专业的原因：

> 朝鲜革命也同世界各国的革命一样，需要各方面的人才，现在在中大的我们，从前都曾受过各种军事、政治的严格训练，考入中大后，随着个人兴趣的不同，各人所修的功课是不同的。①

综上而论，民国时期的外国学生留学中国之路，此伏彼起，波澜不断。面对各国学子来华留学，其时的中国政府由最初的"任其往来"到后期的"盛情款待"，此种态度的转变，加速了民国时期外人来华留学事业的发展。故而，与晚清时期相比，民国时期来华学子所属国别、留学方式、所选学科，以及中国方面于外人来华留学的管理，均呈现出一定的时代特点：来华留学国家由数国而数洲，留学方式由单一而多元，所选学科由传统而现代，留学管理由无序走向有序。民国时期的外人来华留学，虽然仍存在诸多不足，却在近代中国教育发展史和教育交流史上，书写了不容忽视的一笔，成为传统时代外人留学"天朝"中华到现代教育交流过程中外人来华留学的历史换乘站或转折点，并为中华人民共和国成立后中国留学教育事业的发展开启了历史的新起点。

---

① 文靖珍：《韩国学生在中大》，《沙磁文化月刊》第 2 卷（1943 年）第 9 期。

第三章

中华人民共和国成立初期的外人来华留学
（1949—1972）

1949年10月1日，在中国共产党的领导下，历经沧桑的中国重新屹立于世界东方，中华人民共和国正式成立。中华人民共和国成立初期，百废待兴。为改变国贫民穷的情状，恢复国民经济的建设与发展，国家急需大批各行各业的高级技术人才，缘此，扩大对外教育交流的渠道和发展留学教育事业的举措日渐引起国人的关注。其时，面对美苏为首的两大国际阵营对立的冷战局面，受国际国内政治和外交局势的影响，中华人民共和国选择站在以苏联为首的社会主义阵营一方。在此特殊时代背景下，中华人民共和国初期的留学政策也呈现"一边倒"的特点。与其时派遣学子出国留学相对应，中华人民共和国的学校也适当地招收外国学子入校求知。就外人来华留学言之，其时开始接收苏联等社会主义国家与部分资本主义国家的学子来华学习，中华人民共和国的外人来华留学事业自此起步。因国家新立，在外人来华留学方面并无经验可资借鉴，致使中华人民共和国成立初期的外人来华留学教育一直处于缓慢的发展期和艰难的探索期。

第一节　外人来华留学管理

中华人民共和国成立后，经济、文化教育等均处于恢复与发展时期。与之同时，外人来华留学事业也处在起步阶段。中华人民共和国成立至1972年间，就外人来华留学管理而言，以20世纪50年代末60年代初为界限，可分为两个历史时段。在第一个历史时段，于其时的中国政府而言，外人来华留学属于一种新生事物，故而无论是来华留学方针政策抑或管理制度，皆处于摸索状态。50年代末60年代初，随着中苏关系破裂、"文化大革命"的开始，中国外交进入一个特殊时期，外人来华留学管理也随之转入特殊状态。

一、摸索状态下的来华留学

中华人民共和国成立之初，中国政府即将"恢复和发展人民的文化教育事业"作为重要任务来对待。1949年10月，中央人民政府政务院文化教育委员会成立，隶属政务院，其主要职责是在政务院领导下，负责指导文化部、教育部、卫生部、科学院、新闻总署和出版总署的工作。与之同时，10月19日，中央人民政府委员会任命马叙伦为教育部部长，钱俊瑞、韦悫等为副部长。1949年11月1日，中央人民政府教育部正式成立，设办公厅、高等教育司、中等教育司、初等教育司、社会教育司、视导司、高等教育委员会及识字运动委员会。而其时的外人来华留学教育，主要是在政务院文化教育委员会指导下，由教育部高等教育司具体负责。直至1954年9月，政务院文化教育委员会被撤销，外人来华留学事业才转交教育部管理。

事实上，中华人民共和国成立伊始，中国政府即十分重视接收和培养来华留学生的工作，且将其作为构成对外政策的一个重要组成部分。1950年，捷克斯洛伐克和波兰政府首先提出与我国交换留学生，对此，中国政府专门召开会议进行研究，而且会议由总理周恩来亲自主持。其后，考虑到中华人民共和国刚成立，东西方阵营尖锐对峙，我国必须加强与社会主义国家的交流与合作，中央人民政府同意与东欧五国，即捷克斯洛伐克、波兰、罗马尼亚、匈牙利、保加利亚，互派留学生33名。不久，政务院文化教育委员会即向教育部下达了接收任务。此33名来华留学生，可视为中华人民共和国成立后接收的首批外国派遣来华的学子。

为了让东欧学生能够顺利在华学习，1950年8月31日，政务院文化教育委员会向教育部下发了"关于为捷、波等五国来华学生办理语言训练"的通知：

> 教育部：
>
> 我国和捷、波、匈、保、罗五国交换留学生一案，由外交部向各该国驻华大使馆交涉结果，已得各该国政府的同意。我国学生于9月中出国，外国学生亦将于此期间来华。对于此项来华学生头一年的语言训练工作，请你部计划办理。①

其后，教育部还在清华大学成立了"东欧交换生中国语文专修班"，对来华留学的东欧学生进行汉语培训。

为进一步管理东欧国家来华留学的学子，1951年，教育部、外交部、新民主主义青年团中央委员会及中华全国学生联合会，共同制定了《关于加强对东欧交换来华留学生管理工作的协议（草案）》。其中第一条即规定，为便利教育部、外交部、团中央及全国学联在东欧来华留学生管理工作中的联系，决定成立"东欧来华留学生工作组"。其主要成员有教育部黄新民、李洵，外交部吴青、苏丹，团中央钱大卫，全国学联谢邦定，清华大学李广田、盛澄华等。其工作职责是检查教学计划及管理制度执行情形；反映留学生学习、思想情况；讨论一些重大问题（如文化、社会活动计划等）。②在来华留学生的管理工作方面，上述协议还对教育部、外交部、团中央与全国学联的责任作出了明确划分。尤值一提的是，此次东欧来华留学生的教育、管理工作，教育部责成清华大学直接办理。③可以说，《关于加强对东欧交换来华留学生管理工作的协议（草案）》的出台，是中华人民共和国成立后第一份对来华

---

① 李滔主编：《中华留学教育史录（1949年以后）》，高等教育出版社，2000，第289页。
② 于富增、江波、朱小玉：《教育国际交流与合作史》，海南出版社，2001，第63页。
③ 李滔主编：《中华留学教育史录（1949年以后）》，高等教育出版社，2000，第299页。

留学生管理单位的工作进行明确划分的文件，保障了东欧来华留学生工作的顺利开展。

时隔一年后，中央人民政府委员会认为，"文化建设是一个巨大的工程，国家经济建设和国防建设需要大批技术人才，单是一个教育部门无法担任如此巨大任务"①，因此，中央人民政府委员会第十九次会议议决，决定增设高等教育部，作为管理全国高等教育工作的专门机构，由政务院文化教育委员会指导其工作。自此，外人来华留学教育事务划归高等教育部办理。万隆会议后，中华人民共和国与周边国家之间的关系得到较大的改善和发展，为促进彼此之间的教育交流，这些国家也开始派遣学生来华留学。随着来华留学人数的增加，关于外人来华留学的各项管理制度也随之建立。1954年，为管理人民民主国家的来华留学生，高等教育部向政务院文化教育委员会提交了《各人民民主国家来华留学生暂行管理办法（草案）》，随之，政务院文化教育委员会将此办法提交政务院审核。是年4月3日，中央人民政府政务院政文习字第12号批复政务院文化教育委员会，同意高等教育部颁发试行《各人民民主国家来华留学生暂行管理办法（草案）》。嗣后，该办法于4月15日以留学艾字第409号正式颁布，可视为中华人民共和国成立后第一个关于来华留学生的法规性文件。其具体内容如下：

> 为做好对各人民民主国家来华留学生的管理工作，以保证其完成学习任务，并增进国际间的友谊与文化交流，特制订本办法。
>
> （一）本办法所称之留学生，系指各人民民主国家根据协定派遣来我国高等学校学习的研究生、大学生及来我国中等技术学校学习的学生。
>
> （二）关于分配学习的学校，确定统一管理制度，以及审查教学计划与工作报告等，均由中央人民政府高等教育部负责办理；有关留学生的学习、生活及思想上的问题，所在学校无法解决者，得报由高等教育部与各该国驻华大使馆直接联系协商解决，并将结果

---

① 国家行政学院编：《中华人民共和国政府机构五十年（1949—1999）》，党建读物出版社，2000，第89页。

通知外交部及有关部门。

（三）凡属变更所学专业、延长或缩短学习期限，以及两个国家的留学生间发生涉及外交关系等重大问题，均由高等教育部会同外交部或政务院文化教育委员会对外文化联络事务局转商有关各驻华大使馆解决。

（四）留学生一般以按我国学制学习为原则。其原在本国高等学校已学过一年或两年，持有原成绩单者，准予插入所学专业的适当年级，其已修的课程准予免修。如经其本国驻华使馆同意不按学制学习者，可采取选课方式，但选课及学习计划，须取得所在学校同意。

（五）分配入学后，所在学校负责管理下列各项事宜：

1. 设立留学生管理机构或指定专人，负责留学生的政治思想教育及生活管理工作。在生活方面，由于留学生原来的风俗习惯与生活条件不同，须按实际情况与可能条件予以适当照顾，但应逐渐使其与中国学生生活打成一片，并应教育留学生遵守学校的规章制度及学习纪律，如有严重违犯纪律而考虑处分时，得报请高等教育部决定。教学方面，由学校教务部门负责领导，须严肃认真对待留学生的学习问题，并应尽力予以教学和辅导上的便利。保证其完成学习任务。

2. 每学期开学前，应将教学计划送报高等教育部；并于学期中间作关于留学生学习、生活和思想情况的综合报告一次；学期终了作总结报告一次，附成绩单和每个学生学习情况的简单说明各两份。必要时需作专题报告。

3. 留学生因故休假或较长时间离校，须经其本国驻华使馆照会我外交部转由高等教育部通知学校准假。

4. 为了配合学习上的需要，学校报经高等教育部批准，得组织留学生进行必要的参观和旅行（包括暑期消夏活动），并参加一定的社会政治活动，其日常文化娱乐和新年、春节等节日的活动，以与中国学生在一起为原则，由学校党、团、学生会等负责组织。较大规模的社会文娱活动，由中国新民主主义青年团中央委员会、中华全国学生联合会、对外文化联络事务局及中央人民政府文化部等部门协助进行。

5. 教育我国教职员工及学生不得于留学生来华留学期间与之结婚，以利学习。

6. 留学生学习期满成绩及格，对于按学制学习者发给毕业证书，对选课生发给证明文件；并组织欢送及赠送纪念品等。

（六）为了做好以上各项工作，高等教育部、外交部、对外文化联络事务局、青年团中央委员会、全国学生联合会和有关学校等单位，在必要时得举行留学生联席会议，以利工作的配合。①

由上述文字材料可知，各人民民主国家的学生来华后，由高等教育部确定统一管理制度、审查教学计划和工作报告，且负责为来华留学生分配院校。外国学生在华留学期间，若想变更学习专业或改变学习期限，均由高等教育部会同外交部或政务院文化教育委员会对外文化联络事务局转商有关各驻华大使馆解决。不难看出，外国学生留学中国期间，高等教育部为其管理主体。同时从多个部门参与来华留学生的管理可见，在我国发展来华留学教育的起步阶段，来华留学生处于相当重要和特殊的地位。

此后，为进一步完善来华留学生管理制度，高等教育部相继发出多项有关来华留学生管理的指示。如1955年8月，高等教育部发出《关于各国来华留学生管理工作事项》，该事项第一次提出：

要本着在学习上严格要求，生活上适当照顾的方针，对留学生中的错误思想行为及时进行帮助，适当给予批评，而不应迁就。要求各地对留学生参观旅行接待，力求简单，不要像接待外宾那样。②

再如1956年4月23日，高等教育部发出《关于外国来华留学生管理工作中几个问题的指示》。该指示要求各有关高等学校在全校贯彻国际主义思想教育，加强对留学生的政治思想教育，认真贯彻"学习严肃负责，生活适

---

① 中华人民共和国高等教育部辑：《中等专业教育法令汇编》，高等教育出版社，1956，第255—257页。

② 粟高燕著，余子侠主编：《中美教育交流的推进》，山东教育出版社，2010，第158页。

当照顾"的原则,且要求各校在校长领导下组成"留学生工作组",负责留学生的全面工作。① 这一系列政策的出台,既为我国积累了管理来华留学生的经验,同时保证了中华人民共和国成立初期各项教育交流事业的顺利开展。

二、特殊时期中的来华留学

20 世纪 50 年代后期至 60 年代,中国外交进入一个特殊的历史时期。此处的"特殊"包含两层含义:其一,中国外交不再局限于社会主义国家,迎来了自中华人民共和国成立以来的第二次建交高潮;其二,苏联领导人决意与美国合作主宰世界,导致中苏关系恶化。受外交政策的影响,其时的外人来华留学教育也随之进入一个特殊时期。需要说明的是,1958 年 2 月,根据国务院总理提出的议案,在第一届全国人民代表大会第五次会议上,将高等教育部和教育部合并为教育部。自此,外人来华留学事业统由教育部直接管理。

20 世纪 50 年代末,亚非拉民族独立运动风起云涌,新独立的国家纷纷与中国建立外交关系,且要求派遣学子来华留学。为支持解放的新兴民族独立国家,中国致力于为他们培养建设人才。1959 年,中国即接受了 4 个非洲国家的留学生。自 1960 年起,随着中苏关系的恶化,东欧、苏联和蒙古的来华留学学生逐渐减少直至没有。与此同时,通过中国亚非团结委员会、中非友协、全国总工会等单位联系,喀麦隆人民联盟、桑给巴尔民族主义党、索马里民族联盟、加纳工会等党派和群众团体,纷纷向中国派来了各自的留学生。

随着非洲来华生和少量拉丁美洲来华生人数的增加,外人来华留学管理的问题日益凸显。为此,1962 年 7 月 20 日,在总结十多年外国留学生工作经验的基础上,中共中央批转国务院外事办公室、教育部、对外经济联络总局的《关于加强外国留学生、实习生工作的请示报告》,并且批准了《外国留学生工作试行条例(草案)》,共十章。在第一章"总则"中,该条例即对中国接收和培养来华留学生的宗旨、方针及培养目标等,做了详尽的阐述。

---

① 中央教育科学研究所编:《中华人民共和国教育大事记(1949—1982)》,教育科学出版社,1984,第 163 页。

现将具体内容示下：

（一）接受和培养外国留学生（以下简称留学生），是我国应尽的一项国际主义义务，也是促进我国同各国间文化交流，增进我国人民同各国人民间友谊的一项重要工作，必须积极认真地做好这项工作。

（二）接受留学生，必须遵循我国外交政策，根据派遣国的要求和我国的可能，采取精选少收、分别对待的方针。近几年内，应着重提高对现有留学生培养教育工作的质量，尽量少接受新的留学生。

（三）必须认真负责地做好留学生的培养教育工作。对留学生的培养目标是，根据我国的教学计划或经双方商定的学习计划，结合留学生的不同情况，培养他们成为能够基本掌握所学专业的基础理论、专业知识和实际技能，身体健康和对中国友好的人才。

（四）对留学生管理教育工作的方针是：学习上严格要求、认真帮助，生活上适当照顾、严肃管理。

（五）对待留学生，必须教育他们积极地学习，自觉地遵守纪律；同时，又必须建立一套必要的和可行的规章制度，严肃地进行管理。

（六）必须加强对留学生工作的领导，保证方针政策的统一。在国务院外事办公室外国留学生、实习生工作指导小组的指导下，由教育部归口管理，各有关部门、地方分工负责，密切协作，保证做好这项工作。

（七）教育部应经常同派遣国驻华使馆交换有关留学生工作的意见，争取他们的密切合作，以求共同做好对留学生的教育和管理工作。[1]

由上述材料不难看出，其时中国政府接收外国留学生的政策是"精选少收、分别对待"。而对来华留学生教育管理工作的方针，则是"学习上严格要求、认真帮助，生活上适当照顾、严肃管理"。

---

[1] 李滔主编：《中华留学教育史录（1949年以后）》，高等教育出版社，2000，第311—312页。

需要补充说明的是,《外国留学生工作试行条例(草案)》还对来华留学生的接收工作、教学工作、思想工作、政治活动的管理、生活管理、社会管理、经费开支、组织领导等,做出了规定。如该条例第二章"接受工作",即对来华留学生的类别进行了限制。其中规定了来华留学生的层次,限于入我国高等学校学习的大学生、选课大学生、研究生和进修生四种,一般不接收插班生和中等专科学生。同时规定,中国接收留学生的单位"宜集中不宜分散"。凡政府派来的留学生,由教育部接收;凡政党、团体派来的留学生,由中国人民对外文化协会接收。为进一步明确各单位接收来华留学生的职责,该条例在第九章"组织领导"中,对其时来华留学生的管理工作进行了具体规定,即各国学子来华后,主要在国务院外事办公室外国留学生、实习生工作指导小组的领导下,由教育部管理。在来华留学生的管理方面,教育部的任务主要有以下几个方面:

> 根据中央和国务院的有关方针、政策,拟定留学生工作的重要规章制度;协助对外文委拟订留学生年度接受规划;负责或参与关于留学生工作的对外谈判和联系;负责留学生入学前的审查和考核;安排和分配留学生入学;管理留学生的教学、生活和思想工作;检查总结工作并交流工作经验;处理日常各有关单位和地方关于留学生工作问题的请示事项。①

除教育部外,外国学生在华留学期间,主要由高等院校等教育机构负责其教学和日常管理。根据《外国留学生工作试行条例(草案)》的规定,接收来华留学生的院校,正、副校长应有一人分工负责留学生的工作。留学生较多和有工作需要的学校,应设置专门机构或专职干部。②根据此要求,部分院校专门指定了校级领导,如校长、副校长、办公室主任等,全面负责来华留学生工作。此外,该试行条例还规定:

> 对留学生的生活适当照顾,但不能把留学生当成外宾看待。要严格执行生活管理制度,并教育留学生自觉遵守;要尊重留学生的

---

① 李滔主编:《中华留学教育史录(1949年以后)》,高等教育出版社,2000,第316页。
② 李滔主编:《中华留学教育史录(1949年以后)》,高等教育出版社,2000,第316—317页。

民族风俗习惯和宗教信仰，并提供必要的方便。要做好留学生的社会管理工作，包括保护留学生的合法权益和人身安全，教育留学生自觉遵守我国的有关政策和法令，尊重我国的风俗习惯。对留学生的违法行为，要依法处理。①

尤值一提的是，《外国留学生工作试行条例（草案）》在第十章"附则"中指出："凡过去颁发的有关留学生工作的规定，如有与本条例相抵触者，均以本条例为准。"由此可见，此条例的出台，为高等院校和来华留学生接收机构提供了管理外国学生的政策依据，进一步规范了我国对来华留学生的管理与服务。自该条例实施之日起，即成为各有关院校管理外国留学生工作的准绳。在一定程度上，该条例奠定了此后外人来华留学管理的基本范式。

为更好地执行《外国留学生工作试行条例（草案）》，1963年8月，第一次全国来华留学生工作会议在北京召开，这次会议是中华人民共和国成立以来第一次全国性的来华留学生工作会议。出席人员有各有关学校、高教厅负责干部，中央有关部门、有关省（市）外事和公安部门的负责人，与会者共121人。此次会议的主要目的是检查《外国留学生工作试行条例（草案）》贯彻执行的情况，交流培养外国留学生的工作经验，进一步探讨做好接收来华留学生的办法。会议期间，时任教育部部长的蒋南翔在报告中强调了两点：一、要做好留学生工作，必须加强领导。他要求省、市高教（教育）厅（局）加强对留学生工作的日常领导，院校要指定必要的人员管理具体工作；要健全留学生工作人员的管理队伍，这支队伍的主要骨干，包括担任辅导课的教员在内，要保持相对稳定，不要随便调动，以利于提高工作质量，积累工作经验；将留学生的辅导课计入教师的工作量。② 二、应对来华留学生进行思想工作，其目的是保证教学、加强管理、增进友谊。③ 故而，外国学生来华后，首先对其围绕教学任务进行思想教育。会议同时指出，接收来华留学生，仍应贯彻"精选少收，分别对待"的方针。可以说，这次会议对外人来华留学

---

① 于富增：《改革开放30年的来华留学生教育（1978—2008）》，北京语言大学出版社，2009，第25页。

② 于富增：《改革开放30年的来华留学生教育（1978—2008）》，北京语言大学出版社，2009，第24页。

③ 李滔主编：《中华留学教育史录（1949年以后）》，高等教育出版社，2000，第330页。

管理工作具有重要的意义。此次会议的召开，基本肯定了《外国留学生工作试行条例（草案）》的执行。自此至1972年，该条例一直是外人来华留学管理的参照。

时隔不久，在国务院第137次全体会议上，周恩来总理宣布，再次将教育部分设为高等教育部和教育部。1964年3月，两部正式分开办公。两部分设后，杨秀峰任高等教育部部长，何伟任教育部部长。是年6月，经国务院批准后，高等教育部设留学生管理司，由此，外人来华留学教育由高等教育部留学生管理司负责。1965年，"留学生管理司"改称"对外工作司"。

1965年7月11日，周恩来总理指示高等教育部，在中国毕业的外国留学生，都要由高等教育部直接给予证书，证明相当外国的相应学位。事实上，《外国留学生工作试行条例（草案）》试行后，对于来华留学生，在学习期满后成绩合格的大学生、研究生，毕业时仅发给毕业文凭，并不授予学位。而对选课大学生、进修生而言，毕业时仅得到学习证明文件，并无毕业证书。1966年1月，高等教育部起草《关于授予外国留学生学位的试行办法》，其后报与中央。然而，因时过不久"文化大革命"爆发，周恩来总理的这项指示并未执行。

"文化大革命"爆发后，外人来华留学工作面临着严重困难。1966年7月2日，高等教育部向我国驻外使馆发出通知："目前全国各高等学校正在进行'文化大革命'，经中央批准，将接收来华留学生的工作推迟半年或一年。"[①]1966年7月23日，在中央宣传部的建议下，中共中央将高等教育部与教育部再次合并为教育部。教育部成立后，根据国务院外办的指示精神，1966年9月19日在向各国驻华使馆的《备忘录》中提出：

> 从现在起，在华外国留学生（包括大学生、研究生、进修生）回国休学一年。回国的往返旅费由我国负担。这些留学生返华学习的具体时间，届时将另行通知。[②]

此后，我国停止接收来华留学生达7年之久。除极少数因特殊情况不

---

① 《中华人民共和国大典》编委会编：《中华人民共和国大典》，中国经济出版社，1994，第886—887页。
② 吴镇柔、陆叔云、汪太辅主编：《中华人民共和国研究生教育和学位制度史》，北京理工大学出版社，2001，第512页。

能回国或本人强烈要求留下的留学生外，其余外国来华学生皆已返国。直至1972年，为帮助坦桑尼亚联合共和国和赞比亚共和国培养铁路运输管理人才，中国政府才重新开始接收外国学生来华学习。因是年所接收的来华留学生是小范围的临时性行为，因此1972年的来华留学行为仍可被视为处于来华留学教育的中断期。

第二节　外人来华留学所属国别

中华人民共和国成立后，即面临着错综复杂的国际局势。中国奉行独立自主的和平外交政策，在建国后的第一年里同十几个国家正式建立了外交关系。而美国等一些帝国主义国家对新中国采取敌视态度，不与中国建交，并对中国实行封锁和禁运。1950年6月25日，朝鲜内战爆发，美国武装干涉，并于1950年10月悍然越三八线，把战火烧到中朝边境，我国应朝鲜党和政府请求，作出了抗美援朝、保家卫国的历史性决策，中美正面交战。中国最终取得抗美援朝战争的伟大胜利。在这种客观形势下，其时的来华留学生多来自苏联及东欧社会主义国家。20世纪50年代末60年代初，中国以在万隆召开的亚非会议为契机，积极开展外交活动，成功与多个亚非拉国家建立外交关系。随着中国外交圈的不断扩大，派遣学生来华留学的国家逐渐增加。从历史上看，中华人民共和国初期来华留学的国家，大致可分为三类：一是社会主义友好国家；二是亚非拉民族独立国家；三是欧美发达资本主义国家。

一、社会主义友好国家来华留学

中华人民共和国成立至20世纪50年代末，世界格局的主要特征是两极化，即西方帝国主义阵营与东方社会主义阵营的两极较量。在这一特殊历史时期，由于以美国为首的帝国主义阵营对中华人民共和国发展采取仇视并阻挠的策略，故而中华人民共和国接收外国学子来华留学的行动及相关举措，首先起始于以苏联为首的社会主义国家。

在这些社会主义友好国家中，最先派遣学子来华留学的国家是东欧的社会主义各国。在中华人民共和国成立初期，本着向外国学习的态度，中国向苏联及东欧国家派遣了一定数量的留学生。由于文化、教育交流一般遵循对等的原则，对方也提出向中国派遣来华留学生的请求。1950年1月，波兰代办毕罗奇在致中国外务部的公函中，明确表达了中波双方交换留学生的想法。此公函是迄今为止最早向中方提出派遣留学生来华学习的正式文件。[1] 是年4月，捷克斯洛伐克驻华大使同样向中国转达捷克斯洛伐克教育部派遣来华留学生的建议。其后，政务院文化教育委员会将捷方要求报告上报。是年6月，周恩来总理主持会议，决定首先与捷克斯洛伐克、波兰、罗马尼亚、匈牙利和保加利亚5国交换留学生。这批学生采取国家之间对等交换的办法进行招生录取，中国为这些来华学子提供全额奖学金。1950年8月，中国外交部向罗马尼亚驻华使馆发出《关于交换留学生备忘录》：

> 希望罗马尼亚派往中国的留学生，基本条件和中方留罗学生对等，学习期限增加一年以入清华大学特设语文班学习汉语。中方提供罗马尼亚来华留学生学习期间全部学费、书籍、住宿、饭费、医药费，发给中国衣服，及有组织的旅游费。第一年特设西菜餐厅，此外发给每人每月零用钱相当于二百斤小米。[2]

其他4个东欧国家与中国交换留学生的办法，与罗马尼亚大致相同。1950年11月30日，来自罗马尼亚的5名学生最早抵达清华大学。截至1952年3月，来自东欧五国的33名留学生，先后分8批进入清华大学东欧交换生中国语文专修班学习。这批来华学习的东欧学子，成为中华人民共和国成立后第一批外国派遣来华学习的留学生。直到20世纪50年代末，由于苏联的大国沙文主义倾向，中苏两国关系开始恶化，我国与东欧社会主义国家的交流日益减少，这些国家所派遣的来华留学生也逐步减少以至于无。

继东欧五国后，苏联也开始派遣学生来华留学。作为最早与中国建立外

---

[1] 李鹏：《新中国来华留学教育的发端：缘起、进程与意义》，《华东师范大学学报（教育科学版）》第34卷（2016年）第3期。
[2] 同上。

交关系的国家,中苏之间的外事交流甚多。早在1950年2月14日,经过毛泽东、周恩来同斯大林、维辛斯基会谈,中苏两国政府于莫斯科克里姆林宫签订《中苏友好同盟互助条约》。此后,中苏之间进行了全方位的教育交流。然而时值中华人民共和国初立,中国高等教育基础尚弱,无法培养社会建设所需人才,所以中苏之间的教育交流主要以中国学习苏联教育经验为时代主流,其学习方式也主要是中国向苏联派遣留学生。直至1954年,苏联才开始派遣18名学生来华留学。

就在中苏教育交流的热潮日渐高涨之际,苏共二十大在莫斯科召开,时任苏共第一书记的赫鲁晓夫在会上作了"秘密报告",全盘否定斯大林,并对列宁理论进行修订。中国领导人对赫鲁晓夫的做法颇为反感,对全盘否定斯大林的观点持保留意见。于是,苏共与中共之间开始出现严重分歧。1958年,中国先后拒绝了苏联提出的在中国领土和领海上建立中苏共管的长波电台和联合舰队的要求。其后,中印边境爆发冲突时,苏联又偏袒印方。这一系列的纷争,使得中苏两国之间的关系迅速走向冷却。① 中苏双方外交关系的恶化,给教育交流带来极大的负面影响。1960年起,苏联单方面决定终止苏联专家在中国援助的各项工程,撤走在华教育部门及高校工作的专家。1966年,"文化大革命"全面爆发,中国要求在华留学的苏联学生回国"休学"一年,苏联同样要求中国驻苏领事馆召回尚在苏联留学的65名学生,至此,中苏关系全面恶化,教育交流完全中断。根据史料统计,中华人民共和国成立至"文化大革命"期间,共有208名苏联学生来华留学。

除苏联、东欧五国外,中国周边友好国家中属于社会主义阵营者,尚有越南、朝鲜和蒙古三国。这些中国传统友邦的留华学子,也是中华人民共和国成立初期来华留学生的主体。在这三者之间,以越南和朝鲜政府派遣来华的留学生人数最多。中华人民共和国成立初期,就越南政府派遣来华留学生而言,开始于1953年。是年,越南第一次即向中国派遣了287名留学生,翌年,越南再次派遣253名学子来中国留学。至1955年,为增进两国人民的友谊和发展两国文化合作的关系,中越两国政府通过签订双边文化合作协议书,

---

① 余子侠、刘振宇、张纯:《中俄(苏)教育交流的演变》,山东教育出版社,2010,第176—178页。

共同议定了《中华人民共和国政府和越南民主共和国政府关于双方互派留学生暂行办法》，具体内容如下：

（一）凡入对方高等学校研究部学习的研究生，必须具备高等学校毕业程度；入对方高等学校学习的大学生，必须具备高级中学毕业程度；入对方中等专业学校的学生，必须具备初级中学毕业程度。并要求他们的健康状况足以顺利完成学习任务。

（二）双方政府应在每年上半年同对方政府商定本年度拟派遣的各类学生名额和拟学专业名称。在每年学年开始两个月以前将他们的名单（包括姓名、性别、出生年月、学历、经历和拟学专业等项）送交对方政府。

越南学生应在每年九月一日以前到达中国北京。

中国学生应在每年十月一日以前到达越南河内。

（三）双方学生凡没有掌握对方语文者，必须在对方学校先行补习语文一年，学习文学、历史或哲学等专业者，必须学习语文两年。

（四）双方学生应遵守对方学校的一切规章制度。

（五）双方学生均按对方学校学制学习，学习结束后，按照双方规定发给毕业证书。

（六）双方学生在学习期间，由对方供给宿舍，免收学费，免费医疗，其生活（费）[①]、服装补助费、被褥装备及旅费[②]等由派遣国负担，委托对方政府垫付，每年通过双方国家银行结算一次。[③]

此外，中越双边文化协议书规定，越南派遣490名学生来中国学习，中国派遣3名学生赴越南学习。实际上，越南来华留学的学生人数最终成行者，并未达到490名。

1964年8月，美国约翰逊政府以"北部湾事件"为借口，对越南北部实施轰炸。此后，美国多次增兵越南。自1965年春始，越南战争持续升级。由

[①] 生活费，双方留学生每月生活费具体数额，由派遣国确定，通知对方垫付。
[②] 旅费，包括双方学生返国旅费及暑期内参观旅行费。
[③] 中华人民共和国外交部编：《中华人民共和国条约集》第四集（1955），法律出版社，1958，第206—207页。

于长期处于战争状态,其国内高等院校无法正常上课,越南政府多次向中国提出派遣学生来华留学的要求。如是年5月7日,越南驻华大使馆一等秘书阮丁,即向中国高等教育部提出"越方拟于今年9月初派2000名高中毕业生来华学习汉语"的请求。鉴于当时的国际形势,面对越南政府的诉求,中国政府伸出了友好的援手。如1965年5月23日,遵照中共中央和周恩来总理的批示,高等教育部副部长刘子载正式答复越南民主共和国政府,同意越南政府派2000名高中毕业生到中国学习的要求。是年7月,越南政府再次提出增派450人来华留学。这两次越南派遣学生来华留学的数目堪称最多,此后又临时增派,直至当年11月初,越南政府仍要求再派一批研究生、进修生来华学习。①

为了做好越南学生来华留学的管理和教学工作,高等教育部专门在北京、上海两地举办了"越南留学生工作干部教师学习班",主要学习国际形势及有关留学生工作的方针政策、汉语教学的任务和要求,教授留学生学习汉语的经验和方法以及"中国情况介绍课"等内容,为越南学生来华留学做好充分准备。实际上,1965年秋季学期,共有2787名越南学生在中国高等院校先学习汉语一年再转学专业,另有346人直接进入中国各有关高等院校学习专业课程。与之前不同的是,此次来华留学的所有越南学生,其来华学习所需的生活费用,均按越南原定标准,统一由中国负担,不再采用"越南负担,委托中国政府垫付"的方式。按照越南1964年调整的新标准规定:

> 大学生生活费为每人每月37元,进修生和研究生每人每月45元。学习体育专业的留学生,每人每月另增伙食补助费10元。毕业回国或中途退学回国者,如在上半月离校,只发给半个月的学习生活费;如在下半月离校,则发给全月的学习生活费。②

1966年,鉴于中国各高等院校正在进行"文化大革命",高等教育部向各有关高等院校发出"对外国留学生一律停课,休学一年"的通知,越南学生在华学习的旅程被迫中止。其时,中国政府考虑到越南正处于战争状态,

---

① 陈德军、杨健璎:《1965年来沪越南留学生考述》,《当代中国史研究》第24卷,2017年第2期。
② 同上。

为避免因回国休学给越方增加困难，计划安排越南学生到中国军队院校再学习一年的政治理论、武装斗争经验和汉语。然而，越南政府做出"让越南学生全部返国，一年后再来中国学习"的决定。中国方面十分尊重越南政府的意见，高等教育部还要求各有关高等院校向越南学生表达中国的美好祝愿："希望他们把中国人民对越南人民的战斗友谊带回去，并预祝他们回国后在抗美救国战斗中，得到很好锻炼，并取得重大胜利。"①1970年，国务院决定1966年9月回国休假一年的外国留学生不再复学，其存放在中国的行李物品予以寄运或作其他处理。1950—1965年间，越南共派遣学生5252人来华留学。

20世纪五六十年代，除越南外，在周边社会主义国家中，朝鲜也是派遣来华留学人数较多的国家。1950年，朝鲜战争爆发后，受战争的影响，朝鲜于1952年向中国派遣了209名留学生。翌年11月23日，中国与朝鲜在北京签订了《中华人民共和国中央人民政府和朝鲜民主主义人民共和国政府关于朝鲜学生在中国高等学校及中等技术学校学习的协定》。该协定在第三条中，对朝鲜来华留学生的层次做出了具体要求，第七条则对朝鲜学生在华的各项费用做出了明确规定：

> 第三条　朝鲜政府至迟应于每年4月底以前将派到中国高等学校及中等技术学校学习的朝鲜学生准备学习的专业列表送交中国政府。朝鲜学生的姓名、性别、年龄、籍贯和学历应于每年7月底以前送交中国政府。朝鲜学生应于每年9月1日以前到达中国。
>
> 凡入中国中等技术学校者，须初级中学毕业；凡入中国高等学校者，须高级中学毕业；凡入中国高等学校研究生院（部）者，须大学毕业。至于部分学历不齐的干部，因特殊原因情况欲来中国学习者，可于每年12月底以前由朝鲜政府与中国政府协商规定之。
>
> ……
>
> 第七条　朝鲜学生在中国学校学习期间所需的宿舍，由学校免费供给，学费、实习费、杂费免收，其生活费按下列标准由中国政府垫付，归朝鲜政府偿还：

---

① 陈德军、杨健矍：《1965年来沪越南留学生考述》，《当代中国史研究》第24卷，2017年第2期。

甲、中等技术学校学生，每人每月人民币32万元；

乙、大学生，每人每月人民币40万元；

丙、研究生，每人每月人民币50万元。

朝鲜学生来中国学习和学习期满回国时在中国境内的旅费，以及其入学前的生活费[①]，亦由中国政府垫付，归朝鲜政府偿还。[②]

自上述协定订立后，朝鲜学生来华留学均按此协定办理，其中包括此协定未订立前已在中国学校学习的朝鲜学生。在协定签订的当年，朝鲜即派180名学生来中国学习。至1966年，共有546名朝鲜学生来华留学。

在此应补充说明的是，除越南、朝鲜外，中国周边国家蒙古也曾派学生来华留学，但因其人数较少，在此不作具体叙述。

二、亚非拉民族独立国家来华留学

1955年，周恩来总理出席在印度尼西亚万隆召开的亚非会议。在会议期间，中国同许多亚非拉国家的代表团进行了广泛接触，为发展彼此之间的友好合作关系创造了条件。自1955年亚非会议至"文化大革命"前，共有27个国家与中国建立了外交关系，除法国外，其余26个国家皆属亚非拉民族独立国家。随着彼此间外交关系的建立，亚非拉民族独立国家也开始请求向中国派遣留学生。

早在1951年1月的印度驻华大使馆国庆晚会上，毛泽东即与印度驻华大使商谈两国之间交换留学生事宜。其后，该项商议得到印方的同意。1955年，印度即开始向中国派遣留学生。为了更好地接收亚非拉民族独立国家的学子来华留学，同时也为促进国际间的文化交流及友好关系，1955年6月，高等教育部制订了与民族独立国家之间互派留学生的办法。《高等教育部制订的对于我国与各友好国家互派留学生的几项做法》中对双方互派学生的入学条件作了如下规定：

---

① 中国政府垫付的朝鲜学生生活费和旅费，应于每年年终由双方结算一次，在1954年至1957年4年间，由朝鲜政府以中国援助朝鲜的款项支付之。

② 李滔主编：《中华留学教育史录（1949年以后）》，高等教育出版社，2000，第268—269页。

> 双方所派留学生均须按所在国的学制进行学习。入高等学校做研究生者，须具有大学毕业程度；入高等学校做大学生者，须具有高级中学毕业程度。中国高等学校的研究生学习期限一般为三年，大学生为四年或五年。[①]

自中国与各民族独立国家互派留学生办法公布后，中国与亚非拉民族独立国家之间互派留学生工作逐渐加快。在这些派生来华留学的亚非拉民族独立国家中，按照地理位置，可分为两类：一是中国周边民族独立国家；二是非洲与拉丁美洲民族独立国家。20世纪50年代后期，周恩来总理先后访问了柬埔寨、印度、缅甸、巴基斯坦、阿富汗、尼泊尔和锡兰（斯里兰卡）等中国周边国家，使得中国与周边民族独立国家之间的关系得到较好的发展，这些国家也开始派遣学生来华留学。如在1950—1965年间，印度尼西亚向中国共派遣留学生111人。在中国周边民族独立国家中，除印度、印度尼西亚外，尼泊尔、缅甸、柬埔寨、老挝等国家也有派遣学生来华留学的行为，但派遣的学生数目较少。

至于非洲与拉丁美洲国家来华留学行为，中华人民共和国成立初期，主要发生在20世纪50年代后期至60年代。中苏关系恶化后，中国同时受到美苏两个超级大国的威胁，于是采取"两反一合双交"的外交对策，加强同亚非拉国家的团结合作。在此外交政策的指导下，中国积极发展与非洲及拉丁美洲国家的关系。1963年至1964年，周恩来总理访问了北非和撒哈拉以南10个非洲国家，中国也开始积极支持非洲国家的经济建设，接收非洲学生来华留学即是其时支持方式之一。

1956年，位于西亚地区的阿拉伯联合酋长国派来了第一批共4名留学生来华学习。随之非洲地区的有关国家也采取了行动，而且其来华留学生人数逐年增加。如1960年12月14日，索马里与中国建交，随后即向中国派遣留学生41人。其他如马里、阿尔及利亚等非洲国家，也分别向中国派遣了自己的留学生。然而意想不到的是，非洲学生来华后，多次出现辍学的现象。这些来华留学生，基本上都是享受政府奖学金的学生，他们的生活受到了特殊

[①] 李滔主编：《中华留学教育史录（1949年以后）》，高等教育出版社，2000，第278页。

照顾，如他们的伙食标准，根据当时的经济条件，我国政府规定每月为来华留学生发放的生活费标准远远高于当时中国学生的伙食标准，足以支付来华留学生的正常生活开支。就住宿条件而言，中国不仅免费供给这些学生的住宿，而且一般会安排更宽敞的房子给他们，不像中国学生一样8人1间。这样的特殊照顾，使得非洲来华留学生成为校园里的特殊群体，以致接收院校的管理人员不敢管理这些学生，导致出现非洲学生无视纪律约束的现象，罢课、绝食、打架斗殴、偷盗等事件时有发生，旷课、拒绝参加考试及不尊重老师的现象也屡见不鲜。为解决上述问题，1963年4月，根据《外国留学生工作试行条例（草案）》第二章"接受工作"的规定，教育部颁布了《教育部关于接受外国留学生入中国高等学校学习的规定》，专门用以接收亚、非、拉及资本主义国家的留学生。该规定中的第一条与第二条，即对来华留学生的类别及必须具备的条件做出了以下具体规定：

（一）接受外国留学生的类别

（1）大学生：基本上按中国高等学校本科学制、教学计划进行学习。学习年限一般为四年、五年，学习期满，各科考试成绩及格，发给毕业证书，不授予学位（中国目前无学位制度）。

（2）选课大学生（只限文科）：固定在一所高等学校学习，每学期须选修与所学专业直接有关的三门以上课程，随中国同学的适当班级一起上课。学习年限一般为一年或二年，按计划完成学习任务后，发给学习证明文件，不发毕业证书。

（3）研究生：按中国研究生的学制进行学习。学习年限一般为三年，学习期满，各科考试成绩及格，通过论文答辩，发给毕业证书，不授予学位。

（4）进修生：固定在一所高等学校，按商定的学习计划，在导师的指导下进行学习，学习年限一般为一年或二年，按计划完成学习任务后，发给学习证明文件，不发毕业证书。

（二）外国留学生必须具备下列条件

（1）志愿来华留学，对中国友好、愿遵守中国政府有关的政策法令和学校的规章制度者。

（2）大学生、选课大学生须备有相当于中国高中毕业证件者，学习理、工、农、医专业的大学生还须另缴高中数、理、化各科学校考试成绩证件；学习艺术和体育专业的大学生须具有一定的专业基础，并备有证明证件者。研究生、进修生必须是高等学校本科毕业生，并备有证明证件者，研究或进修方向还应是原学专业。

（3）需具有汉语基础，能通过汉语直接进行专业学习者。凡不能用汉语直接进行专业学习的，来华后，必须先入外国留学生高等预备学校学习汉语一年或二年（学文、史、哲专业的需学二年），学习期满，经考试及格后，再分配入有关学校学习专业。

上述来华学汉语的年限不包括在入有关学校学习专业的年限内。

（4）身体健康，持有医院健康检查合格证件者。

（5）外国留学生应在来华前在中国接受外国留学生学习的专业目录内选定学习专业，来华后，一般不得变更。

（6）留学生不得携带眷属来华（但夫妇同是留学生者除外）。[①]

然而，上述规定出台仅过三年，"文化大革命"开始，亚非拉民族独立国家派生来华留学的行为被迫结束。

直至1972年，为帮助坦桑尼亚和赞比亚培养铁路运输管理人才，中国与上述两国签署了合作协议，计划接收200名学生来华学习。此种行为为我国来华留学教育事业的恢复开拓了先路。这批学生来华后主要学习铁路等相关专业，学习期限2年，其专业分配如下表（见表3-1）所示：

表3-1　1972年坦桑尼亚和赞比亚来华留学生人数及所学专业一览

专业	内燃机车	铁道车辆	通信信号	铁道工程	铁道运输	计划财务
人数	50	24	20	32	50	24

[资料来源]根据董泽宇《来华留学教育研究》（国家行政学院出版社2012年版）一书有关资料整理而成。

---

① 李滔主编：《中华留学教育史录（1949年以后）》，高等教育出版社，2000，第282—283页。

三、欧美发达资本主义国家来华留学

中华人民共和国成立后，除社会主义国家及亚非拉民族独立国家外，少数资本主义国家也曾派遣学子来华留学。需要作出解释的是，此处派生来华留学的资本主义国家，不仅包括与中国建交的国家，同时也包括一些未与中国建交的资本主义国家。资本主义国家派生来华留学的行为，虽在中华人民共和国成立初期已然存在，如芬兰于 1953 年曾有 2 名学生来华留学，然则此种行为主要发生在 1956 年以后。1956 年，为接收资本主义国家学子来华留学，中国开始制定接收资本主义国家派遣来华留学生的政策。是年 2 月 21 日，高等教育部将拟好的《关于接受资本主义国家派遣留学生来我国学习的初步意见》报国务院审核指示。经总理办公室指示后，高等教育部、外交部又提出《高等教育部、外交部关于接受资本主义国家派遣留学生来我国学习的修改意见》六条，得到国务院的批准。现将此六条修改意见列示如下：

（一）关于接受资本主义国家留学生来我国学习的问题，我们认为应采取积极而慎重的方针。

（二）对建交国家的留学生，原则上应通过签订两国间文化合作协定或交换留学生的协定来解决，在互惠的基础上互派留学生。留学生个人的学习生活费用由派遣国负担，接受国免收学费，免费供给住宿和医疗。对已建交但未签订交换留学生协定的国家，如果该国家的青年或民间性团体迫切要求派留学生来我国学习，拟在对方国家政府同意的前提下，采取留学生自费或由我们赠送奖学金的办法解决。

（三）对未建交国家的留学生须经过双方国家有权威的文化教育机构的介绍并取得对方国家政府的护照以后，我方可以采取自费或赠送奖学金的办法接受他们来华留学。

（四）关于接受奖学金或自费来华留学生的名额，每年由高等教育部会同外交部根据学校可能接受的条件，提出控制名额、开放的专业。

（五）高等教育部根据与外交部会商的结果，负责安排留学生的学习，凡不懂中国语文的均先在北京大学中国语文专修班学习一年至二年的中国语文，待初步掌握中国语文后再根据拟学专业分配到适当的学校进行专业学习。

（六）1956年拟接受资本主义国家奖学金生50名、自费生30名（均为大学生或研究生，不接受实习生）。奖学金数额拟暂定研究生每人每月100元，大学生80元。为了便于管理，目前拟开放北京地区北京大学等九校（院）56个专业，该项开放专业已经国务院批准。[1]

自上述修改意见通过后，中国开始接收来自欧美发达资本主义国家的学生来华留学，但受"积极而慎重"方针的影响，中国对资本主义国家来华留学生所开放的专业、名额及其培养方式，主要由教育部和外交部等机构进行会商、审批，一直处于严格控制状态。其时，在与我国建交的西方资本主义国家中，法国是向中国派遣留学生最多的国家。1958年，法国第一次派遣2名学生来华留学，1959年再次派遣1名学生来华留学。1964年1月，法国与中国建立外交关系，成为西方国家中第一个与中国正式建交的国家。建交后，法国来华留学的学生人数逐渐增加。如1964年，法国即有21名学生来华留学，次年又有20名学生来中国学习，人数是以前的20倍。至1966年，法国共有44名学生在华留学。除法国外，挪威、瑞典、丹麦、瑞士和芬兰等与中国建交的国家，也有学生来华留学，但因数目较少，在此不作赘述。在中华人民共和国成立初期，也有少量来华留学生来自未与我国建立外交关系的西方发达资本主义国家，如美国、西班牙、希腊、冰岛等国家，但屈指可数。

综合上述，现将中华人民共和国成立初期来华留学生所属国别及其数目列表（见表3-2）示下：

---

[1] 李滔主编：《中华留学教育史录（1949年以后）》，高等教育出版社，2000，第279页。

表 3-2 中华人民共和国成立初期来华留学生所属国别及接收来华留学生新生人数统计表

序号	国别	年度															合计
		1950	1951	1952	1953	1954	1955	1956	1957	1958	1959	1960	1961	1962	1963	1964	1965	
1	越南				287	253	283	396		12	106	253	263	133	59	115	3097	5257
2	朝鲜			209	180	10	4	4		19	41	4	16	1	27		31	546
3	蒙古			3	3	2	2	9	15	20	11	28	25	9	4			131
4	苏联					18	4	3	80	10	21		21	20		13	18	208
5	波兰	9		2	12	8	4	8	2				1		1			48
6	民主德国				4	10	8	17	18	2	1			4	1		1	66
7	捷克斯洛伐克	8		12	8	1	2		4	2	1					4		42
8	罗马尼亚	5		2	3	2	8	3				2	3	2			3	33
9	匈牙利	6		1			10		5					1			5	28
10	保加利亚	5			5				1		2	1	1	5				20
11	阿尔巴尼亚					2	2	4	3		5	4	102	47	22		3	194
12	古巴										2	2			18	1		23
13	印度					1	9	5		4								19
14	印度尼西亚				1	8	4	5	14	10	20	1	1	1	5	19	22	111
15	柬埔寨												3		1	3	15	22
16	缅甸									2	1	3	1			16	3	26
17	泰国							1	4			4				2	2	13
18	尼泊尔									1	1	1	14	6	6	11	13	10	63
19	锡兰（斯里兰卡）										2	4	1	2	2	1		12
20	老挝												2	1	2		1	6
21	巴基斯坦															7	5	12
22	伊拉克										20	1						21
23	塞浦路斯											1	2					3
24	伊朗										1				1			2
25	叙利亚								2							2		4

（续表）

序号	国别	年度															合计
		1950	1951	1952	1953	1954	1955	1956	1957	1958	1959	1960	1961	1962	1963	1964	1965	
26	马来西亚														1			1
27	沙特阿拉伯												1					1
28	阿富汗														3		5	8
29	日本													2		6	24	32
30	阿联							4	11									15
31	苏丹											5						5
32	阿尔及利亚															13		13
33	马里															14		14
34	索马里											41	3					44
35	坦桑尼亚															5		5
36	肯尼亚										2	2						4
37	厄瓜多尔															1		1
38	乌干达										3	1						4
39	桑给巴尔											7	11		9			27
40	加纳											4						4
41	喀麦隆										3	34	3					40
42	乍得											1						1
43	北罗德西亚												1					1
44	尼亚萨兰										1							1
45	尼日利亚															1		1
46	塞拉勒窝内											7						7
47	刚果												3			5		8
48	墨西哥											1						1
49	哥伦比亚											1						1
50	巴西											1						1
51	智利											1	1					2

(续表)

序号	国别	年度															合计
		1950	1951	1952	1953	1954	1955	1956	1957	1958	1959	1960	1961	1962	1963	1964	1965	
52	委内瑞拉												1	2				3
53	法国									2	1					21	20	44
54	西班牙								1	4	1					1		7
55	意大利								3		2							5
56	希腊											2						2
57	冰岛								1									1
58	丹麦									1		1						2
59	挪威									1		2						3
60	瑞典									1	2		1	1	1	2		8
61	芬兰			2								4						6
62	比利时												1			1		2
63	加拿大										1							1
64	美国							4			1				3			8
65	南斯拉夫						5		2									7
66	澳大利亚									2								2
67	瑞士														2			2
68	英国											1		1				2
69	奥地利							1										1
	总计	33		230	504	324	327	473	167	90	259	437	471	240	162	229	3312	7258

[资料来源]根据《1950—1965年每年接受外国留学生新生人数》整理,转见李滔主编:《中华留学教育史录(1949年以后)》,高等教育出版社,2000,第286—288页。注:1966年未接收新生,1966年6月后外国留学生均离华;1966年6月在华留学生总数为408名。

第三节　外人来华留学所入学校及所学专业

中华人民共和国成立初期，我国接收的所有来华留学生，其来华途径皆是通过双边政府的外交渠道，或交换或派遣。职是之故，来华留学生的接收工作，主要由教育部、外交部和中国驻外使领馆负责，而来华留学生所入学校及所选学科，也皆由教育部指定。就外人来华留学所入学校而言，主要集中在较大城市的高等院校；就来华留学生所选学科而论，他们来到中国后，主要学习中国教学质量优等的专业，涵盖了文、理、工、农、法等多个学科。

一、来华留学生所入学校

中华人民共和国成立后，我国对来华留学生的招生名额，主要依据国家每年与友好国家签订或商议的接收奖学金留学生的规模而定。更重要的是，由于中华人民共和国初立，来华留学生所入学校主要由教育部确定。因此，这一时期，教育部以交通方便的较大城市安置来华留学生为原则，确定接收来华留学生的院校或机构。

20世纪50年代初，我国有资格接收来华留学生的院校，大多分布在北京和天津。如1950年，第一批来自东欧的外国学生均在清华大学肄习。前文已述，这批东欧学生来华后，先进入清华大学东欧交换生中国语文专修班学习汉语。为此，教育部还专门批准颁布《清华大学东欧交换生中国语文专修班暂行规程》，以便更好地接收东欧学生来华留学。1952年暑假，我国调整高等学校院系后，是年9月28日，清华大学东欧交换生中国语文专修班被整体调进了北京大学，并改名为"北京大学外国留学生中国语文专修班"，原有的师资力量也转移至北京大学。①

---

① 陈强、孙奕、王静等：《新中国第一批"洋学生"——清华大学东欧交换生中国语文专修班始末》，《神州学人》2015年第7期。

至 1953 年，接收来华留学生的学校逐渐增加，外国学生来华后，主要进入清华大学、北京大学、外国语学校、中国人民大学、中央美术学院、北京农业大学等学校学习。是年，越南首次派遣 287 名学生来华留学。为了这些越南学生顺利留学，1953 年 9 月，中国专门在桂林成立了"中国语文专修学校"①，开办时借桂林王城廿四步兵学校（即西南军区特科学校）为校址，开办后开始接收越南学子来华学习，学校经费由高等教育部拨给。到 1954 年，外国留学生所入学校已达 33 所。这些学校主要分布在北京、天津、上海、辽宁、吉林、黑龙江、江苏、山东、河北、湖北、广西、广东、福建和浙江等省市区。②

1956 年，我国开始接收资本主义国家选派的留学生时，经过慎重考虑、严格筛选和审批，决定将来自资本主义国家的学生集中安排在北京大学、清华大学、北京钢铁学院、北京矿业学院、北京农业大学、北京林学院、北京医学院、中央美术学院、南开大学等 9 所高校。这些院校都是当时我国教学水平较高的学校。

1962 年 10 月 1 日，经国务院文教办公室批准，外国留学生高等预备学校在北京成立。该所学校由设在北京大学的外国留学生中国语文专修班和设在北京外国语学院的外国留学生办公室、留学生部合并成立，其任务之一是负责来华留学生的汉语预备教育。1965 年 1 月 9 日，经周恩来总理批示，"外国留学生高等预备学校"改名为"北京语言学院"，其任务之一是对来华留学生进行汉语教学。至 1963 年 8 月，《蒋南翔同志关于外国留学生工作的报告》（摘录）中提到，是年的外国学生，主要分布在全国 12 个城市的 55 所学校，其中高等学校 53 所，中等专业学校 2 所。③

至"文化大革命"开始时，据相关资料显示，当时的来华留学生，主要分布在全国 21 个城市的 128 所院校和少数科研单位，而且这 128 所院校大多数位于中国的直辖市或省会城市。在这 128 所院校中，北京 47 所、上海 21 所、天津 8 所，三大直辖市的院校数达 76 所，占当年接收来华留学生院校总数的

---

① 李滔主编：《中华留学教育史录（1949 年以后）》，高等教育出版社，2000，第 289 页。
② 李滔主编：《中华留学教育史录（1949 年以后）》，高等教育出版社，2000，第 357—358 页。
③ 李滔主编：《中华留学教育史录（1949 年以后）》，高等教育出版社，2000，第 327 页。

59%。① 除直辖市外,有45所可以接收来华留学生的院校和机构,分别位于武汉、南京、广州、长春、杭州、沈阳、长沙、济南、哈尔滨、呼和浩特、太原、合肥等省会城市,其他7所主要在除省会外的较大城市。由此可见,其时外国学生来华后,所入学校已遍及中国大部分省市区。

二、来华留学生所学专业

中华人民共和国成立初期,外人来华留学教育与当时国家的政治任务密不可分。这一时期的外人来华留学教育,主要是为履行国际主义义务,为友好国家尤其是当时的社会主义国家培养人才。整体而言,我国对来华留学生的培养目标,主要是专业技能。在全国第一次外国留学生工作会议上,时任教育部部长蒋南翔强调:

> 为了保证我们培养出来的留学生都具一定的质量,今后必须严格把住四关。首先是接受关,要求派遣留学生的国家和单位,选派符合我国接受条件和具有长期在华学习的思想准备的学生来华留学;其次是预备学校关,要求留学生在预备学校学好汉语,补足文化以后,再入专业学校;第三是进入专业学校关,入学时对留学生进行编班测验,根据他们的实际水平安排教学;第四是升级和毕业关,严格执行考勤考绩制度。②

中华人民共和国成立至1965年间,外国学生来华留学期间所习专业,主要由中国政府决定,原则上挑选我国教学质量优等的专业。鉴于国家政治形势和外交工作的需要,我国对来华留学生开放的专业,根据生源国不同而有所不同。如面对社会主义国家和非洲国家的学生,由中国政府和派遣国共同协商,决定是否赋予来华留学生专业选择权;而对于来自资本主义国家的学生,我国本着"积极而慎重"的方针,由教育部和外交部等机构会商,严格地控制、审批对其所开放的专业。

---

① 于富增:《改革开放30年的来华留学生教育(1978—2008)》,北京语言大学出版社,2009,第21页。
② 李滔主编:《中华留学教育史录(1949年以后)》,高等教育出版社,2000,第329页。

我国对来华留学生所开放的专业中，中国语言是面向全体外国学生的专业。对来华留学生而言，口语和写作至关重要。中华人民共和国成立初期，我国尚未提供外语教学的专业，因此，外国学生若想来中国学习和生活，首先需要通过语言这一关。如我国接收第一批来自东欧的留学生时，多次强调中国语言的重要性。《教育部关于东欧交换留学生的几项问题给外交部的函》中就提出：

> 派来的留学生最好是高级中学毕业生，如果是大学肄业或毕业生，也必须先安心专修中国语文两年，初步掌握我国语文以后，再选修我国高等学校中国语文、历史、经济及政治等课程或开始有关的研究工作。①

不难看出，东欧学生来华后，需先学习中国语言两年，然后才转入专业学习。中华人民共和国成立之初，为使外国学生能顺利地在华留学，中国政府决定对他们进行汉语教学，并于1950年在清华大学成立了"东欧交换生中国语文专修班"。这是新中国历史上第一个专门的对外汉语教学单位。其后，非洲学生来华后，其汉语教学改由北京外国语学院承担。

20世纪60年代初，根据教育部的规定，理、工、农、医院校开始开设汉语课，帮助外国学生继续提高汉语能力。由于60年代初期接收了来自越南的诸多学生，加上来自其他国家的学生，因人数众多，国家安排不同省份的23所综合大学和师范院校，让其承担越南学生的第一年汉语教学。1963年，教育部再次发文规定，凡不能直接用汉语进行专业学习的外国学生，来华后，必须先入外国留学生高等预备学校学习汉语1年或2年（学习文、史、哲专业的学习2年汉语）。与此同时，《蒋南翔同志关于外国留学生工作的报告》（摘录）中强调：

> 掌握汉语工具是留学生学好专业的首要条件。只在预备学校学习一年汉语还是不够的。因此有必要规定以汉语作为在华留学生的第一外国语，在专业学校中，用外语课的时间，为留学生开设汉语课。

---

① 李滔主编：《中华留学教育史录（1949年以后）》，高等教育出版社，2000，第275页。

时间大体上一年到两年。①

此后，随着来华留学生数量的日益增多，越来越多的院校开始对外国学生进行中国语言教学，其中包括一些工科院校也开始配备汉语教师，为外国学生开设汉语课。由此不难看出，中国语言是中华人民共和国成立初期每一位来华留学生必须学习的专业。

除中国语言外，我国对来华留学生所开放的专业，依其生源国而定。对社会主义友好国家而言，我国对其开放的专业主要是汉语、历史、中国革命运动以及政治等专业，其后又增加了少量艺术类、农科类、经管类以及工科类专业。如1950年8月，我国外交部发给罗马尼亚驻华使馆的《关于交换留学生备忘录》中即指出，对方学生来华后，对其开放的专业主要是汉语、历史、近百年来中国革命运动等。嗣后，随着来华留学生的增多，我国对其开放的专业也逐渐增加。现将1954—1955学年度我国对东欧国家来华留学生开放的高等学校专业列示如下（见表3-3）：

表3-3　1954—1955学年度我国对东欧国家来华留学生开放专业一览

序号	学科	专业
1	理科	生物、数学
2	文科	中国语言文学、中国历史、中国革命史（限研究生）
3	艺术	美术—版书科、墨书科
4	农科	农学、果蔬学、蚕桑
5	财经科	财政信贷系、合作社系、贸易系

[资料来源]根据李滔主编《中华留学教育史录（1949年以后）》（高等教育出版社2000年版）中相关资料整理而成。

对于亚非拉民族独立国家而言，我国为促进与亚非拉友好国家的文化交流，维系友好关系，中华人民共和国成立初期，《高等教育部门制定的对于我国与各友好国家互派留学生的几项做法》中规定：

  双方留学生拟学习的专业，须按对方所提出的可供各友好国家

---

① 李滔主编：《中华留学教育史录（1949年以后）》，高等教育出版社，2000，第330页。

留学生学习的专业指定。根据我国目前高等学校的条件，可供各友好国家派遣来华的留学生学习的专业有 31 个。①

中华人民共和国成立初期，亚非拉民族独立国家的学生来华后，我国对这些学生的教学目标、管理原则，都在实践过程中不断地调整。为满足生源国国内经济建设的需要，来自亚非拉民族独立国家的学生，来华后所学专业，以理工科为主。②

至于资本主义国家的来华留学生，1956 年，我国基于"积极而慎重"的方针，向这些国家的学生仅开放北京地区 9 所院校的 56 个专业。这些专业以理、工类为主，同时开放汉语言、历史、哲学、农业及医科等专业。此后至 1966 年，我国对资本主义国家的来华留学生所开放的专业，基本参照 1956 年所开放的专业进行实施。现将《高等教育部、外交部关于接受资本主义国家派遣留学生来我国学习的修改意见》附件（《1956 年对资本主义国家来华留学生开放高等学校专业》）列表（见表 3-4）示下：

表 3-4　1956 年接收资本主义国家学生的院校及专业一览表

接收院校	科别	专业
北京大学	文、史、理、法律、财经等科	汉语言文学、汉语、历史、哲学、政治经济学、法律学、有机化学、动物、植物、人体及动物生理、植物生理
清华大学	工科	建筑学、工业与民用建筑、给水排水、供热供煤气及通风、河川结构及水电站的水工建筑、发电厂配电网及联合输电系统、工业企业电气化、热能动力装置、水力动力装置、机械制造工艺金属切削机床及工具、铸造工艺及机器、金属压力加工及机器、金属学及热处理车间设备、焊接工艺及设备、汽车拖拉机、电机和电器
北京钢铁学院	工科	钢铁冶金、铸造作业、金属学及钢铁热处理、钢铁压力加工、冶金厂机械设备
北京矿业学院	工科	矿区开采、有用矿物精选、矿山测量、矿山机电、矿山企业建筑、矿山机械制造

---

① 李滔主编：《中华留学教育史录（1949 年以后）》，高等教育出版社，2000，第 278 页。
② 刘海方：《从中国模式的智力援助到全球化时代新公共外交——讲述中国对非洲奖学金的故事》，《当代世界》2013 年第 3 期。

(续表)

接收院校	学科	专业
北京农业大学	农林科	农学、植物保护、土壤改良、果树蔬菜、畜牧兽医
北京林学院	农林科	造林、森林经营
中央美术学院	艺术	彩墨画科、版画科、油画科、雕塑、染织
北京医学院	医药卫生科	医疗学、口腔医学、公共卫生学、药学
南开大学	理科	数学、物理

[资料来源]李滔主编：《中华留学教育史录（1949年以后）》，高等教育出版社，2000，第280—281页。

中华人民共和国成立初期，我国来华留学教育尚处于起步阶段，这一时期，虽然来华留学教育带有浓厚的政治色彩，总体规模较小，人数较少，但是，在无任何经验可借鉴的情形下，我国在摸索中开展的来华留学教育，仍呈现出一定的时代特点：来华留学管理制度由摸索到初建；来华留学国别由东欧少数国家发展到亚非拉及一些资本主义国家；来华留学生所入学校及所学专业也由点开始向面扩展。从这层意义上说，我国在经费短缺、物资匮乏的年代，开展来华留学教育事业，不仅为亚非拉民族独立国家培养了一批知识人才，提升了中国在社会主义国家中的政治影响力，而且为以后来华留学教育事业的恢复与发展提供了可资借鉴的历史经验。

下篇

第四章

新时期外人来华留学的制度与管理（1973—2013）

相较于中华人民共和国成立初期至"文化大革命"之前外国学生来华留学的具体状况，1973年之后近40年间的来华留学教育完全处于一个历史的"新时期"。在这一时期，于来华留学教育而言，最主要的时代特征是恢复与发展。本章在分析新时期外人来华留学发展环境的基础上，依据历史进程，对这一时期来华留学教育的发展态势和管理体制的演变进行线性梳理。由于特定历史原因，在不同时期，我国对来华留学教育的定位不同，对来华留学生的管理也存在明显差异。从早期来华留学生数量少、层次低、接收院校少、专业相对集中，至今日数量多、层次均衡、接收院校多、专业分布广，我国的外人来华留学管理也逐步从相对特殊化走向规范化。大致言之，对来华留学生的管理与服务，可以分两个层面来分析：一是在宏观层面上，指来华留学生的教育和管理体制问题；二是在微观层面上，指来华留学生的日常管理与服务，以及他们的自我管理与自我服务等细微琐碎的问题。

第一节　新时期外人来华留学的发展环境及态势

20世纪70年代初期,国际形势和中国外交环境发生了根本性变化。在此形势与环境下,中国政府于1973年决定正式恢复招收外国学生来华留学。随后不久,中国共产党十一届三中全会召开,中国实行了改革开放的政策。与此同时,为了招徕更多的外籍学子来华留学,中国进行了教育体制改革,建立了开放的管理制度,并完善了一系列有利于来华留学教育发展的法律和法规。上述种种举措,皆为来华留学教育提供了良好的发展环境。

一、发展环境鸟瞰

1973年以来,尤其1978年十一届三中全会以后,中国在政治、经济、教育、科技等方面,都发生了翻天覆地的变化。其时,无论国际形势抑或国内形势,都朝着有利于来华留学教育的方向发展。伴随着经济、文化、教育、科技的快速发展,中国不断完善来华留学教育管理体制,吸引着越来越多的留学生来华学习。概观这一时期外人来华留学的历史实况,此际影响来华留学生的发展环境,尤其在如下几个方面最为显著。

其一,外交形势与国际环境的变化。进入20世纪70年代,世界格局发生了显著变化。尤其在20世纪70年代后期,世界两大阵营——以美国为首的资本主义国家阵营和以苏联为首的社会主义国家阵营,适值其时,中国与其他国家的外交关系也在发生着很大的变化。

1971年,在广大亚、非、拉国家的共同努力下,中国恢复了在联合国的合法席位。1972年2月,美国总统尼克松访华。中美通过《上海公报》发表声明,开启了两国间关系正常化的进程。随之,1972年9月29日,中国政府和日本政府签署并发表联合声明,中日两国恢复邦交,两国间外交关系开始走向正常。出于全球战略考虑,美国逐步改变了对华政策,主动改善两国关系。中美关系的松动，在世界范围内引起了连锁反应，促成许多国家同中国建交。20世纪70年代初，一些西方资本主义国家，如加拿大、意大利、澳大利亚、奥地利、联邦德国、新西兰、比利时等，先后同中国建立了外交关系，英国、荷兰两国与中国的外交关系也得以提升到互派大使。嗣后，中国同早期建交后来关系冷却的社会主义国家之间的外交关系也得到改善，如与波兰、民主德国、捷克斯洛伐克、匈牙利、保加利亚、罗马尼亚、南斯拉夫等国家恢复友好关系，同时与周边友好国家如巴基斯坦、尼泊尔、缅甸等的关系得到了进一步的发展，与非洲国家的关系也得到恢复和加强，与拉美一些国家的关系亦有所松动。至1980年时，世界上同中国建交的国家已达到124个。

20世纪80年代初，在外交方面，我国的主要任务是争取和平，为中国社会主义现代化服务。这一时期，中国持续不断地改善与世界各国间的外交关系。尤其20世纪90年代后，随着苏联的解体，世界两极格局结束，新的世界格局渐渐朝着多极化方向发展，中国开始采取全方位的外交战略，积极主动地向世界上所有发达国家和发展中国家及地区开展外交攻势。进入21世纪后，截至2019年，中国已经同世界180多个国家建立了外交关系。中国的国际环境已经从此前的封闭隔离状态迎来了与国际社会建交高潮的根本性改变。

其二，世界经济一体化及对外开放战略的实施。二战后，世界经济一体化是战后世界经济发展的重要内容和特征。所谓世界经济一体化，是指世界各国、各地区依照共同认定的准则，进行经济交往与协调，其基本内容是国际贸易、国际金融、跨国公司生产和区域经济的形成。在经济一体化条件下，商品、资金、人口等在国际范围内自由流动，各国经济关系日益紧密，形成了一个不可分割的系统。全球经济一体化，扩大了对国际化人才的需求，使得各国之间的交往也需要越来越多能够了解贸易伙伴国的人才。许多领域的工作要求工作人员具有国际视野，能适应不同国家的工作环境，有较强的工作能力和语言能力，而培养这种人才的有效途径之一，即出国留学。正是各国国际性人才的短缺，产生了巨大的国际教育需求，推动了国际留学热潮的兴起。

1978年，中国做出了"改革开放"的历史抉择，在政治上深化改革，在经济上对外开放。自此，中国开启了社会经济发展的历史新时期，在对外关系中迎来了经济贸易发展的新局面。改革开放初期,中国国内市场化水平不高,对外经济交流活动十分有限,国际贸易的范围更是狭小。经过30多年的努力,尤其加入世界贸易组织和进入21世纪以来,在进出口贸易、旅游、传媒等多个领域,中国与世界其他国家开始进行交流与合作,并取得令人瞩目的成就。随着国内经济的快速发展和国际合作的频繁,我国在国际上的影响力不断增强,来中国学习的留学生规模也日益扩大。其中一些国家,如泰国、新加坡、巴基斯坦、坦桑尼亚、卢旺达、沙特阿拉伯、也门等国,更是开始设立政府奖学金供学生来华留学。

其三,综合国力和国际竞争力的提升。随着"文化大革命"的结束,我国的工作重心逐渐转移到经济建设方面。在新的历史时期,随着国家政治形势的逐步稳定,中国出现了各行各业全面发展的新局面。改革开放以来,我国经济保持高速增长,年均增速高达9.8%。国内生产总值由1978年的3645亿元迅速跃升至2015年的67.7万亿元;1978年人均国内生产总值仅有381元,2015年人均国内生产总值达到48686元,比1978年增长127倍。不仅如此,人均国民总收入也快速增长。根据世界银行数据,我国人均国民总收入由1978年的190美元上升至2015年的7880美元,已经由低收入国家跃升至中等偏上收入国家。

与经济发展相适应,中国科技实力也取得巨大进步。在1978年3月的全国科学大会上,邓小平高瞻远瞩地提出了"科学技术是第一生产力""四个现代化关键是科学技术现代化"的论断。经过多年努力,一批重大科技成果相继问世,我国在载人航天、载人深潜、基因工程、高性能计算机、新材料、量子信息、3D打印等领域取得了重大突破,交通运输设施及邮电通信业等方面的技术已达世界领先水平,国际竞争力明显提升。所有这些科学技术的进步,自然吸引世界各国学子们的憧憬与羡慕,产生来华留学的意念或心愿。

其四,教育改革与高等教育事业的发展。在邓小平的坚持与指引下,1977年恢复了停摆多年的高考制度。高等教育的恢复与发展,犹如教育事业的"龙头",带动了整个国家学校教育的进步和发展。中国的教育事业日新月异,中国很快成为世界上受众最多的教育大国。进入21世纪后,中国高等教育的发展取得了巨大历史进步,已经跨入了由高等教育大国向高等教育强国迈进的发展阶段。

与之同时,经过"211""985"重点建设,我国一批基础条件好的高校快速向研究型大学跨越与转型。在此期间,我国建成了一批重点学科、一批前沿新兴学科和交叉学科。高等院校已然成为孕育高层次人才的摇篮和科技创新、科技发明的重要阵地,在国家创新体系中发挥着不可替代的作用。全国高校总体水平也在不断提高,办学质量实现跃升。

总之,20世纪70年代后,我国的外交形势得到很大改善,在联合国的地位得到恢复后,与中国建交的国家日益增多。改革开放后,我国经济发展迅速,综合国力和国际竞争力大幅提升,高等教育事业也快速发展。所有这些,都为来华留学教育的发展奠定了坚实的基础。

二、发展态势的回眸

纵观1973年以来40年间的来华留学教育,其学生规模迅速扩大,学生类别更加丰富,学生生源国不断增加,学生选习专业的学科层面也日益宽泛而丰富。在这一历史时期,就来华留学教育体制及发展规模而言,其发展历程大致经历了三个阶段:第一个阶段是1973年至十一届三中全会前,来华留学教育处于恢复阶段,在管理上仍延续着中华人民共和国初期的体制,但来华留学生人数并未恢复至1966年的水平。第二个阶段是十一届三中全会后至1989年间,在这一时期,外国学生来华留学方式开始多样化,高校可以接收自费来华留学生,但这些自费来华留学生主要是个人自费来华作短期留学,而来华作长期留学的外国学生,其招生工作仍主要由教育部负责,并享受中国政府给予的奖学金。1990年至2013年,则可划为第三阶段,这一阶段,来华留学教育的管理体制发生了重大变革,以致来华留学教育得到较大发展。

(一)1973—1977年间外人来华留学概况

1973—1977年,受极左思潮的影响,来华留学教育举步维艰,发展缓慢。前文已述,1972年,中国政府为帮助坦桑尼亚联合共和国和赞比亚共和国培养铁路运输管理人才,开始接收200名学生来华学习。但是,"文化大革命"期间,我国正式恢复接收外国学生来华留学,则始自1973年。至1976

年年底，我国共接收来自65个国家和地区的1667名外国学生来华学习。[①]在此期间，随着时间的推移，来华留学的人数也在逐年增加。在这一历史阶段，中国政府仍是来华留学教育的主体，以政治外交为目的，给予来华留学生无偿援助。斯时，几乎所有以学习为目的来华的外国学子，均能够获得政府奖学金。然而，应该言明的是，这一时期的来华留学生，并没有研究生层次的受教者。

总体来看，1978年以前的数年间，虽说自1973年起就恢复招收外国学子来华留学，但其时来华留学生教育形式单一，学生规模较小，而且学生来源明显受到中国的外交关系或者说国际关系的影响。究其原因即在于，其时中国仍处于计划经济时代，来华留学生教育与计划经济同步，招收的国际学子都来自与我国有着外交关系的国家，学生规模是国家间商定好的，招生工作主要委托中国驻外使领馆按照计划完成，学生所习专业或学科以及接收来华留学生的院校也是由教育部等中央部门所指定，经费基本来自中国政府或与外国政府间交换国际学生支持的渠道。一句话，其时来华留学生教育的发展与中国经济基础、对外关系及开放程度和体制变革程度相同步。

（二）1978—1989年间外人来华留学概况

改革开放后，随着中国综合国力的增强及对外交往的深入，慕名前来中国留学的外国学生也在不断增加。推动学生流动的因素不外乎两个方面：一方面是高等教育的需求方，即学生及家长；另一方面则是高等教育的供应方，即大学和高等教育机构。十一届三中全会后，随着中国高等教育容纳量的扩大，高等教育开始向大众化教育阶段迈进。更重要的是，我国高等教育质量的提高同样举世瞩目，希望来华接受高等教育的外国学子日益增多。这一历史时期，我国来华留学教育有了很快的发展。如在1980年，来自76个国家和地区的来华留学生，共计1374名，分布在我国42所高等学校的52个专业学习，另有5个国家的62名学者来我国作短期研究工作。[②] 此后，一直到1989年，我国来华留学生规模稳步上升。1978年，来华留学生在校人数为1236人，至

[①] 金铁宽主编，唐光雄、李玉非副主编：《中华人民共和国教育大事记 第2卷》，山东教育出版社，1995，第1005页。

[②] 金铁宽主编，唐关雄、李玉非副主编：《中华人民共和国教育大事记 第2卷》，山东教育出版社，1995，第1241页。

1989年已增至6379人。

虽说这一时期国家并未认识到留学教育的产业性质，更没有形成市场化的教育理念，但在1978年，我国开始招收自费来华留学生，而且随之在次年，国务院批准了《关于接受自费外国留学生收费标准问题的请示》，为自费来华留学提供了政策依据和收费标准。据相关资料，在1978年，我国仅招收自费来华留学生29人。至1980年，我国接收来自53个国家和地区的自费来华留学生569名。到1981年，自费来华留学生就增至1809人，首次超过了获得奖学金的人数1631人。就自费来华留学生言之，1978—1989年间，我国按照年在校生累计统计自费来华留学生达26522人。不过，这一时期的自费来华留学者主要是短期的来华留学生。由于这一时期，中国对外开放刚刚起步，希望前来了解中国的学生大都始于学习中国语言与文化。而在此际，由于中国的教育体制尚未全方位改革，来华留学生教育体制也处于教育部等部门统一管理，高校在对国际学生的管理上尚未有过多自主权。直至1989年，中国政治体制进一步扩大，与之相应，高校也有了更多的办学自主权，于是高校对外教育交流随之扩大并深入，来华留学生教育无论生源国的扩充抑或学生规模的扩大，以及对来华留学生开放专业的多样化，都促成来华留学教育进入一个新的发展阶段。

（三）1990—2013年间外人来华留学概况

1989年，教育部正式出台《关于招收自费外国留学生的有关规定》，自此，高校可以接收自费来华留学生，且由学校自主决定招收来华留学生的数量，不占用国家下达的计划招生指标。这一规定是自1978年开始招收自费来华留学生以来首次国家政策规定。从此，高等院校招收自费来华留学生有了政策法规上的依据，同时大大增强了高校招收来华留学生的自主权，由是自费来华留学生规模迅速增加。加之，原国家教委将接收留学生院校的审批权下放至省、市、自治区教育主管部门。这些举措，极大地调动了各校发展来华留学教育的积极性。毋庸置疑，这一政策的出台，掀起了来华留学教育的新篇章。

翌年，全国有资格接收来华留学生的高等院校已达100余所。及至1992年，中国进入深化改革、扩大开放、建设有中国特色社会主义事业的新时期。与之相适应，来华留学教育也迎来了一个空前的大发展时期。其时，中央政府要求建立"与社会主义市场经济体制和政治体制改革相适应的教育新体制"。为此，政府开始转变职能，在留学教育方面，国家教委主要负责宏观指导和调控。对高等院校而言，拥有了更多的办学自主权，成为了来华留学教育的主体。

值得言及的是，在这一时期，自费来华留学逐渐成为来华留学的主流方式。如1992年，全年来华留学生总人数达14000余名，其中自费来华留学生的在校人数首次超过10000人。此后数年，随着自费来华留学生的在校人数在增长，总体来华留学生的人数一直在攀升。如在1994年和1995年两年间，来华留学生在校人数比前一年增加达10000名左右，分别增到近26000名和36000名。到1996年，我国招收来华留学生的院校已发展至289所，来华留学生在校人数上升到41000余名，其中自费来华留学生在校人数近37000名，国际舆论称其为"留华热"。在此期间，来华留学生在校人数平均递增速度超过30%，其中自费来华留学生的增长速度超过了40%。无论增长速度抑或增长数量，自费来华留学生均超过了政府奖学金学生。

及至1998年，东南亚地区发生了严重的金融危机，尽管如此，来华学习的外国学生人数仍保持着稳定的规模。进入21世纪以来，中国经济经过多年积累，迅速发展成世界前四位的经济体。随之仅用了10来年的时间，中国更成为世界第二大经济体，综合国力有了很大的提升，自然对世界的影响也在进一步加强。与此同时，中国的教育规模和质量以及科技实力也渐为世人瞩目，选择来华学习汉语及各类专业的国际学子，年平均增幅达到16%以上，来华留学生人数处于稳步上升的态势。[1]2001年，来华留学生在校人数首次与我国出国留学生人数持平，达到61869人。到2002年，来华留学生在校人数上升为85829人，跻身世界12强之列。2003年，由于受非典疫情的影响，来华留学生人数有所下降，但仍有77715人。与2002年相比，全年在华学习的外国学生人数减少了9.45%。但在2004年，我国来华留学生规模同比增长创历史新高，增幅达到42.63%，是近10年来增幅最大的一年，也创造了中华人民共和国成立以来来华留学教育的四个"最多"：一是来华留学生人数最多；

---

[1] 根据教育部国际合作与交流司编的《来华留学生简明统计》2000—2013年相关资料整理而成。

二是来华留学生绝对数量增加最多；三是来华留学生生源国数量最多；四是来华留学生所入学校数目最多。

自2004年以后，来华留学生规模每年都以较大幅度在增长。据相关数据，2011年来华留学生在校人数约29.3万人，占全球留学生的6.8%。2012年来华留学的外国学生约32.8万人，比上年增加了3.5万人。在2010年至2012年间，来华留学生人数年均自然增长率为11.3%。2013年，共计有来自200个国家和地区的356499名学生来华留学。这些学生主要分布在我国31个省、自治区、直辖市的746所高等学校、科研院所，与2012年相比，来华留学生总数增加28169人，接收留学生单位数增加56个，① 来华留学生总数、接收来华留学生单位数均创新高。按照我国各省（区、市）分布排序统计分析，2013年，接收留学生排名前10位的省（区、市）依次为北京、上海、天津、广东、浙江、江苏、辽宁、山东、湖北、福建，人数均超过10000人。按照学生类别统计分析，2013年来华接受学历教育的留学生总计147890人，其中，硕士研究生30828人、博士研究生9774人；来华接受非学历教育的留学生计208609人。②

纵观1973—2013年间来华留学教育的发展态势，可用"迅猛"二字形容。尤其是1989年以来，自国家允许高等院校自主招收自费来华留学生后，不仅一些教育大省或直辖市如湖北省、江苏省、北京市、上海市等来华留学生增长速度加快，规模迅速扩大，而且就全国范围言之，来华留学生规模除2003年受非典疫情影响外，连续多年来一直处于快速发展的状态之中。这一时期，各国来华求学的学生从各种不同渠道纷纷前来中国，以"留华生"的身份加入中国各高校的学生队列，促使来华留学教育进入了全专业、多层次、高增率的发展阶段。

---

① 根据教育部国际合作与交流司编的《来华留学生简明统计》2012—2013年相关资料整理而成。
② 根据教育部国际合作与交流司编的《来华留学生简明统计》2011—2013年相关资料整理而成。

第二节　新时期来华留学教育制度变迁

自1973年恢复来华留学教育以来,为使外人来华留学管理更加规范化,做到在法律上有据可依,在制度上有章可循,在不同的历史时期,针对不同的教育情形,我国先后制定和颁行了一系列有关外人来华留学的政策和法规,以建构来华留学生的教育和管理制度。这些政策和法规,成为来华留学教育的指导性文件,有些内容至今还发挥着作用。1973年至2013年间,中国对外人来华留学的管理,以20世纪90年代为界,可分为两个历史时段。自1973年开始正式恢复来华留学教育以来,我国的来华留学教育进入恢复时期;进入20世纪90年代后,随着苏联的解体,中国对外交往的扩大,我国的来华留学教育进入发展时期。

一、恢复时期的外人来华留学

20世纪70年代初,随着我国国际政治形势的变化和国际威望的逐步提升,联合国恢复了我国的合法席位。在此外交形势下,世界各国纷纷提出向我国派遣留学生的请求。为此,我国于1973年开始正式接收外国学生来华留学。但值得注意的是,其时的外人来华留学事业,不再由教育部管理,改由国务院科教组负责。国家科委则于1967年与中国科学院合并。1970年6月22日,中共中央批准精简国务院机构的方案,将各部、委、直属机构由原来的90个精简、合并为27个,教育部被撤销,并成立国务院科教组,主管原教育部和国家科委的工作,任命李四光为组长。①

国务院科教组成立后不到三年,经国务院批准,1973年5月22日,国务院科教组与外交部联合,向国务院提交了《关于1973年接受来华留学生计划和留学生工作若干问题的请示报告》,决定恢复来华留学教育工作。在此次

---

① 中共中央党史研究室第二研究部:《中国共产党历史第2卷》注释集,中共党史出版社,2012,第251页。

请示报告中,针对外人来华留学,外交部与国务院科教组指出如下九个问题:

(一) 1973年,是我(国)"文化大革命"以来第一次大批接受外国留学生。各国要求派来的学生数字很大,不可能完全满足。拟本着既要考虑各国的要求,又要考虑我们的条件和可能,照顾重点,兼顾一般的原则办理。对阿尔巴尼亚、越南、朝鲜、罗马尼亚等国的要求将尽量满足;对亚、非、拉已建交的友好国家有重点地、少量地赠给奖学金名额;对欧洲、北美、大洋洲、日本等国一般不提供奖学金,根据对等的原则,按有关协议适量接受;对各国友好人士和美籍中国学者的子女,拟保留少量自费生名额,个别的也可视情况给予奖学金。

1973年接受外国留学生数,拟定为总数不超过500名。其中,由我(国)提供奖学金者300名。过去,越南、朝鲜、罗马尼亚等国同我(国)有垫款协定,除越南改由我(国)提供奖学金外,其他仍按原来协定办理。接受留学生的名额分配,见附表(一)(略)。

(二)接受留学生的类别,限于入我(国)高等学校学习的大学生、选课大学生和进修生三类。留学生应具备如下条件:自愿来华学习,政治上对我(国)比较友好,大学生具有高中毕业以上文化程度,进修生具有大学毕业程度,身体健康,并能遵守我国法令及校规,坚持完成学习计划。

(三) 外国留学生一般先集中到北京语言学院学习一年左右汉语,然后视汉语运用能力,转入专业学习。接受留学生的城市和学校,拟集中在北京、上海、天津、武汉、杭州、广州等开放城市。接受专业限于一般专业。有些专业,如艺术、农林,由于目前尚不具备接受条件,所以未予安排,但从长远考虑,仍需有所安排。其中农林专业,拟在近似亚、非、拉多数地区气候条件的广东和广西各选择一所农林院校,待准备就绪,再行接受。1973年拟接受留学生学习的专业见附表(二)(略)。

(四) 出面接受留学生的单位,应统一归口:凡属政府派来的,由国务院科教组出面接受,对外联系暂由外交部新闻司负责;凡通过兄弟党派来的，由中联部出面接受；在华外国专家子女，由外交部出面接受。

（五）对留学生管理教育的方针是：政治上积极影响，但不强加于人；学习上严格要求，认真帮助；生活上严肃管理，适当照顾。

1. 在进行思想政治工作中，要加强调查研究，根据不同对象、不同特点，区别对待，从学习、生活入手，多做友好工作。

2. 对留学生中发生的问题要具体分析，慎重处理。如因我们工作缺点错误造成不良影响，应及时检查纠正，并向留学生说明；如系留学生不合理要求，应耐心教育和解释；如对方政治上同我观点不同，或对我有怀疑、误解，应正面阐明我立场、观点，求同存异；对个别蓄意挑衅攻击、诬蔑我党和国家的，应据理驳斥，严正表明我立场。

3. 留学生一般不参加我学生的政治活动。对于有进步思想的外国留学生，又自愿参加的，可酌情安排参加中国学生的一般政治活动。

4. 教学计划内安排的劳动，留学生应参加，但应与中国学生有所区别，时间不宜太长。本人不愿参加者不予勉强。留学生因不参加这些活动而空余的时间，学校应安排他们补习课程。

5. 政治理论课应作为必修课，如本人不愿参加学习，可以申请免修。

（六）对外国留学生，免收学费、医疗费。由我国提供奖学金的留学生，在华学习期间，大学生每人每月发给生活费人民币100元；进修生人民币120元。他们来华、学成归国或回国休假旅费均由派遣方负担，双方另有协议或经我特殊批准者除外。

（七）尊重外国留学生的民族风俗习惯和宗教信仰，并提供必要的方便。

（八）做好外国留学生工作是我们应尽的一项国际主义义务，也是促进我国同各国间文化交流、增进我国人民同各国人民之间的友谊的一条重要渠道。我们必须以路线为纲，加强党的一元化领导，依靠群众，做好有关人员和群众的国际主义教育及外事方针、政策的教育工作，反对大国沙文主义。

（九）有关外国留学生的政治活动管理，由省、市、自治区外事部门负责；专业学习由教育部门负责，公安、商业、卫生、文化、体育等部门应予支持和协助，共同搞好这项工作。①

请示报告对1973年我国接收来华留学生的方针、类别、国别进行了具体的规定。其中就接收来华留学生所属国别而言，我国主要采取"照顾重点，兼顾一般"的原则办理。

请示报告同时指出，我国接收来华留学生的单位，应统一归口：凡属政府派来的留学生，由国务院科教组接收，对外联系暂由外交部新闻司负责；凡通过兄弟党派来的留学生，由中联部（中国共产党中央委员会对外联络部）接收；在华外国专家子女，由外交部接纳。是年，该项请示报告即得到国务院的批准。1973年，我国共接收43个国家和地区的416名外国留学生。②这是1966年停止接收外国学生以来我国正式恢复接收来华留学生。由此，我国恢复了来华留学教育工作。然而，其时的来华留学教育，仍沿用中华人民共和国初期的教育体制。为使来华留学教育工作顺利进行，1974年，国务院批准了《关于外国留学生教学和管理工作的暂行规定》。

翌年1月17日，在第四届全国人大一次会议上，根据中共中央的提议，教育部正式恢复，周荣鑫被任命为部长。自此，国务院科教组被撤销。是年7月15日，经国务院批准，教育部设政治部、办公厅、计划司、高等教育司、普通教育司、业余教育司和外事局。由是，外人来华留学事业再次转由教育部负责。自此而后，为做好来华留学生的接收工作，教育部制定了一系列有关外人来华留学的政策与方针。如1975年2月，教育部制定了《关于1975年接受来华留学生的几点意见和具体计划》；1976年1月，教育部、外交部颁布了《关于接受外国留学生入中国高等学校学习的规定》。在1976年的规定中，将来华留学生的类别分为大学生与进修生两类：大学生按中国高等学校学制、教学计划进行学习。学习年限为三年。学习期满、成绩合格者，由

---

① 何东昌主编：《中华人民共和国重要教育文献（1949年—1997年）》，海南出版社，1998，第1500页。
② 李滔主编：《中华留学教育史录（1949年以后）》，高等教育出版社，2000，第816页。

学校发给毕业证书，不授予学位（其时中国尚无学位制度）。进修生固定在一所高等学校，由学校单独开班，按规定的进修内容学习。学习年限为一年，发给学习证明文件。凡不能用汉语直接进行专业学习或进修者，必须先学习汉语一年，再分配到有关学校学习或进修专业（学习汉语的年限不包括在学习或进修专业年限内）。

"文化大革命"后期，随着国家政治形势的逐渐稳定，我国虽出台了一些有关外人来华留学方面的方针政策，然而，受其时政治思潮的影响，来华留学教育事业仍处于徘徊期。然而，不能否认的是，在此期间，为改变上述情状，中国政府做出了不少努力。如为加强对来华留学生的管理，1977年10月20日，教育部、外交部联合颁发试行《外国留学生政治活动管理的暂行规定》。为提高来华留学生的教学质量，1977年12月17日，国务院批准教育部、外交部的报告，决定从1978年起，凡来我国高等院校就读的外国学生，要出具高中毕业证书，提供高中学习成绩单。学习理、工、医科的留学生，要在来华前进行数、理、化基础知识的考核等。

1978年，教育部增设留学生管理司，负责外人来华留学事务。不久，教育部开始从招生工作入手，第一次实行在国外考试录取来华留学生的办法。为扭转来华留学教育工作的被动局面，1979年1月，教育部、外交部、文化部和公安部在北京联合召开第二次外国留学生工作会议，参加会议的代表共180余人。会议充分肯定了1962年的《外国留学生工作试行条例（草案）》，指出1962年经中共中央批准的对外国留学生管理工作的方针是正确的，今后将继续认真贯彻执行。在此次会议上，根据我国对外开放的新形势，对1962年的草案进行了修订，颁发了《外国留学生工作试行条例》（修订稿）。是年5月3日，国务院批转此次会议的报告，次日，教育部、外交部、文化部、公安部联合发出通知，试行《外国留学生工作试行条例》（修订稿）。该条例共10章60条，主要内容包括总则、接收工作、教学工作、思想政治工作、政治活动的管理、生活管理、社会管理、经费开支、组织领导、附则等。与之前的《外国留学生工作试行条例（草案）》相比，此次修订对我国接收和培养来华留学生的宗旨、方针及培养目标等，在一定程度上进行了修改、调整和加强。从该条例第一章"总则"即可见一斑。现将"总则"的具体内容

列示如下:

(一)接受和培养外国留学生(以下简称留学生),是我国应尽的一项国际主义义务,也是促进我国同各国间文化交流,增进我国人民同各国人民间的友谊,并为加速实现我国的社会主义现代化建设服务的一项重要工作,必须积极认真地做好这项工作。

(二)接受留学生,应遵循我国的外交政策,根据我国的可能,采取坚持标准、择优录取、创造条件、逐步增加的方针。

(三)必须认真负责地做好留学生的培养教育工作。对留学生的培养目标是:根据我国的教育制度和教学计划或经双方商定的学习计划,结合留学生的不同情况,培养他们成为能够基本掌握所学专业的基础理论、专业知识和实际技能,身体健康和对中国友好的人才。

(四)对留学生管理教育工作的方针是:学习上严格要求,认真帮助;生活上适当照顾,严肃管理。

(五)对留学生要做深入细致的思想工作,启发他们积极地学习,自觉地遵守我国的法令、规定和学校的纪律;同时,又必须建立一套必要的和可行的规章制度,严肃地进行管理。

(六)必须加强留学生工作的领导,保证方针政策的统一,留学生工作由教育部归口管理,各有关部门、地方分工负责,密切协作,保证做好这项工作。

(七)教育部应经常同派遣国驻华使馆交换有关留学生工作的意见,争取他们的密切合作,以求共同做好对留学生的教育和管理工作。有关院校亦可与外国驻华使馆就留学生学习、管理工作方面的一般性问题直接交换意见。①

由上述文字可知,其时,中国政府接收来华留学生的政策,不再局限于"精选少收、分别对待",而是"坚持标准、择优录取、创造条件、逐步增加"。而就留学生管理教育工作的方针言之,第二次全国来华留学生工作会议认为,

---

① 李滔主编:《中华留学教育史录(1949年以后)》,高等教育出版社,2000,第892—893页。

1962年采取的"学习上严格要求,认真帮助;生活上适当照顾,严肃管理"的方针是完全正确的,今后应继续认真贯彻执行。缘此,在修订稿中,对来华留学生的管理教育工作的基本原则和精神并未作改变。

几乎同一时间,为调动来华留学生的积极性,同时方便他们毕业后回国就业,中国开始为来华留学生设计学位制度。1979年4月,教育部、外交部、文化部、公安部联合起草了《关于外国留学生工作会议的报告》,其中提出"建立学位制度,向留学生颁发学位证书"的建议。是年5月3日,该项建议得到国务院的采纳。

1980年2月12日,在第五届全国人民代表大会常务委员会第十三次会议上,通过了《中华人民共和国学位条例》。该条例自1981年1月1日起开始实施。在此条例中,将学位分为学士、硕士、博士三级。而且,学位条例对学士、硕士与博士学位的要求都做了具体的规定:

> 第四条 高等学校本科毕业生,成绩优良,达到下述学术水平者,授予学士学位:
> （一）较好地掌握本门学科的基础理论、专门知识和基本技能;
> （二）具有从事科学研究工作或担负专门技术工作的初步能力。
> 第五条 高等学校和科学研究机构的研究生,或具有研究生毕业同等学力的人员,通过硕士学位的课程考试和论文答辩,成绩合格,达到下述学术水平者,授予硕士学位:
> （一）在本门学科上掌握坚实的基础理论和系统的专门知识;
> （二）具有从事科学研究工作或独立担负专门技术工作的能力。
> 第六条 高等学校和科学研究机构的研究生,或具有研究生毕业同等学力的人员,通过博士学位的课程考试和论文答辩,成绩合格,达到下述学术水平者,授予博士学位:
> （一）在本门学科上掌握坚实宽广的基础理论和系统深入的专门知识;
> （二）具有独立从事科学研究工作的能力;

（三）在科学或专门技术上做出创造性的成果。①

就来华留学生而言，条例第十五条规定，在我国学习的外国留学生和从事研究工作的外国学者，可以向学位授予单位申请学位。对于具有本条例规定的学术水平者，授予相应的学位。从此，来华留学生学位制度开始建立。其后几年，经过研究和准备，我国将接收来华留学生的类别扩大至本科大学生、硕士研究生、博士研究生、普通进修生、高级进修生和研究学者六类。

经国务院批准，1980年1月，教育部设办公厅、干部司、政策研究室、计划司、高等教育一司、高等教育二司、科学技术局、政治理论教育司、中学教育司、小学教育司、中等专业教育司、工农教育局、学生管理司、师范教育司、民族教育司、体育司、留学生管理司、外事局、生产供应管理局和基本建设局。其中，留学生管理司主要负责来华留学和出国留学事务。是年4月，留学生管理司和外事局合并为外事局。

1984年12月，教育部、外交部、文化部、公安部等部门联合召开了第三次全国来华留学生工作会议，出席此次会议的人士有14个省、市、自治区的教育、外事、公安部门，20个部委、59所高校的有关负责人或有关干部，还有10个驻外大使馆的有关官员，共200人。会议认为，接收和培养来华留学生是智力援外中一项具有战略意义的工作。为此，会议在总结多年外国留学生工作经验的基础上，对1979年版《外国留学生工作试行条例》（修订稿）进行了修改、补充，制定了《外国留学生管理办法》。

1985年6月18日，为加强对教育工作的领导，在第六届全国人大常委会第十一次会议上，决定设立国家教育委员会（简称"国家教委"），教育部即予撤销。国家教育委员会是国务院主管教育工作的综合部门，主要负责掌握教育工作的方针、政策，统筹安排整个教育事业的发展规划，指导、组织和协调有关教育方面的工作。自此，外人来华留学事业也划归国家教育委员会管理。因此，《外国留学生管理办法》的制定，实属国家教育委员会负责。1985年10月14日，经国务院批转，以国发第121号令，正式公布了《外国留学生管理办法》。该办法共8章43条，在第一章"总则"与第二章"接受

---

① 国务院法制办公室编：《中华人民共和国教育法典》，中国法制出版社，2016，第201页。

工作"中,对中国接收外国留学生的基本原则及来华留学生的类别,做出了如下具体规定:

第一章　总则

第一条　接受和培养外国留学生(以下简称留学生),是我国应尽的国际主义义务,也是促进我国同各国教育、科技、文化交流和经济贸易合作,增进我国人民同各国人民之间的友谊和了解的一项具有战略意义的工作,应当积极认真地做好。

第二条　接受留学生应当遵循我国的对外政策和教育制度,兼顾派遣国情况,贯彻坚持标准,择优录取,创造条件,逐步增加的方针。

第三条　留学生的教学和培养,基本上根据各类学校制订的教学计划进行,但可以结合留学生的情况和要求,作必要的调整。

第四条　对留学生,应当在学习上严格要求,认真帮助;政治上积极影响,不强加于人;生活上适当照顾,严肃管理。

第二章　接受工作

第五条　接受留学生的类别分为中专生、专科生、本科生、研究生和进修生。留学生限于选学我国对外开放的专业。绝密专业一般不接受留学生。机密专业接受留学生,应当由学校报上级主管部门审批后,报国家教育委员会备案。

第六条　凡以政府名义接受的留学生,由国家教育委员会审批;各院校在完成国家任务的前提下,通过校际交流或其他途径接受的留学生,由接受院校审定,报上级主管部门和国家教育委员会备案。

第七条　留学生的文化水平、年龄和健康状况等,须符合我国接受留学生的规定。留学生来华后须遵守我国的法律和学校的规章制度。

报考理、工、农、医、管理等学科的本科和报考研究生的,均需按规定参加入学考试(另有协议者除外)。报考本科成绩不合格而又接近录取标准的,可入预科学习一年,结业考试合格后升入本科学习,否则入专科或中专学习,或作退学处理。对报考研究生成绩不合格的,可作进修生安排。进修生的专业一般应当与本人原专业一致。

  第八条 来华学习的留学生应当持普通护照。凡持外交、公务、特别（或官员）护照的，入学前应当由有关驻华使馆出具照会，声明其在华学习期间放弃有关特权，并向我国公安机关办理相应手续。①

  由上述材料不难看出，与之前的《外国留学生工作试行条例》（修订稿）相比，在接收来华留学生的方针及类别方面，《外国留学生管理办法》均进行了补充。如就我国接收来华留学生的方针而言，此前在修订稿中指出，应当"遵循我国的外交政策，根据我国的可能"来接收外国学生，在此次出台的管理办法中，加入了"兼顾派遣国情况"。可见，在外人来华留学管理方面，我国的方针政策正逐步走向完善。再如在接收来华留学生的类别方面，此前仅限于"入我国高等学校学习的大学生、研究生和进修生"三种，而在管理办法中，将接收来华留学生的类别范围扩大，分为"中专生、专科生、本科生、研究生和进修生"等。与之同时，我国对部分来华留学生有了基本的要求。如对报考理、工、农、医、管理等学科的本科生与研究生，均要求其参加入学考试（另有协议者除外）；报考本科成绩不合格而又接近录取标准的学生，可入预科学习一年，结业考试合格后再升入本科学习，否则入专科或中专学习，或作退学处理；对报考研究生成绩不合格的学生，可作进修生安排，进修生的专业一般应当与本人原专业一致。如此种种，不难看出，上述管理办法的出台，是对中华人民共和国成立以来接收、培养外国留学生工作经验的总结，该项办法的制定，标志着中国外人来华留学管理开始进入制度化、规范化的阶段。

二、新时期的外人来华留学

  自1990年起，随着苏联的解体，两个超级大国和东西方各国对峙的冷战局面得以结束。在此特殊国际形势下，中国的外人来华留学教育进入新的发

---

① 广东省财政厅编：《广东省社会文教行政财务制度选编（1982—1985）》（下），广东省财政厅，1985，第576—578页。

展时期。

进入新时期以来，在中共中央"抓住机遇、深化改革、扩大开放"正确方针的指引下，我国与世界各国之间的交往逐步扩展。外交关系的发展，为我国接收来华留学生创造了良好的外在条件。20世纪80年代后期，中央领导明确指出，要从根本上解决来华留学生的管理教育问题，总结几年来的经验，制定出政策。这个问题成为我国来华留学教育工作进入20世纪90年代后的首要问题。①自此，我国为进一步促进来华留学教育的发展，实施了三项重大举措：其一，开放高等院校直接接收自费来华留学生；其二，为来华留学生专门制订学位制度；其三，确立了开放的三级教育管理体制。

就自费来华留学生言之，改革开放以前，来华留学生主要分为两种：一是两国之间的交换留学生；二是中国政府单方面提供奖学金的留学生。至于来华留学的自费生，仅占少数，而且，所谓"自费"，大多名不副实。自费来华的学生，除伙食费自行负担外，每人每月交住宿费10元，每学期交教材费5元，其余费用均免收。②1978年，我国开始接收自费来华留学生，由国家教委直接录取和招生，再安排国内高校接收。为减轻国家负担，1979年3月，经国务院批准，教育部转发了《关于接受自费外国留学生收费标准问题的请示》的通知，明确了招收自费来华留学生的收费项目与标准，使"自费"二字真正意义上做到名副其实。但是，各高等院校不能自主决定招收自费来华留学生的名额，更不能自主决定自费来华留学生的学费标准。

随着改革开放的深入发展，自费来华留学生日益增多。为进一步做好自费来华留学生的招生工作，1989年6月13日，国家教育委员会公布了《关于招收自费外国来华留学生的有关规定》，对我国招收自费来华留学生进行了如下七项规定：

（一）外国留学生在华费用，包括学费、住宿费、伙食费、医疗费、教材费及教学计划之外的实验、实习、专业参观等费用均由留学生本人负担者，称自费生（含）短期来华留学人员。

---

① 季明明主编：《中国教育行政全书》，经济日报出版社，1997，第1597页。
② 李滔主编：《中华留学教育史录（1949年以后）》，高等教育出版社，2000，第928页。

（二）普通高等院校要求接受自费生，必须具备接受外国留学生的教学、生活、管理等条件，要有管理外国留学生的机构，并经省、市、部委一级教育主管部门批准。

经批准接受外国留学生的高等院校，由省、市、部委负责报国家教委备案。

（三）接受自费生的工作是涉外工作，学校领导要充分重视。在一所学校内，接受外国留学生的工作由学校主管外国留学生工作的机构归口负责。

（四）自费生要求来华学习，由其本人直接向招生院校提出申请，招生学校根据有关规定决定录取事宜。

（五）自费生来华签证须凭《外国来华留学人员审批登记表》（JW202），向我驻外使（领）馆办理来华学习签证（X签证）。

（六）《JW202表》由省、市、部委一级教育主管部门统一掌握，并根据接受留学生院校的申请负责发放。

（七）有关院校的招生简章（含收费标准），请迳（径）寄派遣方及留学生本人，并寄送我驻外使（领）馆、省、市、部委教育主管部门和国家教育委员会。①

可见，具备接收来华留学生学习、生活等条件的普通高等学校，同时拥有管理外国留学生的机构，并经省、市、部委一级教育主管部门批准后，可以自主接收自费来华留学生。自《关于招收自费外国来华留学生的有关规定》公布后，高等院校不仅可以自主招收自费来华留学生，而且进一步扩大了接收来华留学生的范围，自费来华留学生不仅包括学历生（本科生、研究生），亦包括非学历生（进修生、短期留学生）。

随着国家对外贸易的发展，人民币与美元之间的兑换汇率波动较大，加上国内物价上涨等方面的因素，1997年，国家对1989年制定的自费外国来华留学生收费标准加以修订，并对接收自费来华留学生的报名费、学费、住宿

---

① 杨放主编：《教育法规全书》，南海出版公司，1990，第1296页。

费标准给予指导性规定。①此次对自费来华留学生费用的规定，不同于之前的数次统一规定。此次修订，对自费来华留学生的报名费、学费、住宿费等给予一个指导性的区间范围，各院校可以根据自己学校的情况自行确定本校自费来华留学生的费用标准。

在某种意义上，自费来华留学生招生制度的逐渐确立和完善，对我国来华留学教育具有重要意义。其一，招收自费来华留学生，开启了新的来华留学渠道，让更多愿意来中国学习的外国学生可以自由选择来华留学的院校和专业；其二，招收自费来华留学生，扩大了高等院校的教育自主权，也增加了高等院校对外进行教育交流的机会。

20世纪80年代末，我国调整接收来自非洲国家学生的政策，实施减少本科生、增加研究生和进修生，用外语授课接收研究生和进修生的政策。进入20世纪90年代后，随着我国高等教育质量的提高，来我国攻读学位的留学生规模日益扩大。在我国学位制度实施的过程中，由于来华留学生生源国实际情形不同，在学位授予时难免发生一些问题。因此，本着"既要遵守我国现行学位制度的原则精神，又要考虑世界各国，特别是第三世界国家的实际情况，做到实事求是，保证质量"的原则，我国决定在部分普通高等院校试行《关于普通高等学校授予来华留学生我国学位试行办法》。该试行办法，由国务院学位委员会于1991年10月24日正式颁布。在试行办法中，对来华留学生获得学士、硕士、博士学位的要求进行了明确规定，其具体要求如下：

第五条 普通高等学校培养的来华留学本科生，符合本试行办法的规定，经审核准予毕业，达到学位条例第四条规定的学术水平者，授予学士学位。具体要求如下：

（一）通过本专业规定的基础理论课程、专业主干课程的考试和选修课程的考查。

（二）初步掌握汉语。要求具有使用生活用语和阅读本专业汉语资料的初步能力。《中国概况》应作为来华留学本科生的必修课

---

① 国家教育委员会、国家发展计划委员会：《关于调整自费来华留学生收费标准的通知》（1998年2月24日）。

来安排和要求。

（三）完成有一定工作量的本科毕业论文（毕业设计或其他毕业实践环节，下同）。

....

第七条　普通高等学校培养的来华留学硕士生，符合本试行办法的规定，通过硕士学位的课程考试和论文答辩，成绩合格，达到学位条例第五条规定的学术水平者，授予硕士学位。

第八条　来华留学硕士生申请硕士学位，应在学习期间通过本专业规定的学位课程考试以及其他必修和选修课程的考试或考查。具体要求如下：

（一）基础理论课和专业课，一般为3～4门。这些课程应作为学位课程来安排和要求。

（二）汉语课。对于在我国获得学士学位、再次申请来华攻读硕士学位者，要求具有使用生活用语和阅读本专业汉语资料的能力；对于在他国（含派遣国，下同）获得相当于我国学士学位学术水平的学历证书者，要求具有使用生活用语的初步能力。《中国概况》应作为来华留学生的必修课来安排和要求。

（三）选修课。各学科、专业可以根据来华留学硕士生攻读硕士学位的需要，开设一些选修课。

在他国已经修学相应学科、专业硕士学位课程的来华留学生申请攻读我国硕士学位，普通高等学校及其学科、专业根据申请人提供在他国修学的课程名称、成绩单以及两名专家（相当于副教授及其以上职称人员）的推荐信等材料，组织同行专家组（由副教授及其以上职称人员3～5人组成）对其已经修学的硕士学位课程进行审查、审核、考试或考核。凡经专家组认可的课程，可以免修；否则应按本条规定重新修学有关课程。

凡未达到上述要求者，可以在一年内补修或重修有关课程；仍未达到上述要求者，不能参加论文答辩。

....

第十五条　普通高等学校及其学科、专业，应根据来华留学博士生进行科学研究工作的需要开设必要的课程。学位申请者应在学习期间通过本专业规定的课程考试。具体要求如下：

（一）基础理论课和专业课。要求在本门学科掌握坚实宽广的基础理论和系统深入的专门知识。

（二）汉语课。对于在我国获得硕士或学士学位、再次申请来华攻读博士学位者，要求具有使用生活用语和阅读本专业汉语资料的能力；对于在他国获得相当于我国硕士学位学术水平的学历证书者，要求具有使用生活用语和阅读本专业汉语资料的初步能力。《中国概况》应作为来华留学博士生的必修课来安排和要求。

（三）一门外国语（除派遣国母语和汉语以外）。要求具有阅读本专业资料的初步能力。可作为选修课来安排和要求。

凡未达到上述要求者，不能参加论文答辩。[①]

除上述要求外，试行办法对来华留学生撰写论文的语言进行了规定：攻读我国哲学、经济学、法学、教育学、文学、历史学以及艺术、中医和临床医学等专业的学士、硕士和博士学位的来华留学生，应用汉语撰写和答辩毕业论文；攻读其他学科、专业的学士、硕士和博士学位的来华留学生，其本科毕业论文、硕士学位论文和博士学位论文可以用汉语、英语和法语撰写和答辩。[②]

至1994年12月，国家教委发布了《普通高等教育学历证书管理暂行规定》及其实施细则，该项规定同时在来华留学生中执行。该项规定指出，来华留学生的毕业证书，包括博士生、硕士生、本科生毕业证书，由国家教委统一制作。各高等院校可自行制订向来华留学生发放学历证书的实施办法，亦可向来华留学生发放外文译文副本。[③]从某种意义上讲，学位制度的确立，使我国高等教育在学位管理方面与国际普遍采用的高等教育管理制度接轨。这在

---

① 何东昌主编：《中华人民共和国重要教育文献（1949年—1997年）》，海南出版社，1998，第3224—3225页。

② 何东昌主编：《中华人民共和国重要教育文献（1949年—1997年）》，海南出版社，1998，第3225—3226页。

③ 国务院法制办公室编：《中华人民共和国教育法典》，中国法制出版社，2016，第276页。

很大程度上不仅解决了来华留学生回国后的学位认证问题，还吸引了更多的外国学生来华留学。

1989年以后，随着我国教育事业的发展，来华留学生教育进行了体制改革。之后，经过多年的发展，我国完善了来华留学生管理体制，在多年的来华留学工作中形成了一套国家、地方和学校三级各司其职的开放管理体制：

其一，中央政府部门成为政策的制定者和教育发展的引路者。在改革过程中，教育部或国家教委作为中央管理部门，逐渐实现权力下放。教育部在外人来华留学管理中的职能已然发生了重大改变。1989年以前，来华留学生的招生都需要通过教育部或国家教委审批，在很大程度上限制了高等院校的积极性和主观能动性。1989年，国家教委将接收来华留学生院校的审批权下放至省、市、自治区教育主管部门，且来华留学生的招生数额由学校自主决定，不占国家下达的计划招生指标。这一举措，极大地调动了各校发展来华留学教育的积极性。自招生权力下放后，国家教委作为中央管理部门，不再实行具体招生工作，主要承担全国来华留学教育工作的统筹、管理，负责制定接受来华留学生的方针、政策，协调指导各地区和学校的来华留学教育工作，监督来华留学生的管理工作和教育质量，审批高等院校及机构接收来华留学生的资格等事项。1998年3月，根据《国务院机构改革方案》，国务院将国家教育委员会更名为教育部，成为国务院政府组织部门，受国务院领导。自是而后，来华留学教育再次归教育部统一管理。

除教育部与国家教委外，1997年，我国成立国家留学基金管理委员会（Chinese Scholarships Council，简称"留基委"，英文简称CSC）。国家留学基金管理委员会主任由时任国家教委副主任的韦钰兼任，委员由国家教委、财政部、国家计委、人事部、中科院、中国工程院、国家自然科学基金委、外国留学生教育管理学会和出国留学工作研究会等部门的代表组成。自成立后，国家留学基金管理委员会承担了国家教委委托的大量工作，特别是在政府奖学金生的招生及日常管理工作的改革方面，做了很多有益的尝试，取得了明显的效果。由于中国政府奖学金生招生工作具有特殊性，至今仍由教育部协同外交部、财政部等中央部门确定招生名额，后委托中国驻外使领馆或部分外国驻华使（领）馆执行具体的选送工作。国家留学基金管理委员会同高等院校协商同意录取后，正式发放录取通知书及签证申请表。

随着来华留学生规模的日益增大，中国高校对外交流与开放日益深入。2008年，为了招收高质量的来华留学生，教育部开始实行中国政府奖学金生的自主招生制度，即教育部将当年的部分中国政府奖学金名额分配到高等院校，由高等院校自主招收优秀的外国学生来华留学。但是，这些来华留学生，必须是来华攻读硕士或博士学位的学生。首批实行自主招生项目的高校，主要是985高校和少数有特色的高校。嗣后，实行自主招生的高校扩大至211高校及有特色专业项目的高校、处于边境地区的高校及省教育厅。

其二，地方政府成为管理的监督人。前文已述，在1962年出台的《外国留学生工作试行条例（草案）》中，规定各有关省、市、自治区党委和外事办公室，应加强对留学生工作的领导，并指定适当部门负责有关留学生的日常管理教育工作。①该规定对地方政府在来华留学教育和管理工作中的定位，一直持续至1989年。在此期间，来华留学生的方针和政策的制定，均由教育部、外交部、公安部等部门与来华留学生相关的中央管理部门制定，而来华留学生的教学和日常管理工作，则由高等院校直接负责。故而，地方政府没有太多实质性的工作。

至1989年，国家教委规定高等院校可以自主决定招收自费来华留学生的名额，且将自费来华留学生的录取审批权下放至各省、市、自治区教育主管部门和外事办公室。此后，在外人来华留学管理中，地方政府获有了重要的职能，即审批自费来华留学生的招生，并监督、管理来华留学生的日常工作。2000年1月，教育部、外交部和公安部联合发布《高等学校接受外国留学生管理规定》（又称9号令）。该规定明确指出，高等学校接收外国留学生，由省、自治区、直辖市教育行政部门会同同级外事和公安部门审批，并报教育部备案。此外，省、自治区、直辖市教育行政部门负责本地区高等学校接收外国留学生工作的协调管理，外事、公安等有关部门，协助教育行政部门和高等院校做好外国留学生的管理工作。②随着来华留学教育事业的发展，尤其是自费来

---

① 李滔主编：《中华留学教育史录（1949年以后）》，高等教育出版社，2000，第317页。
② 国务院法制办公室编：《中华人民共和国教育法典》，中国法制出版社，2016，第486页。

华留学生的不断增添，省、自治区、直辖市等教育行政部门和外事管理部门，发挥着重要的审批和协助管理的职能。

其三，高等院校成为来华留学教育和管理的主体。改革开放以来，随着中国教育体制的改革，在来华留学教育和管理中，高等院校的自主权日益扩大，同时也被赋予更大的管理权限。1985年，国家发布《关于教育体制改革的决定》，规定高等学校"有权利用自筹资金，开展国际教育和学术交流"。由此，中国第一次扩大接收来华留学生高等院校的范围及招收来华留学生的自主权。根据规定，高等学校要接收来华留学生，需经教育部审批。因此，一些高等院校要求简化审批手续，开放高等院校接收来华留学生的自主权。

1989年，国家教委发布了《关于招收自费外国来华留学生的有关规定》。该规定说明，普通高等院校若要接收自费来华留学生，必须具备接收外国学生的教学、生活、管理等条件，同时要有管理外国学生的机构，并经省、自治区、直辖市一级教育主管部门批准；批准后，报国家教委备案。外国学生如有意向申请自费来华留学，可以直接向高等院校提出申请，由高等院校对其入学资格进行审核，决定是否录取，最后报省、自治区、直辖市教育主管部门审批即可。该项规定进一步扩大了接收来华留学生高等院校的范围。与之同时，高等院校接收来华留学生，由省、自治区、直辖市等教育行政部门会同同级外事和公安部门审批，报教育部备案，不再需要教育部的审批，大大简化了审批手续。更重要的是，赋予高等学校自主招生的权力，使我国高等院校能够直接面对留学生市场。

从1998年开始，经国家教委研究决定，选择一些各方面条件比较好的学校进行试点，试点院校从招生、入学考试标准、教学内容、学籍管理、生活管理、结业考试到发放毕业文凭等环节，实行一条龙自主管理。在这些试点院校取得经验后，再在全国范围内分期分批铺开。需要补充的是，高等学校接收的中国政府奖学金生，申请需由教育部审批。在接收来华留学生的学校内部，必须由校级领导分管本校的外人来华留学工作，并设有管理外国留学生事务的归口机构。

在三级管理体系中，教育部、地方教育管理部门和高等院校分工明确，明细合理：作为中央管理部门的教育部，是方针、政策及规划的制定者，是来华留学教育的引导者、质量监控者；省、自治区、直辖市的教育管理部门，是来华留学教育的管理协调者和监督者；高等教育机构，是来华留学教育和管理的主体，具体负责来华留学生的招生、教学和日常管理。不难看出，扩大高等院校的办学自主权，可以更大力度和更广范围发挥高等院校的积极性和主观能动性，有助于促进来华留学教育的发展。

第三节 新时期来华留学生日常管理变化

中华人民共和国成立伊始，对新成立的人民政府而言，来华留学教育绝对是一项新鲜事物，没有任何历史经验可以参考。在很长一段时间内，我国对来华留学生的日常管理处于"摸着石头过河"的状态。1973年正式恢复来华留学生的招收工作后，我国对外人来华留学的日常管理虽然积累了初步的经验。然而，由于此前我国对来华留学生的日常管理带有浓烈的"特殊化"色彩，尤其政治味道较重，1973—2013年间我国对来华留学生的日常管理，仍然依循"历史的惯性"，经历了较长一段时间的"特殊化"管理阶段。不过，随着我国教育体制改革的深入以及国门打开后对外交流的日益扩容，我国对来华留学生的日常管理在管理理念、教学管理及社会管理等方面，都不断地发生着较大的变化。

一、来华留学生日常管理理念的演变

中华人民共和国成立后很长一段时间，我国处于对来华留学教育的摸索阶段，对来华留学生的行为和要求并没有明确的管理规定。直至1962年，教育部制定了《外国留学生工作试行条例（草案）》，开始对来华留学生的学习和日常行为提出基本要求。1973年，我国正式恢复来华留学教育工作。是年，在《关于1973年接受来华留学生计划和留学生工作若干问题的请示报告》中，外交部、国务院科教组明确指出，我国对来华留学生管理教育的方针是"学

习上严格要求,认真帮助;生活上适当照顾,严肃管理"。同时规定,我国接收来华留学生的单位,应统一归口:

> 凡属政府派来的,由国务院科教组出面接受,对外联系暂由外交部新闻司负责;凡通过兄弟党派来的,由中联部出面接受;在华外国专家子女,由外交部出面接受。
>
> ……
>
> 有关外国留学生的政治活动管理,由省、市、自治区外事部门负责;专业学习由教育部门负责,公安、商业、卫生、文化、体育等部门应予支持和协助,共同搞好这项工作。①

在某种程度上,此项规定意味着1973年对来华留学生的管理仍延续了中华人民共和国成立初期的做法,即实行与计划经济相配套的管理模式,由教育部、外交部等部门决定来华留学生的招生与管理。

此后至1985年间,来华留学生的日常管理皆由高等院校具体执行。然而,因来华留学教育属于政治任务,因此,对于来华留学生的一些异动或重大事件的处理,其如小到休学、退学、留级,大到违法乱纪等行为的处理,高等院校均没有权力决定,须上报教育部、外交部或公安部门批准。如此一来,在对来华留学生的管理过程中,高等院校即处于不敢管或不好管、管不好的状态。至1985年,《外国留学生管理办法》做出如下规定:

> 对留学生的成绩考核、升级与留(降)级、休学与退学的管理,原则上应当与中国学生相同。预科学习的不留级。凡实行学分制的院校按各校规定办理。若有关驻华使(领)馆索取留学生的成绩单和学习评语,可由学校直接提供。②

时隔两年,在《关于加强和改进外国来华留学生管理工作的通知》中,国家教委、外交部、公安部再次强调:对来华留学生违反校纪的事件,以学校为主按校纪处理;违犯法律的事件,由当地公安、司法部门为主依法处理,有关院校予以协助。至此,在政策、法规上,才真正将来华留学生当作普通

---

① 何东昌主编:《中华人民共和国重要教育文献(1949年—1997年)》,海南出版社,1998,第1500页。
② 李滔主编:《中华留学教育史录(1949年以后)》,高等教育出版社,2000,第913页。

学生而非国际贵宾对待。

然而，不得不做出说明的是，自 1973 年恢复来华留学教育起，至 20 世纪 80 年代末，来华留学生在日常生活方面，一直受到中国政府及高等院校的"特殊照顾"。其主要原因在于，来华留学教育既是重要的外交手段，同时还是一项"国际主义义务"，因此，其时对来华留学生的日常管理，受到多种因素的干扰，仍处于中华人民共和国初期的"特殊照顾"状态。此处所言的"特殊照顾"，主要体现在以下三个方面。

其一，在食宿安排上，我国为来华留学生修建了专门的宿舍和食堂。1974 年，在《关于外国留学生教学和管理工作的暂行规定》中，国务院科教组、外交部指出：

> 外国留学生要求与中国同学同吃同住，应予支持，但要坚持自愿原则。中外学生同住，可以同楼同室或同楼不同室；如条件许可，对外国留学生到中国学生食堂就餐的要求，可予满足。①

由此不难看出，在吃住问题上，我国对来华留学生予以特殊照顾。1977 年，教育部向国务院提交了《关于解决外国留学生用房、用车等问题的报告》，其中即谈道：

> 各校留学生用房（包括宿舍、食堂、浴室等）尽可能利用现有房屋，加以维修或改建。各省、市主管的高等学校（包括下放地方领导的学校），1980 年以前必须扩建的留学生生活用房约六万平方米，需投资八百万元左右，拟从 1977 年起两年内，由教育部商同国家计委专案安排基建投资，并指定用途分配给有关省、市。各部、委主管的高等学校，扩建留学生生活用房所需投资，原则上仍由有关部、委负责安排。请有关省、市将扩建留学生生活用房列为重点工程，并组织施工，按时完成。②

时隔两年后的 1979 年，为满足国家扩大接收来华留学生规模的要求，教育部要求各接收院校完成基建任务。自是而后，国家教委在 1990 年和 1992

---

① 何东昌主编：《中华人民共和国重要教育文献（1949 年—1997 年）》，海南出版社，1998，第 1529 页。
② 李滔主编：《中华留学教育史录（1949 年以后）》，高等教育出版社，2000，第 927 页。

年分别下发了《关于改善高层次外国留学生住房条件的通知》与《关于加强外国留学生食堂管理工作的通知》，专门要求接收来华留学生的高等院校改善来华留学生的住宿和伙食条件。因此，一直以来，大部分来华留学生的住宿条件皆比中国学生优越。

其二，在经费管理上，我国对来华留学生同样实行特殊照顾。自20世纪70年代开始，来华留学奖学金学生的生活费经历了数次调整。如1973年，对于来华留学的越南学生，按照1964年越南所提标准，《外交部、国务院教科组关于四十名越南英语培训干部生活待遇问题的请示》中指出：由我国负担其生活费，大学生每人每月发放37元，进修生和研究生按照每人每月45元发放。① 1974年，在《外国来华留学生经费开支标准的暂行规定》中，国家调整了来华留学生的学习生活费，其中规定：

> 凡享受我国奖学金待遇的外国来华留学生，在华学习期间，大学生每人每月发给人民币一百元，进修生和研究生每人每月发给人民币一百二十元，作为个人在华学习生活费（不足一个月时，按日计算发给）。学习生活费主要用于伙食、服装和日常生活需用。对学习体育、航海、舞蹈专业的学生，在进入专业学习以后，另加发二十元伙食补助费。②

除上述所列外，我国对来华留学生的设备补充费、被褥装备费、烤火费、医疗费、假期活动费、活动费、开门办学实习费、旅费、服装补充费、招待费等，都有相应的特殊规定。1979年，由于全国的主要副食品调价，供应外国人的部分副食品，调价幅度较大。为了照顾来华留学生的生活，教育部、财政部、外交部向国务院请示，请求提高来华留学生的生活标准，后得到国务院的批准。翌年，来华留学生的学习生活费有所提高，大学生每人每月增加到120元，研究生和进修生每人每月增加到140元。此外，对学习体育、航海、舞蹈、戏曲表演、管乐专业的奖学金生，每月另加发伙食补助费人民币25元，其他费用也都有了相应调整，但变化不大。③

---

① 李滔主编：《中华留学教育史录（1949年以后）》，高等教育出版社，2000，第918—919页。
② 李滔主编：《中华留学教育史录（1949年以后）》，高等教育出版社，2000，第921页。
③ 李滔主编：《中华留学教育史录（1949年以后）》，高等教育出版社，2000，第934—935页。

进入 20 世纪 80 年代后，国家根据当时的生活水平，再次提高了来华留学生的学习生活费标准。1984 年，我国公布了《外国来华留学生经费开支标准的规定》。该规定自 1985 年 2 月 1 日起实行。其中规定：

> 凡享受我国奖学金的留学生（以下简称"奖学金生"），在华学习期间，中专生每人每月发给学习生活费人民币一百三十元；专科生和本科生每人每月发给人民币一百五十元；普通进修生、硕士研究生每人每月发给人民币一百七十元；高级进修生、博士研究生每人每月发给人民币一百九十元。①

此外，对进入专业院校学习体育、航海、舞蹈、戏曲、管乐专业的奖学金生，每月另加发 30 元伙食补助费。值得一提的是，对在广东、福建、甘肃、黑龙江、吉林、辽宁等 6 省学习的奖学金生，还发给地区补助费：广东、福建每人每月发给 30 元；其他 4 省每人每月发给 10 元。这是中国首次对来华留学生分发地区补助费。上述标准一直执行到 1991 年。

1991 年，在国家教委、财政部公布的《关于调整来华留学生奖学金生活费用标准的通知》中，中国对来华留学奖学金生的学习生活费用再次提高，即本科生每人每月 320 元，普通进修生和硕士研究生每人每月 350 元，高级进修生和博士研究生每人每月 380 元。② 其后，随着我国人民生活水平的提高和物价水平的上涨，中国政府数次对来华留学生的学习生活费用进行调整，而且来华留学生的学习生活费远远高于同时期中国学生所享受的生活费补助，甚至在一段时期内高于当时中国人民的平均工资水平。此种状况表明，我国仍将来华留学生当成"特殊群体"予以照顾。

其三，在违纪违法问题的处理上，对于来华留学生，中国政府一直强调加强教育，严格要求来华留学生遵纪守法。然而，由于来华留学生身份的特殊性，在处理来华留学生违纪违法的问题上，我国难免"从轻发落"。在 1973—1978 年间，我国在来华留学生的社会管理方面，出现不少问题，产生了不良的对外影响。中国政府认识到这一点后，开始出台一些关于来华留学生

---

① 李滔主编：《中华留学教育史录（1949 年以后）》，高等教育出版社，2000，第 936 页。
② 李滔主编：《中华留学教育史录（1949 年以后）》，高等教育出版社，2000，第 943 页。

违纪处理的文件。

为进一步做好来华留学生的管理工作，1974年，国务院批准了《关于外国留学生教学和管理工作的暂行规定》。其中阐明：

> 外国留学生违犯中国法令，情节轻微者及时教育，情节严重或属屡教不改者，应及时报告请示，依法处理。①

1978年，国务院批准教育部、外交部、公安部《关于做好外国留学生社会管理工作的请示》。请示中提出，学校应经常对来华留学生进行守法教育，让他们清楚自己应该遵守的政策和法令。对来华留学生的违法行为，应根据情节严肃处理，不要姑息。同时指出：

> 对于外国留学生应着眼于多做工作，一般轻微的违法行为，可以由学校或有关部门予以批评教育，必要时可做行政处理。如外国留学生的违法行为需要按照治安管理处罚条例处理的，应经省、市、自治区公安部门批准，其中需要给予拘留处分或逮捕的，应报公安部，并征得外交部、教育部的同意后，按照法律程序办理。②

此外，在1979年《外国留学生工作试行条例》（修订稿）中，明确提出：

> 当来华留学生在社会上发生轻微的违法行为时，由当事单位批评教育。如来华留学生不接受教育，必要时由公安机关出面处理，学校予以协助。③

由上可见，在相当长的一段时期内，中国对来华留学生的违纪处理皆以批评教育为主。在实际操作中，由于来华留学生涉及范围较广，处理起来更加困难。无论是高校还是公安机关，在处理的过程中，都会对来华留学生进行"适当照顾"。直至1985年，《外国留学生管理办法》公布后，我国才明确规定：

> 涉及留学生工作的部门和单位要建立必要的规章制度，做好社会管理。当留学生违犯纪律、规章制度或有轻微违法行为时，由当事单位批评教育或依照规定予以处理；如当事单位制止无效，应当

---

① 李滔主编：《中华留学教育史录（1949年以后）》，高等教育出版社，2000，第878页。
② 李滔主编：《中华留学教育史录（1949年以后）》，高等教育出版社，2000，第879—880页。
③ 李滔主编：《中华留学教育史录（1949年以后）》，高等教育出版社，2000，第896页。

> 报请公安机关出面协助处理。
>
> ……………
>
> 对留学生的违法犯罪行为，应当按照我国的法律，由公安、司法机关负责处理。①

至此，我国对来华留学生在纪律上的要求才开始真正严格起来。

进入 20 世纪 90 年代后，随着我国对来华留学生管理体制的改革及高等院校自主权的增加，我国开始有意识地转变特殊化的管理模式，逐步对来华留学生进行规范化管理，并在管理的同时加强服务意识。自此开始，我国对来华留学生的日常管理进入规范化、人性化阶段。20 世纪 90 年代，随着来华留学生规模的日益扩大，我国颁布了一系列政策和规定，以规范来华留学生的管理与服务，对来华留学生的行为规范进行了明确要求。1992 年颁布的《中国汉语水平考试（HSK）办法》，1996 年颁布的《外国人在中国就业管理规定》，1997 年 3 月公布的《外国留学生奖学金年度评审暂行办法》，2000 年颁布的《高等学校接受外国留学生管理规定》（以下简称"9 号令"），2000 年公布的《关于实施中国政府奖学金年度评审制度的通知》，2001 年颁布的《关于中国政府奖学金的管理规定》等，这些文件在来华留学教育管理中的影响很大。

上述文件中使用时间最长的是 2000 年颁布的 9 号令，对我国外人来华留学管理具有指导性意义。该法令在招生、教学管理、校内管理、社会管理、奖学金制度、出入境手续等方面，都做出了相应而合理的规定，为来华留学教育和管理提供了非常明确的指导性意见。20 世纪 90 年代，就中国政府奖学金的管理而言，我国已然形成了一套规范化的管理制度。1997 年 3 月，原国家教委办公厅发出通知，颁布《外国留学生奖学金年度评审暂行办法》，开始试行外国留学生奖学金年度评审制度。2000 年，教育部再次发出《关于实施中国政府奖学金年度评审制度的通知》，且正式发布了《中国政府奖学金年度评审办法》，包括考察中国政府奖学金生的学习情况、行为表现和奖惩情况三个方面。其中指出，高等院校根据自己的教学和管理规定，评审奖学金生是否有继续享受或恢复享受中国政府奖学金的资格，给出"合格"或者"不

---

① 李滔主编：《中华留学教育史录（1949 年以后）》，高等教育出版社，2000，第 914—915 页。

合格"的评审意见,以及是否继续提供或者中止、取消奖学金的建议。国家留学基金管理委员会根据高等学校的评审意见和建议,决定是否继续向奖学金生提供中国政府奖学金。此种举措,在很大程度上规范了中国政府奖学金生的行为,同时为高等院校中国政府奖学金生的管理提供了依据。

中国政府对中国政府奖学金生生活费标准的调整,加上 1997 年及 2000 年颁布的对中国政府奖学金生年度评审的规定,表明中国政府及高等院校对奖学金生的管理日趋理性。随着自费来华留学生规模的迅速扩大,中国政府奖学金生所占来华留学生数量的减少,以及对来华留学生理性化和规范化的管理,来华留学生已经开始脱离被"特殊照顾"的氛围。

20 世纪 90 年代初期,国家有意改变对来华留学生在各方面的"特殊照顾"。尤其进入 21 世纪以来,随着来华留学生规模的迅速增加,国家对来华留学生在各方面的管理趋于规范化。在此过程中,高校的自主权也日益增加。首先,为推动来华留学教育的进一步发展,教育部制定了《留学中国计划》,在来华留学教育的政策保障、教育管理及管理体制方面做了详细规定。《留学中国计划》的颁布实施,进一步巩固和加强了高校在来华留学生事务管理方面的自主权。在来华留学管理政策和法规的指导下,各高等院校的工作理念也在转变。为进一步加深来华留学生对学校的认同感和归属感,各高等院校相继推行趋同化改革,希望中外学生交流融合,且能够突破来华留学生与中国学生教育、管理和服务体系的壁垒,使双方在教学内容、考核标准、文体活动等方面都得到不断趋同。

其次,在对来华留学生的管理过程中,高校有据可依、有章可守。上述系列文件的出台,为高校的管理提供了政策依据和保障。如此一来,高校可以根据国家的文件精神和规定,对来华留学生的学习和生活以及行为,制定相应的规范要求,让来华留学生明确自己可以做和不可以做的事情。在此政策的保障下,高等院校可以放开手脚,大胆管理并做到规范化管理。作为对来华留学生进行日常管理和教育教学的主体单位,高校对来华留学生的管理更加具体和深入,对来华留学生的违规行为或不良行为可以及时监控、管理并予以处理。

纵观 1973—2013 年间中国政府及高等院校对来华留学生的日常管理,经历了由"特殊照顾"到"规范管理"的转变,这与来华留学教育的实践发展紧密相关。然而,由于来华留学生在高等院校学生群体中的特殊性,高等院校或政府对他们"特殊照顾"的意识虽然在逐渐淡化,但始终不能彻底抹除"特殊照顾"的色彩。

二、来华留学生的教学管理

外国学生来华后,最主要的目的即学习知识,了解中国和中华文化,故而我国对来华留学生的教学管理,是决定来华留学生学习任务完成情况的重要影响因素。为此,我国一直都很重视来华留学生的教学质量。在第二次全国来华留学生工作会议后,《教育部、外交部、文化部、公安部关于外国留学生工作会议的报告》中指出:

> 留学生工作千头万绪,但中心工作是教学工作。抓好教学,培养出合格人才,是做好留学生工作的主要标志。①

其实,在不同的历史时期,我国对来华留学生的学习方式、学习内容、学籍学历管理、授课语言以及考核和毕业要求虽有不同的规定,但指导原则变化不大,即贯彻"严格要求,认真帮助"的精神,对来华留学生进行教学指导。

1973年以来,来华留学生的类别呈多样化发展,不仅有普通进修生、语言进修生、高级进修生,而且还包括本科生、硕士研究生和博士研究生等。因此,我国在来华留学生的教学安排上具有一定的灵活性。如针对语言进修生,我国一直采取单独分班的形式进行授课,原因在于,限于来华留学生的语言水平,不可能与中国学生同班授课。而针对其他类别的学生,在《教育部关于外国留学生入中国高等院校学习的规定(1980年)》中,教育部做出如下要求:

> 本科大学生,应严格按照学校的教学计划学习,原则上同中国学生合班上课;普通进修生,根据商定的专业和学校的教学计划进行学习(包括系统地学习专业课和听专题讲座等)。学校一般不为

---

① 李滔主编:《中华留学教育史录(1949年以后)》,高等教育出版社,2000,第881页。

之配备导师；高级进修生，以自学为主，学校配备导师，定期指导。①

需要补充说明的是，除汉语进修生外，我国对其他类别来华留学生的专业课教学，原则上都执行和中国学生统一或双方商定的计划。能和中国学生合班上课者，与中国学生一起上课，同时加强辅导；不能合班的（或暂时不能合班的）则单独安排，配备政治过关、业务水平较高的教师担任来华留学生的教学任务。1981年，我国在来华留学生中实行学位制度后，来华学习的硕士研究生和博士研究生也逐渐增加。我国对这些来华留学的硕士研究生、博士研究生的教学管理，与中国研究生基本相同。自1973年以来，中国各有关高校对来华留学生的教学管理，基本上都遵循上述原则，能够灵活安排。

在来华留学生学习内容方面，除所学专业及汉语外，国家对来华留学生在政治理论课、体育课、计算机课及外语课等公共课程方面的要求，也有别于中国学生。对中国学生而言，一些公共课程如政治课和体育课均为必修课，但对来华留学生而言，则为选修课。如本人不愿意参加政治理论课学习，可以申请免修。同时，来华留学生一般也不像中国学生那样参加军训、学军和民兵活动。值得一提的是，对于来华留学生，我国在其学习政治理论课、公共体育课、"中国概况"、汉语及外语课程上，另外做出了一定的要求。

就学习政治理论课及公共体育课而言，1979年以前，高校对来华留学生学习这两门课的要求同中国学生一样。1979年，《外国留学生工作试行条例》（修订稿）公布后，明确规定：

> 政治理论课对于学习哲学、政治经济学和马列主义基础专业留学生应作为必修课，对于学习其他专业的留学生，可作为选修课，不考勤，不考绩。
>
> ……………
>
> 公共体育课作为选修课，不考勤、不考绩。②

此后直至2000年，对于来华留学生公共课程的管理，高等院校一直沿用

---

① 李滔主编：《中华留学教育史录（1949年以后）》，高等教育出版社，2000，第854页。
② 李滔主编：《中华留学教育史录（1949年以后）》，高等教育出版社，2000，第894页。

上述规定。2000 年，教育部、外交部、公安部又发布了《高等学校接受外国留学生管理规定》。该文件规定：

> 高等学校应当根据学校统一的教学计划安排外国留学生的学习，并结合外国留学生的心理和文化特点开展教育教学活动。在确保教学质量的前提下，可以适当调整外国留学生的必修和选修课程。
>
> ……
>
> 政治理论应当作为学习哲学、政治学和经济学类专业的外国留学生的必修课，其他专业的外国留学生可以申请免修。①

比较上述 1979 年的《外国留学生工作试行条例》（修订稿），在相关课程上，此项规定灵活和宽松了不少，直至今日，仍然作为高等院校设置来华留学生课程的工作指南。

就来华留学生学习"中国概况"而论，为便利来华留学生了解中国的基本情况，1979 年，在第二次全国来华留学生工作会议上，时任教育部副部长的浦通修在报告中明确指出，高等院校应在来华留学生学习基础汉语的阶段，开设"中国概况"讲座，作为选修课。2000 年，9 号令中明确规定，汉语和"中国概况"应当作为接受学历教育的外国留学生的必修课。②

作为我国高等学校培养来华留学生的基本教学语言，汉语为来华留学生的必修课。在学习专业课程之前，我国会对外国学生集中强化训练汉语，为专业学习打下基础。高校一般不为来华留学生开设除汉语以外的外语课程。若少数留学生要求学习除汉语之外的语言，学校会安排其与中国学生一起上课学习。若要求学习外语的来华留学生人数众多，可单独成班，由高校为他们单独安排外语课。如在 1974 年《国务院科教组转发关于外国留学生教学和管理工作的暂行规定的通知》中明确规定，在专业学习期间，对外国留学生仍需根据具体情况开设必要的汉语课，但一般不开设汉语以外的其他外语课，如确系专业需要，本人又提出申请，学校可根据实际情况适当予以安排。③

---

① 国务院法制办公室编：《中华人民共和国教育法典》，中国法制出版社，2016，第 486 页。
② 国务院法制办公室编：《中华人民共和国教育法典》，中国法制出版社，2016，第 486 页。
③ 李滔主编：《中华留学教育史录（1949 年以后）》，高等教育出版社，2000，第 877 页。

除课程安排及教学内容外，在考勤、休学、退学等方面，我国对来华留学生皆有明确规定。针对来华留学生的教学，高校基本严格执行教学管理制度。不同的历史时期，在来华留学生的考勤方面，中国政府和高等院校的要求基本一样：与中国学生同样进行成绩考核、纪律考勤；对学习优秀的留学生，给予表扬、奖励；对无心学习、违反校纪校规、破坏公共财产、打架斗殴者，视情节轻重给予不同处理，包括纪律处分或追究刑事责任。此外，来华留学生不得无故请假或旷课。如因事、因病需请假的，按学校的教学管理规定办理。各派遣国的节假日，学校不予放假，如来华留学生在此期间请假，可酌情准假，但学习期间不得请假旅行。

对来华留学生而言，连续请假两个月以上不能跟班学习者，作休学或留学处理。休学者保留学籍一年。无故旷课，按学校规定受校纪处分，情节严重者，令其退学。因学生的健康问题或其他情况需对其作休学或退学处理时，应由学校领导批准，并书面通知派遣国驻华外交、代表机构或派遣单位。如留学生本人要求休学、退学，或由派遣方召回时，需由派遣国驻华使（领）馆或派遣单位向我国教育部或学校出具证明。根据国家有关规定，高等学校对来华留学生进行学籍管理。近年来，中国建立了完整的来华留学生学籍电子注册和学历电子注册制度。与中国学生不同之处在于，高等学校在对来华留学生作勒令退学或开除学籍处分时，应当报省级教育行政部门备案。当受到上述处分者为国家计划内招收的中国政府奖学金生或由教育部国际交流与合作处、国家留学基金管理委员会代为管理的外国政府奖学金生时，学校还应当书面通知国家留学基金管理委员会。

除学习外，我国大学生在本科学习期间，要参加专业实习或参加与专业相关的社会实践活动，以保证教育教学质量。从1961年教育部颁布《高等学校学生生产实习暂行规程》（草案）以来，我国陆续颁布了《关于部属高等学校生产实习问题的通知》（1980年）、《普通高等学校、中等专业学校生产实习经费开支办法》（1982年）、《国务院转批国家教委关于改进和加强高等学校生产实习和社会实践工作的报告的通知》（1987年）、《关于加强高等学校生产实习和社会实践工作的报告的通知》（2001年）、《关于进一步加强高等学校本科教学工作的若干意见》（2005年）等规定，要求大学生或中等专业学校学生参加生产实习和社会实践。

就来华留学生专业实习和社会实践活动言之,由于来华留学生(除汉语进修生外)基本与中国学生一起合班上课,因此,在教学计划中,来华留学生也有参加生产实习和社会实践活动的要求。这在《外国留学生工作试行条例》(修订稿)中,有过明确规定:

> 对留学生只安排结合专业的生产劳动,不安排他们参加社会公益劳动,如留学生要求参加,也可酌情同意。留学生一般不参加中国学生的学工、学农、学军和民兵活动。留学生因不参加这些活动而空余的时间,学校应安排他们进行业务学习。
>
> 有关部门和学校,应根据教学计划的规定,认真负责地安排留学生的专业实习和实践活动,以保证教学质量。留学生的专业实习和实践活动尽可能与中国学生一起安排。对文科的留学生,除组织一般的参观访问外,还应安排他们短期到工厂或农村去,了解与专业学习有关的情况。
>
> 国务院各有关部委和地方,应该选定一些厂矿、企业、公社、医院和学校,作为留学生的固定实习场所。①

在1979年的《教育部、外交部、公安部关于安排外国留学生专业实习和实践活动的试行办法》中同样指出,来华留学生的实习计划,由学校每学年初(10月)一次提出,或分两次于每学期初(3月及10月)提出,报学校的上级主管部门(同时抄报教育部),由学校的上级主管部门予以联系安排。来华留学生去外地进行专业实习和实践活动,应按规定向当地公安机关办理旅行、申报户口手续,并遵守外国侨民旅行居留的有关规定。②来华留学生外出专业实习和实践活动的经费开支、乘坐车船的标准,可按一般教职工标准办理;实习期间的住房,尽可能在实习单位解决,如实习单位确实无法解决时,可在旅馆住普通房间,住房费用由学校统一开支,伙食费由来华留学生本人自理。此后,国家一直在为来华留学生的专业实

---

① 李滔主编:《中华留学教育史录(1949年以后)》,高等教育出版社,2000,第894页。
② 李滔主编:《中华留学教育史录(1949年以后)》,高等教育出版社,2000,第899页。

习和实践活动提供一定的资助。甚至到 2000 年，9 号令明确规定，有关部门应当为外国留学生正常的学习和社会实践活动提供方便，收费标准应当与中国学生相同。

当来华留学生学习期满后，在来华留学生的毕业与结业方面，我国对其管理方式和要求基本与中国学生相同：对来华学习的学历生，修业期满且成绩合格者，颁发毕业证书，并按照《中华人民共和国学位条例》授予相应的学位。硕士和博士研究生考试合格并通过论文答辩者，授予硕士、博士学位；成绩不合格者，颁发结业证书。对来华学习的非学历生，如普通进修生、高级进修生，完成进修计划者，颁发进修证书，不授予学位。凡中途退学者，发给肄业证书，证书上注明学习年限。

三、来华留学生的社会管理

来华留学生远离自己的祖国，来到中国学习，除了要学习中国的语言及专业知识，还需要了解中国的基本情况及传统文化。在日常生活中，来华留学生一般都会参与到社会活动中，会与中国的老师、学生乃至其他社会人士进行交流。如此，即涉及对来华留学生的社会管理。来华留学生参与社会活动，是来华留学教育中不可或缺的重要组成部分。我国对来华留学生的社会管理，主要体现在以下几个方面，即中央政府、地方政府、高校及相关单位。三者共同保护来华留学生的正当权益和安全，鼓励留学生与中国人民的正常交流和交往，并依法处理来华留学生的违法行为等。由于前文对来华留学生正当权益、安全保护及对来华留学生违法行为的处理已有所述，因此，这一部分将着重从来华留学生的社会活动管理方面进行分析。

中华人民共和国成立初期，由于中国的封闭政策，来华留学生与中国学生基本被隔离开来，因此，这些外国学生与中国社会也基本处于隔离的状态。加之，由于来华留学生的文化背景差异，他们与中国人民的交流和交往极为有限。为改变来华留学生和中国学生长期处于隔离状态的局面，1978 年 4 月 3 日，教育部、外交部、公安部向国务院提交了《关于做好外国留学生社会管理工作的请示》，其中明确表示：

（一）对外国留学生社会管理工作的指导思想，应该着眼于增进外国留学生对中国的正确了解和友谊。既要教育留学生自觉地遵守中国的法令和有关政策，尊重我国的风俗习惯，又要依法保护留学生的正当权益和安全。要敢于管理、善于管理，坚持贯彻群众路线的工作方法。

（二）有外国留学生的省、市外办和公安部门及有关院校，要经常对广大群众进行毛主席革命外交路线、方针、政策及外事纪律的教育。要教育群众对外国留学生友好相待，不卑不亢。允许留学生同中国公民正当的接触，尽可能使外国留学生受到良好的影响。[①]

是年4月29日，该项请示得到国务院的批准。这是改革开放以后国家第一次正式发布关于做好外国留学生社会管理工作的通知。由此可见，中国政府一直鼓励来华留学生与中国人民的友好交往，并要求相关部门负责组织来华留学生的社会活动。

为进一步改变来华留学生同中国社会隔离的状况，在1979年召开的第二次全国来华留学生工作会议上，时任教育部副部长的浦通修指出，要教育来华留学生遵守中国的法令和尊重中国人民的风俗习惯，对于社会上个别人利用同留学生的来往，进行违法和伤风败俗的活动，要按照法律和有关规定进行处理，"要改变目前外国留学生同中国社会隔离的状况"[②]。此后，随着来华留学生人数的逐渐增加及中国对外开放程度的日益深化，多数高校开始有意识地鼓励来华留学生与中国学生或当地人民群众进行交往，以促进留学生对中国国情的了解，加深他们对中国的友谊，加强他们对中国社会和文化的认同。

除积极鼓励来华留学生参加社会活动外，在我国正式恢复接收来华留学生后的一段时间，国家对来华留学生的假期安排有一定的特殊性。长期以来，来华留学生享受我国的节假日和寒暑假，暑假稍长于中国学生，一般不少于一个月。对来华留学生生源国的节假日一般不放假，但若来华留学生提出申请，

---

① 李滔主编：《中华留学教育史录（1949年以后）》，高等教育出版社，2000，第879页。
② 李滔主编：《中华留学教育史录（1949年以后）》，高等教育出版社，2000，第886页。

会酌情批准。此外，中国政府和高等院校也十分关心来华留学生的假期生活，并组织他们参加一些集体旅行、参观等活动。各校学生会组织的各种文化体育活动，也会尽量吸引来华留学生参加。在《关于做好外国留学生社会管理工作的请示》中，明确要求：

> 要关心外国留学生的假期生活，尽可能组织他们参加有意义的集体旅行参观等活动。如外国留学生利用假期去我国开放城市自费单独旅游，一般也应该允许。由学校统一规定报名时间并到公安部门办理旅行签证手续，要求外国留学生到旅游部门办理委托，住宿才有保证。考虑到留学生的实际情况，除旅馆住宿费按一般外宾收费外，可不配响（向）导，不租宾馆车辆，不在宾馆用餐。学习期间外国留学生请假去外地旅游，一般不应同意。①

时隔两年后的1980年，教育部、财政部公布了《关于外国留学生经费开支标准的规定的修改意见和补充说明》，其中对来华留学生的假期活动做了明确指示：

> 组织留学生假期活动，应尽可能就近安排，小型多样，少花钱多办事。如组织奖学金生集体到外地参观旅行，时间不能超过两个星期，距离不宜过远，参观的城市和地方不宜过多。②

其后，在教育部等部门多次下发的通知或文件中，都有关于组织来华留学生（奖学金生）参观旅行或活动经费使用办法的文字说明。如1984年，在《外国来华留学生经费开支标准的规定》中，即规定学校每两年可在寒暑假期间组织留学生集体到外地旅行一次。参加旅行的奖学金生，自付伙食费，所需交通费、住宿费由学校负担。自费来华留学生的各项费用，由来华留学生本人承担。

再如1992年，在国家教委、财政部颁布的《外国来华留学生经费开支标准及管理办法》中，同样明确规定，为增进来华留学生对我国的正确了解，各校应积极主动地开展宣传、教育工作。学校可利用假期集体组织奖学金生

---

① 李滔主编：《中华留学教育史录（1949年以后）》，高等教育出版社，2000，第880页。
② 李滔主编：《中华留学教育史录（1949年以后）》，高等教育出版社，2000，第935页。

到外地参观旅行,原则上每两年组织一次,时间不超过两个星期。参观的城市和地点不宜多,相互之间的距离要近些,应本着注重政治影响效果、坚持勤俭节约的原则,尽可能就近安排。奖学金生假期活动费由学校统一掌握使用。预算标准为:规模在50人以上的,每人每年300元;规模在50人(含50人)以下的,每人每年350元。参加集体旅行的奖学金生,其交通、住宿及旅游点门票费,由学校负担;伙食费由留学生本人自理。不参加集体旅行的奖学金生,学校不发给假期活动费。此后,来华留学生(奖学金生)的假期活动经费,均按照每年300元执行。直到2014年,国家实行来华留学生经费货币化改革后,不再专项划拨奖学金生的活动经费。

除为来华留学生组织参观、旅行活动外,来华留学生的文体活动也一直受到各高等院校的重视。1979年,在第二次全国来华留学生工作会议上,时任教育部副部长的浦通修强调,要积极开展中外师生广泛自由地交往,开展正当的文化娱乐活动、体育活动、"家访"活动等,要把留学生的主要精力吸引到学习和健康有益的活动中来。① 来华留学生除学习时间外,他们需要与同学、当地人员交往,参加有益的文体活动,有助于引导留学生合理支配课余时间,增加对中国的了解,增进与中国学生之间的友谊和感情。

多年来,来华留学生管理部门一直致力于促进来华留学生与中国学生或留学生之间文体活动的开展。21世纪以来,教育部、国家留学基金委及国家汉办都开展了多种以来华留学生为主体的全国性活动,如教育部主办的"流动中国"、国家汉办主办的"汉语桥"等活动,在来华留学生中引起了很好的反响。与之同时,地方政府也组织了各类区域范围内的活动,如湖北省教育厅主办的湖北省留学生晚会、留学生足球赛等活动,也在很大程度上促进了留学生之间的相互了解。此外,高等院校也在组织来华留学生的文体活动上做了很多工作。以华中师范大学为例,来华留学生的管理部门一直鼓励他们积极参与学校社团、校运动会、篮球赛、足球赛等活动,并安排中国学生志愿者帮助来华留学生。华中师范大学还联系了一些社区作为来华留学生进行社会实践的基地,以促进外国留学生对中国社会的了

---

① 李滔主编:《中华留学教育史录(1949年以后)》,高等教育出版社,2000,第886—887页。

解。

上文所说的"志愿者",指在不为任何物质报酬的情况下,能够主动承担社会责任并且奉献个人的时间及精神的人,联合国将其定义为"不以利益、金钱、扬名为目的,而是为了近邻乃至世界进行贡献活动者"[①]。21世纪以来,随着来华留学生规模的扩大,外国留学生与中国社会的接触日益密切,越来越多的来华留学生也加入志愿者活动中来,成为近年兴起的新现象。如在2008年上海世博会上,很多来华留学生充当志愿者,在世博会上贡献自己的力量。很多高校的留学生成立了留学生志愿者队伍,如华中师范大学"洋雷锋志愿者服务队"、南京有关高校的"南京青奥志愿者服务队"、沈阳医学院"留学生志愿者服务队"等。近年来,来华留学生的志愿者活动受到社会的好评,也频频见诸报端,引起较大的社会反响。

来华留学生志愿者活动由留学生自己自愿组织或参加,一切以自愿为前提。高校对此一般采取积极鼓励的态度,并作适当的引导。留学生志愿者不仅为留学生提供志愿服务,还走入了中国举办的各类大型国际活动,更走进了中国普通老百姓的视野。如很多留学生志愿者走入了农民工学校及社区、地铁站。再如成立于2008年的华中师范大学"洋雷锋志愿者服务队",其成员曾多次赴农民工子弟小学义务为该校小学生教授英语,还多次组织献血活动,在来华留学生及武汉市民中都产生了很好的影响。2014年,南京农业大学的来华留学生成立了"外国留学生志愿者巡逻队",为全国青奥会服务,在社会各界引起很好的反响。来华留学生的加入,不仅为青年奥运会的安保维稳防控注入了新的力量,也有利于中外文化交流和友谊增进,契合奥林匹克精神。

自1973年我国正式恢复来华留学教育起至2013年的40年间,外人来华留学教育进入迅速发展时期。在这一历史时期内,随着改革开放的深入推进和中国教育体制的不断改革,中国逐步建立了规范化、人性化的来华留学教育制度,并形成了由中央教育管理部门、地方教育主管部门及高等院校或

---

① 辽宁省精神文明建设指导委员会办公室组织编写:《志愿者的力量》,辽宁教育出版社,2014,第188页。

研究机构等组成的三级来华留学管理体制。此种来华留学管理体制的建立，不仅吸引了大批外国学子来华求学，同时将中国的优秀典粹通过各国学子传至世界各地，进一步增进了中国与世界各国的友谊，提升了中国的国际地位。

第五章

新时期外人来华留学的生源和经费(1973—2013)

自1973年恢复接收外人来华留学以来,中国的来华留学教育即开始进入新的历史发展时期。至2013年,来华留学生之所以选择中国作为留学国的原因,来华留学生从哪里来,通过何种渠道或方式来华留学,这些问题都值得探究和总结。在不同的历史时段,来华留学生为什么来,从哪里来,以什么途径来等方面的问题,自然呈现不一样的时代特点。本章在爬梳影响各国学生来华留学因素的基础上,对这一时期来华留学生所属国别及经费渠道进行剖析,旨在为今后我国的来华留学教育事业提供可资借鉴的历史经验。

第一节 来华留学生的影响因素

从教育交流的角度来看,影响国际学生流动的因素很多,大到国际关系的变动、国际政治的变化、国际经济的变革等宏观因素,小到学生个人奖学金的有无、文化认同感的深浅、经济承受力的大小等微观因素。与之同时,既包括社会环境、政治氛围等客观因素,也包括个人对接收国或地区甚至学习专业的兴趣爱好等主观因素。世界范围内的留学教育市场,其实是人口流动的市场。而在人口学领域对于人口流动原因的研究,最重要的宏观理论即"推拉理论"——一种主要用来说明两个地区之间的人口受拉力和推力作用而产生流动的理论。① 来华留学生作为国际人口流动的一部分，自然可以借鉴"推拉理论"的基本观点来对国际学生来华留学的影响因素进行分析。

一、接收国的拉力因素

留学活动是国与国之间的学生教育活动，关系到国际学生的派出国情况、接收国情况以及学生自己的客观条件和主观选择。从来华留学生的流动及流向来看，作为吸引国际学生的接收国——中国，必须有值得国际学生选择和向往的影响因素，如安全稳定的政治氛围和社会环境、高水平的科学研究和技术创造、高质量的高等教育以及较强的综合国力等。这些即是拉力因素。当然不能否认的是，更为接近的地缘关系或历史上的政治联系、政治体制认同度及文化认同度等，也是左右国际学生选择留学国家的拉力因素。就来华留学生而言，选择中国作为留学国的原因，大致包括上述几种。

安全稳定的政治氛围、社会安全环境，是我国吸引来华留学生的基本要素。安全稳定的社会环境和宽松的政治氛围，可以给留学生带来很大的安全感。接收外国学生的国家，其国内的社会安全、政治稳定，是外国学生正常学习和生活的基本保证。

我国自改革开放后，向世界展示了一个着力追求和平与发展的形象。加之，中国国内政治稳定、社会环境安全，在对外经济与贸易、对外关系中显示出良好的信誉。如此种种，使得在改革开放后的40多年间，有200多个国家和地区与中国建立了外交关系。这样的政治氛围使中国自然成为许多来华留学生的首选之地。除社会环境外，为吸引外国学生来华留学，我国一直致力于为来华留学生创造良好的教育环境。诸如简化并规范办理来华签证手续，

---

① 该理论最早为英国学者雷文斯坦（E.Ravenstien）所生发。他在1880年发表的《人口迁移之规律》中，提出了人口迁移的11条规律。后来在20世纪50年代末，巴格内（D.J.Bagne）将雷文斯坦的人口迁移概念系统化为推拉模型，认为人口流动是"推—拉"合力的结果。其中，有利于改善生活条件的因素统称为"拉"力，不利的生活条件统称为"推"力。进入20世纪60年代后，美国学者E.S.Lee进一步完善"推拉模型"，提出了"推拉理论"。他不仅参考了人口学、经济学、社会学的观点，还借鉴了心理学的观点，指出人口流动是推力、拉力和中间障碍因素三方面综合作用的结果。其中，促使移民离开原居住地的力量为推力，吸引移民迁入新居住地的力量为拉力，"距离远近、物质障碍、语言文化的差异"等为中间障碍因素。

为来华留学生创造良好的校园住宿环境等。后来，国家改变以往不允许来华留学生打工的原则，规定来华留学生可以做非全日制工作。种种举措，皆在为来华留学生创造更加宽松、友好的留学环境。

出国留学，不仅可以体验一种全新的文化，而且也有助于学生学习新的思考方式和行为方式，促进学业的发展。过硬的教育质量，永远是吸引国际学生流动可持续发展的重要力量。我国通过"985""211"工程的建设，高等教育得到长足发展，科研水平和教育质量均得到很大的提升，为此，吸引了不少国际学生来华留学。

除上述诸般因素外，地缘因素也是国际学生流动的一个重要选择。地缘因素主要包括三个层面，即自然地理因素、地缘文化因素和地缘政治因素。首先是自然地理因素。对相近的自然地理位置、相似的自然地理环境，国际学生有天然的熟悉感和亲近感。如中国与越南、泰国、日本、韩国等毗邻，因此，来华留学对这些国家的学生有着自然的吸引力。其次是地缘文化因素。比如澳大利亚与英国的殖民历史关系、苏联与中国的历史关系等。若国家之间形成良好的关系，也可以促进国民之间的相互理解和好感。此种深层原因，也是影响国际学生选择的一个潜在因素。如中华人民共和国成立后，中国与社会主义国家之间建立了良好的外交关系，故而中华人民共和国成立伊始，苏联、东欧等社会主义国家即开始向中国派遣留学生。

二、派出国的推力因素

国际学生由自己的母国出往他国求学，除所留学之国的"吸引力"——拉力的影响外，作为国际学生的生源国——派出国，也一定有促使这些学生选择出国的某些因素，诸如本国不能满足这些学生需求的教育容量或教育质量等。当然，对于派出国而言，在不同的国家中影响学生流动的推力因素不同。对于发达国家而言，他们有着完整的教育体系、高水平的科研、完备的研究设施和教育设施及较高的教育质量。但是，出于维系国际关系与了解其他国家等目的，也会派遣学生赴他国留学。

三、留学生的内在因素

国际学生所受到的接收国和派出国方面的影响,就他们的来华留学行为而言,还只是选择过程中的外力因素。作为国际学生本身,他们前来中国留学,还必须有选择来华留学的内在动力和客观条件,诸如希望接受更好的高等教育、学习新的语言以利于国际交往、了解不同的文化以增长见识或丰富自身的知识体系,以及自身具有来华学习的能力。

教育成本影响学生的选择。教育成本是影响国际学生流向的一个重要因素。经济条件有限的学生,在选择留学目的国时,教育成本为其考虑的重要因素之一。相较于美国、英国、澳大利亚等发达国家,在中国学习的学费较为低廉,生活物价及消费水平整体低于一些发达国家,这也是吸引周边国家学生来华留学的一个重要因素。2013年,在华中科技大学就读的来华留学生,每年只需支付20000元至80000元人民币的学费（医科学生学费在45000元至80000元人民币之间）。除学费外,住宿费也是国际学生需要支付的一项主要费用。在2013—2014年的英国,根据不同地区,外国留学生需支付200—1000英镑的住宿费用;而在2013—2014年的中国,根据不同地区,外国留学生只需支付1000—4000元人民币的住宿费用。相对低廉的学费和生活成本,成为很多外国学生选择来华留学的动因。21世纪以来,中国政府为鼓励优秀学生来华留学,促使高等教育国际化,还设立了各类奖学金,以资助世界各国学生、教师和学者来中国高校学习或从事研究活动。

国际学生的职业规划是影响国际学生流动的一个新的重要因子。尤其在全球经济一体化的背景下,具有国际视野、拥有国外特别是高等教育质量较高国家的学位或海外学习经历,精通一至两门甚至多门外国语言,将会对个人的职业发展有所帮助。随着中国与世界各国经济贸易往来的增加,文化、教育等领域的对外交流日益密切,世界各国对会讲汉语、会用中文同时了解中国文化的人才需求也在持续增加。此外,随着中国就业和创业环境的改善,越来越多的国际学生选择在华就业或创业。

综上言之,国际学生来华留学,其影响因素甚为复杂,不仅有安全稳定的政治氛围、高质量的高等教育等接收国的拉力因素，还有国际学生生源国在教育、经济、文化等方面的推力因素，更有来华留学生本人对更好教育质量的追求、对中华文化的喜爱和向往以及他们对自己未来职业规划等因素的影响。在这三者中，中国的拉力因素起着不可替代的重要作用，极大地吸引外国学生来华留学，进一步促进了来华留学生规模的扩大和来华留学教育的发展。

第二节　来华留学生的生源国别

自 1973 年恢复招收来华留学生以来，我国即开始积极发展与世界各国之间的外交关系。随着外交关系的扩大，我国与各国之间的教育交流日益频繁。至 2013 年，就来华留学生所属国别言之，以 1978 年党的十一届三中全会和 21 世纪为界，可分为三个历史时段：1973—1977 年为第一时段，1978—1989 年为第二时段，1990—2013 年为第三时段。在不同的历史时段，来华留学生所属国别呈现出不同的特点。本节将对三个历史时段来华留学生生源国的分布状况进行分析。

一、1973—1977 年间来华留学生所属国别

1973—1977 年间，我国的外交工作逐渐走向正常化。至 1977 年，同我国建立外交关系的国家达到 114 个。欧美发达国家中，除美国外，其他国家均与我国建立了外交关系。1973 年后，我国接收外国学生来华留学的工作逐渐得到恢复。在《关于 1973 年接受来华留学生计划和留学生工作若干问题的请示报告》中，明确规定 1973 年我国接收来华留学生，既要考虑各国的要求，又要考虑我们自身的条件与可能，按"照顾重点，兼顾一般"的原则办理：

对阿尔巴尼亚、越南、朝鲜、罗马尼亚等国的要求将尽量满足；

对亚、非、拉已建交的友好国家有重点地、少量地赠给奖学金名额；

对欧洲、北美、大洋洲、日本等国一般不提供奖学金，根据对等的

原则,按有关协议适量接受;对各国友好人士和美籍中国学者的子女,拟保留少量自费生名额,个别的也可视情况给予奖学金。①

1973年接收的来华留学生,是"文化大革命"后中国第一次正式接收外国留学生,对外影响较大,反应强烈。第三世界很多国家表示:中国政府这一决定,是对第三世界的有力支持,是中国人民对亚非人民友谊的象征、友好关系的新发展。西欧、北美、大洋洲一些国家同样认为:这是两国文化交流的良好开端,希望继续发展。②

1974年2月,毛泽东在会见赞比亚总统卡翁达时提出:美国、苏联是第一世界。日本、欧洲、澳大利亚、加拿大是第二世界。亚洲除了日本,都是第三世界;整个非洲皆属第三世界;拉丁美洲也是第三世界。自此,明确提出了划分三个世界的思想。其实,早在1970年,毛泽东在会见非洲客人时即指出,亚、非、拉是第三世界,且第一次明确表示中国属于第三世界。1974年4月,邓小平在联合国第六届特别会议上发言,第一次向世界全面阐述了毛泽东划分三个世界的战略思想。同一年,在接收来华留学生时,我国即考虑到第三世界国家。1974年,我国接收来华留学生的原则和方法,基本按照1973年国务院批准的《关于1973年接受来华留学生计划和留学生工作若干问题的请示报告》的精神执行。同时指出,我国对第三世界已建交的友好国家应适当增加名额,并从实际需要出发,拟对波兰、东德、保加利亚、匈牙利、捷克斯洛伐克等国提出互换留学生的建议。

在这一历史阶段,值得一提的是,1975年《教育部、外交部、财政部关于"文化大革命"期间休学回国的外国留学生要求复学问题的请示》中指出,"文化大革命"期间,情况发生很大变化,如一律复学则有较大困难,但完全不让复学,也影响一些学生的就业前途。为此,针对外国学生要求复学的请示,教育部等部门提出以下原则:

(一)鉴于"文化大革命"以来情况已发生很大变化,这些学生的专业学习很难安排,原则上不再考虑这些留学生来华复学。

---

① 何东昌主编:《中华人民共和国重要教育文献(1949年—1997年)》,海南出版社,1998,第1500页。
② 李滔主编:《中华留学教育史录(1949年以后)》,高等教育出版社,2000,第816页。

（二）如系友好国家主动提出，学生本人表现尚好，我专业教学无多大困难，可做为特殊情况，个别予以安排。

（三）不同水平的学生区别对待：研究生或进修生，均不安排复学；三年级以下大学生，在开放学校或专业的范围内，酌情插班学习，按我现行学制毕业，发给毕业证书；三年级以上大学生，来华后一律插入我大学三年级，一年毕业后发给毕业证书。

（四）来华复学的学生，尽可能回原所在学校学习原专业，如原所在学校现不开放，则安排到有同类专业的开放院校学习。

（五）在上述原则下，学生原学专业仍无法安排，对方及本人同意改学其他专业，视情况予以考虑。

（六）凡经我同意来华复学的旅费由我负担。在华学习期间的生活待遇和学成归国的旅费，按1974年国务院批准的"关于外国留学生经费问题的请示"执行。

（七）凡难以安排复学者，拟向对方作如下表示：时过九年，我教育制度已有深刻变革，安排确有困难，谨致歉意。①

每年来华留学生新生数目累计显示，在1973—1977年间，我国在计划内共接收了2066名外国学生来华留学。这些外国学生来自与我国建立外交关系的69个国家。其中625名学生来自11个周边国家，如日本、朝鲜、巴基斯坦、越南、柬埔寨、尼泊尔等国，占这期间来华留学生总数的30.3%；556名来华留学生来自18个欧美发达国家，如美国、英国、法国、意大利、瑞士、丹麦、荷兰、比利时、瑞典，以及大洋洲的澳大利亚和新西兰等国，占同期来华留学生总数的26.9%；486名外国学生来自撒哈拉以南的非洲国家，如埃塞俄比亚、毛里塔尼亚、几内亚、喀麦隆等24个国家，占同期来华留学生总数的23.5%；246名来华留学生来自西亚、北非等国家，如北也门、苏丹、突尼斯等国，占同期来华留学生总数的11.9%；25名学生来自拉美、加勒比海国家，如墨西哥、委内瑞拉和圭亚那等国，占同期来华留学生总数的1.2%；其余128名学生来自东欧国家——保加利亚、罗马尼亚和阿尔巴尼亚，占同

---

① 李滔主编：《中华留学教育史录（1949年以后）》，高等教育出版社，2000，第823页。

期来华留学生总数的 6.2%。值得注意的是，来华留学生新生累计总数超过百人的国家仅两个：一是越南，213 人；一是法国，124 人。①

1973—1977 年间，在所有来华留学生中，来自周边国家的学子最多。但随着时间的推移，周边国家与其他地区来华留学生在数量上的差异大大缩小。其主要原因，在于越南来华留学生的大大减少，加之这一时期除美国外，其他所有欧美发达国家均与我国建立了外交关系，派遣留学生成为这些国家同我国发展国家关系的重要方式，因此，来自欧美发达国家的留学生显著增加。随着我国对外联系的增加，非洲自撒哈拉以南的国家的来华留学生人数也有显著上升，规模仅次于来自欧美发达国家的学生。来自这三类国家的来华留学生，占这一时期来华留学生总数的 80.7%。由于这一时期我国与苏联之间的关系恶化，苏联和多数东欧国家中断了同中国的教育交流，来自苏联和东欧国家的来华留学生显著减少，只有罗马尼亚、南斯拉夫和阿尔巴尼亚三个国家继续派遣学生来华学习。而来自这三个国家的 128 名学生中，就有 97 人来自阿尔巴尼亚。但至 1976 年，阿尔巴尼亚由于自身原因中断了派遣学生来我国留学的政策。

二、1978—1989 年间来华留学生所属国别

改革开放之初，为了学习国际先进技术，中国向美国、英国、法国及日本等国派出大批留学生，其后，这些国家也要求增派留学生来华留学。与之同时，第三世界国家也不断要求我国提供更多的奖学金名额，为其培养发展民族经济和文化的干部。为了给第三世界友好国家培养合格的建设人才，自 1978 年起，我国高等院校的招生制度进行了重大改革，实行了统一考试。为提高来华留学生的质量，我国规定，各国申请来华留学的大学生，要提供高中毕业证书和学习成绩单。这一时期，随着中国高等教育恢复发展和质量提高，对各国学子来华留学逐渐产生较大的吸引力。1978—1989 年，我国按照计划

---

① 李滔主编：《中华留学教育史录（1949 年以后）》，高等教育出版社，2000，第 872—876 页。

共接收来自130个国家的13699名来华留学生。①

从洲别分布来看，这一时期，来自欧洲的来华留学生规模最大，达4937人，占同期来华留学生总数的36%；来自亚洲国家的来华留学生规模次之，总数达4860人，占同期来华留学生总数的35.5%；来自非洲国家的来华留学生人数达2396人，占同期来华留学生总数的17.5%；来自美洲国家的来华留学生人数达1206人，占同期来华留学生总数的8.8%；来自大洋洲国家——主要来自澳大利亚和新西兰两国的来华留学生规模达298人，占同期来华留学生总数的2.2%。②

就来华留学生所属国别言之，1978年以来，来自日本、欧美等发达国家的来华留学生逐年增加。其中就欧美国家而言："与发达国家的留学生交流，除对等交流的奖学金留学生外，还互派自费留学生。对等交流留学生有两层含义，即数量上对等和各自负担对方奖学金留学生的费用。"③

1978—1989年间，欧美发达国家与日本，是我国派生出国留学的主要目的国。为落实扩大出国留学生的渠道，中国同意上述国家提出的向我方扩大派遣留学生规模的要求。《1973—1992年国家教委计划内接受的历年来华留学生人数统计》中指出：来自欧美发达国家的奖学金生在校人数为2162名，占同期来华奖学金生总数的40.1%。此处的欧美发达国家共20个，主要包括2个北美国家，即美国和加拿大；2个大洋洲国家，即澳大利亚和新西兰；其余16个国家，均是西欧发达国家。来自日本的奖学金生在校人数达1300多人，占同时期来华奖学金生总数的24.1%。④也就是说，此期计划内接收的奖学金生，近四分之一皆来自日本。

除欧美发达国家及日本外，20世纪七八十年代，中国一直重点发展与亚、非、拉国家的友好关系，积极接收这些国家的来华留学生。改革开放后，我国对发展中国家提供援助的政策没有改变，而发展中国家也要求扩大向中国派遣留学生的规模。因此，这一时期，来自亚洲、非洲、拉丁美洲的来华留

---

① 李滔主编：《中华留学教育史录（1949年以后）》，高等教育出版社，2000，第872—876页。
② 同上。
③ 于富增：《改革开放30年的来华留学生教育（1978—2008）》，北京语言大学出版社，2009，第76页。
④ 李滔主编：《中华留学教育史录（1949年以后）》，高等教育出版社，2000，第872—876页。

学生明显增加。在 1984 年召开的来华留学生工作会议上,《开创外国留学生工作的新局面——教育部部长何东昌在外国留学生工作会议上的报告》中提出,我国应积极为第三世界国家培养合格的建设人才,其中指出:

> 对经济十分困难的少数第三世界国家,为享受奖学金的留学生提供往返国际旅费。特别是非洲地区有些国家很愿派留学生来我国学习,往往由于负担不起旅费而来不了,过去我们曾为少数国家的留学生付单程国际旅费,但仍不能解决他们的困难。因此,拟提供来往国际旅费,以多招收一些非洲国家的留学生。⑤

自此次来华留学生工作会议后,我国接收发展中国家的来华留学生数量有了显著增加。

就非洲来华留学生而言,自 1979 年起,为审核非洲留学生的入学资格,我国开始举行文化考试。此后在 1979—1981 年间,非洲国家能够派遣来华留学的学生数量显著减少。1979 年骤减至 30 人,1980 年为 43 人,1981 年为 80 人。1982 年后,非洲来华留学生又恢复到 1977 年的人数,增加至 154 人。此后,来自非洲的来华留学生人数逐年增加。⑥

这一时期,拉丁美洲的来华留学生,主要来自巴西、厄瓜多尔、哥伦比亚、秘鲁、墨西哥等国,人数基本每年保持在 20 人左右。

亚洲国家的来华留学生,主要来自巴基斯坦、巴勒斯坦、北也门、朝鲜、菲律宾、柬埔寨、老挝等国。这些国家(除日本)的来华留学生人数,从 1978 年的 91 人,增至 1987 年的 283 人,1988 年与 1989 年的人数略有减少,但也维持在 230 人左右。

综上所述,受我国来华留学教育政策的影响,向中国派遣留学生的国家,主要分为三类:一是中国周边友好国家,如日本、朝鲜、巴基斯坦等国。二是欧美发达国家,如英国、法国、意大利等国,来自这些国家的来华留学生,主要是短期语言学生。三是非洲发展中国家,如苏丹、坦桑尼亚、埃及、扎伊尔、多哥、乌干达等国,自中国与非洲国家建立外交关系后,来自这些国家的学

---

⑤ 李滔主编:《中华留学教育史录(1949 年以后)》,高等教育出版社,2000,第 906 页。
⑥ 李滔主编:《中华留学教育史录(1949 年以后)》,高等教育出版社,2000,第 872—876 页。

生稳步增加。

在上述派生来华留学的国家中,多数国家与我国建立了良好的外交关系。可见国际关系的变化或国家外交关系的改变,对来华留学生的国别分布影响很大。这一时期,随着中国与一些国家外交关系的恢复,这些国家开始向中国派遣留学生。如在中苏关系恶化后,苏联在1973至1983年间,未向中国派遣过留学生。1978年12月,《中美建交联合公报》发表,美国承认中华人民共和国是中国唯一合法政府。是年,美国即开始派遣学生来华留学。进入20世纪80年代,中日处于友好的邦交时期,因此,这段时间,日本一直是来华留学生的最大生源国。

三、1990—2013年间来华留学生所属国别

1990年,我国开始正式接收自费来华留学生,包括学习汉语的普通进修生和学习专业的学历生。这一举措开启了来华留学教育的新篇章。自是而后,愿意自费来华留学的各国学子大幅增加。此外,随着中国对外贸易的发展及国际影响力的增强,希望了解中国、学习汉语的外国学生日益增加。《1973—1992年国家教委计划内接受的历年来华留学生人数统计》中指出:1990年,我国共接收来自90个国家的来华留学生1484人。新生人数达40人以上的国家共6个,分别是日本144人、朝鲜133人、苏联256人、联邦德国148人、英国44人、法国77人。次年,我国共接收来自92个国家的1735名新生。其中新生人数达40名以上的国家共7个,分别是日本169人、朝鲜187人、蒙古45人、苏联226人、联邦德国154人、保加利亚64人、法国51人。[①]

1998年后,我国开始深入参与世界经济活动,且于2001年加入世界贸易组织,中国在世界上的经济地位不断上升,国际政治影响力也不断提升。自1998年开始,中国实施高等教育扩招政策,高等院校的入学人数大规模增加,高等教育事业逐渐步入大众化教育发展阶段。至2013年短短几年内,我

---

① 李滔主编:《中华留学教育史录(1949年以后)》,高等教育出版社,2000,第872—876页。

国高等院校的在校生规模扩大了4.5倍。① 高等院校容量的增加，也为来华留学生规模的扩大提供了契机。《1973—1992年国家教委计划内接受的历年来华留学生人数统计》显示：1990—1991年，我国共接收来自100个国家和地区3219名来华留学生。② 1992—2007年，我国累计接收来自188个国家和地区1150975名外国留学生。③ 2008—2013年间，我国共接收来自200多个国家和地区1704213名来华留学生。④

1990—2013年间，就来华留学生的洲别分布言之，1990年，由于高等院校对自费来华留学生有了招生自主权，因此，来华留学生数量开始逐渐增加。是年，我国接收的欧洲留学生有730人，占当年接收的来华留学生的近乎半数，比例达49.19%；亚洲留学生有439人，占当年接收的来华留学生总数的29.58%；非洲来华留学生有252人，占当年接收的来华留学生总数的16.98%；美洲留学生有49人，占当年接收的来华留学生总数的3.30%；大洋洲的来华留学生人数最少，只有14人，占当年接收来华留学生总数的0.95%。⑤

1990年后，我国接收的来华留学生中，各国人数都呈上升趋势，但来自亚洲、非洲国家的留学生规模增长更快。至2013年，来华留学生的洲别分布已发生很大变化。首先，亚洲来华留学生人数已过所有来华留学生的半数，比例达61.66%；欧洲学生比例大幅下降，只占来华留学生总数的17.26%；非洲学生比例也有所下降，占来华留学生总数的9.36%；美洲学生比例有所上升，占来华留学生总数的10.39%；大洋洲学生较为稳定，约占来华留学生总数的1.33%。⑥

在1999—2013年间，来华留学生的洲别分布较为稳定。在所有来华留学生中，来自亚洲的来华留学生比例已过半数，占69%；来自美洲和大洋洲的来华留学生比例变化不大，分别为10%和1%；欧洲和非洲的来华留学生比例下降，分别为15%和5%。

就来华留学生所属国别言之，1990—2013年间，来华留学生所属国别明

---

① 于富增：《改革开放30年的来华留学生教育（1978—2008）》，北京语言大学出版社，2009，第106页。
② 李滔主编：《中华留学教育史录（1949年以后）》，高等教育出版社，2000，第872—876页。
③ 程家福：《来华留学生教育结构历史研究（1950—2010）》，同济大学出版社，2012，第52页。
④ 根据教育部国际合作与交流司编的《来华留学生简明统计》2008—2013年相关资料整理而成。
⑤ 李滔主编：《中华留学教育史录（1949年以后）》，高等教育出版社，2000，第872—876页。
⑥ 根据教育部国际合作与交流司编的《来华留学生简明统计》1999—2013年相关资料整理而成。

显增加。自高等院校有了自主招收自费来华留学生的权利后，有意向来华留学的外国学生，可以向有资历的高等院校直接申请，高等院校向省、自治区、直辖市主管教育部门报批录取即可。此种招生方式的改革，也极大地调整和扩充了来华留学生的生源。其时的生源国，由1990年的90个国家和地区，上升到1999年的164个生源国和地区。到2002年时，来华留学生的生源国和地区数量增至175个。随后的10年间，很快突破了180个国家和地区的总量：2007年，共有来自184个国家和地区的国际学生在我国学习；2010年，来自190个国家和地区的外国学生在中国学习；2012年和2013年，共有200个国家和地区的外国学生留学中国。[1]

现以1999年来华留学生所属国别为例，分析这一时期来华留学生生源国（地）的变化状态。1999年，来华留学生总数为44711人，这些学生来自164个国家和地区，其中，长期生在校人数为29216人，短期生在校人数为15495人。这一年，来华留学生在校人数超过500人的国家共有10个，分别是日本、韩国、美国、印度尼西亚、德国、法国、澳大利亚、俄罗斯、泰国和加拿大。这些国家的来华留学生总数为35540人，占据1999年来华留学生总人数的79.5%，而这10个国家，占当年来华留学生生源国总数的6.1%。[2]

教育部国际合作与交流司来华处统计数据显示，1990—2013年间，亚洲国家仍是来华留学生的主要生源地。这一时期，由于中国的社会发展及对外关系的稳定，来华留学生生源国分布也较为稳定。与中国相邻的日本、韩国一直是来华留学生中的两大生源国。其中，自2000年以来，韩国始终是来华留学生中最大的生源国。1999—2013年间，来华留学生中，韩国学生人数最多，长、短期学生合计达724715人；其次是日本，长、短期学生共计250330人。从1999年开始，韩国来华留学生每年增长幅度较大。此外，越南、泰国、印度、印度尼西亚、巴基斯坦和哈萨克斯坦等亚洲国家，也是中国的周邻国家，也逐渐成为来华留学生的生源大国。经统计，1999—2013年间的来华留学生中，越南计为110394人，泰国计为108081人，印

---

[1] 根据教育部国际合作与交流司编的《来华留学生简明统计》1999—2013年相关资料整理而成。
[2] 同上。

度计为 74295 人，巴基斯坦计为 59906 人。①

除亚洲国家外，欧美发达国家仍然是来华留学生较为稳定的生源国。1990—2013 年间，美国、法国、德国、意大利、澳大利亚等国来华留学生人数仍然较为稳定，且来华学习的学生规模呈稳定增长状态。这些国家的来华留学生以短期生和语言进修生为主。如美国来华留学生，长期处于所有来华留学生生源国的前 4 位。1999—2013 年间，美国长、短期来华留学生共计 201623 人；其次是法国，来华留学生总计 61110 人。紧随其后的几个国家分别是：德国，来华留学生总数为 50270 人；英国，来华留学生总数为 31080 人；澳大利亚，来华留学生总数为 26841 人；加拿大，来华留学生总数为 27779 人。②

四、1973—2013 年间来华留学生所属国别分布特点

中国（接收国）国内的政治、经济、文化以及对外关系的情状，派出国与中国贸易往来的深入程度，生源国与中国的地域关系及来华留学生对中华文化的认同感，此三者，皆对来华留学生所属国别分布有着一定的影响。正因如此，来华留学生所属国别呈现出如下三个特点。

其一，受中国日益开放的政治、经济体制以及对外关系的影响，1973—2013 年间，来华留学生生源国数量一直处于稳步增加的趋势。如 1973—1977 年间，我国共接收来自 69 个国家的留学生，这些国家主要是我国周边国家和一些资本主义发达国家。1990 年，我国共接收来自 90 个国家的留学生。其生源国已遍及亚、非、欧、美及大洋洲广大区域。随着我国与越来越多的国家建立外交关系，直 1999 年，共接收来自 164 个国家的留学生。2013 年，我国共接收来自 200 个国家的留学生。至此，生源国几乎涵盖世界上所有国家。

其二，来自与中国建交及与中国有国际贸易的国家的留学生明显增多。两个国家之间只有建立正常的外交关系，才可能实现学生顺畅的流动。如

---

① 根据教育部国际合作与交流司编的《来华留学生简明统计》1999—2013 年相关资料整理而成。
② 同上。

20世纪60年代,中苏关系恶化,苏联不再向中国派遣留学生。直到1984年中苏关系有所缓和,苏联又恢复向中国派遣留学生。其他社会主义国家如保加利亚、捷克斯洛伐克、民主德国等,亦受到邦交关系的影响,在20世纪七八十年代没有向中国派遣学生,后经过努力,中国与各国的关系恢复正常后,学生交换和交流工作得以继续开展。20世纪90年代以来,中国与世界上绝大多数国家建立或恢复正常外交关系,国际学生的流动也日益频繁,来华留学生所属国别数量随之增长。

  国与国之间国际贸易的深入开展,也直接影响国际间的学生流动。这一时期,全球科学技术突飞猛进,取得了很多突破性成果,这些成果带来了生产力的巨大发展和国际分工的进一步深化。各国、各地区之间经济发展的不平衡,导致经济上相互依赖程度加深,从而扩大了国际间的经济往来。如1972年以来,中日两国关系正常化,两国贸易也向着互利互惠的方向发展。因此,自1973年开始,日本在很长一段时间内都是我国来华留学生的最大生源国,每年派遣来华的留学生规模也稳步增长。2001年中国加入世界贸易组织后,对外贸易发展迅速,对外国际经济合作进入了一个全新的历史时期。而对外贸易的扩大,也会带来对国际人才的需求。如21世纪的前十年间东盟国家的来华留学生增长迅速。他们之所以选择来华留学,一个很重要的原因,即东盟各国与中国的经贸关系日益密切,需要大量了解中国、精通中文的国际性人才。再如韩国、哈萨克斯坦以及非洲一些国家的来华留学生,其变化状态亦是如此。

  其三,地域关系和对中华文化的认同感,有力地吸引了来自周边国家以及发达国家的学生来华留学。选择距离较近、文化相近的国家作为留学目的国,也是部分国际学生选择留学国度的常态。在正常邦交的情况下,如日本、韩国、越南、泰国、印度、马来西亚等周边国家,构成我国来华留学生的生源大国。加之,学生到地域和文化同自己祖国相近的国家学习,会产生比较熟悉的感觉,且在生活和气候上更容易适应,在习俗和心理上更容易接受。除地域关系外,外国学生对中华文化的认同感,也是来华留学生选择中国的原因之一。从某种意义上讲,国际学生流动的实质,是对优质教育资源的追求和对不同文化的感知。中国文化源远流长,博大精深,中华五千年的文明与汉字文化,吸引了无数国际学生来中国,追求不一样的东方文明。如西欧、美国、加拿大等国家的学生，就有相当一部分人为了追求富有魅力的东方文明，来到中国学习汉字和中华文化。这也是西欧及美国、加拿大等国家的学生，选择汉语短期或语言进修为主的留学方式的重要原因。

第三节 来华留学生的经费来源

1973—1977年，来华留学生基本都享受中国政府奖学金，经费来源较为单一。1978年后，随着国家教育体制的改革及高等院校自主办学权的扩大，来华留学生的经费来源日益多样化。除中国政府奖学金生及国家间的交换学生外，高等院校还可以接收自费来华留学生。其后，我国又增加了校际交流学生、孔子学院奖学金生及外国政府奖学金和国际组织资助的来华留学生，甚至开始出现企业资助的来华留学生。

一、1973—1977年——经费来源较为单一时期

1973年，我国开始恢复接收留学生。这一时期，所有来华留学生的经费均由中国政府承担或双方政府互免费用。如1973年，外交部、国务院科教组在《关于1973年接受来华留学生计划和留学生工作若干问题的请示报告》中明确指出，我国1973年接收外国留学生数，拟定为总数不超过500名。其中，由我国提供奖学金者300名。过去，越南、朝鲜、罗马尼亚等国同我国有垫款协定，除越南改由我国提供奖学金外，其他仍按原来协定办理。

此后直至1977年，我国均按1973年的办法来执行来华留学生的招生工作，但在经费问题上，每年皆有所变动。

如1974年，国务院科教组、财政部、外交部即向国务院提交了《关于外国来华留学生经费问题的请示》，在附件"外国来华留学生经费开支标准的暂行规定"中明确指出，外国来华留学生是根据协议来我国学习的学生，他们既不同于来访的代表团，也不同于应聘的专家。因此，对来华留学生的生

活接待必须恰如其分：既要考虑来华留学生派遣国的生活习惯和水平，予以适当照顾；又要认真执行国务院领导同志关于"友好重在精神，不在物质，尤其不在排场"的指示，做好来华留学生的接待工作。需要补充说明的是，该项暂行规定还对来华留学生的学习生活费、设备补充费、被褥装备费、烤火费、医疗费、假期活动费、活动费、开门办学实习费、旅费、服装补助费及招待费进行了具体的规定。就来华留学生的学习生活费而言，其规定如下：

> 凡享受我国奖学金待遇的外国来华留学生，在华学习期间，大学生每人每月发给人民币100元，进修生和研究生每人每月发给人民币120元，作为个人在华学习生活费（不足一个月时，按日计算发给）。学习生活费主要用于伙食、服装和日常生活需用。对学习体育、航海、舞蹈专业的学生，在进入专业学习以后，另加发二十元伙食补助费。假期回国休假时，学习生活费照常发给，但如由我国负担旅费回国者，则回国期间不发学习生活费。由我（国）提供奖学金学生的学习生活费只供在我国使用，不得汇寄国外。凡未享受我国奖学金待遇的来华留学生，其学习生活费，根据协议由我（国）垫付的，按代垫标准和办法处理。来华自费留学生，学习生活费由本人负担。来华留学生在华学习期间如有结婚、生育的，其住房、生活等问题和费用开支，由派遣国或留学生本人自理。①

其后，该项请示得到国务院的批准。

时隔一年后，在《关于1975年接受来华留学生的几点意见和具体计划》中，教育部提出，对各国友好人士和具有中国血统的外籍学者子女以及外交官夫人、子女，保留少量自费生名额，个别的可视情况给予奖学金。1976年1月，外交部、教育部正式公布了《关于接受外国留学生入中国高等学校学习的规定》，其中对各类来华留学生的费用进行了如下规定：

> （一）对享受中国政府奖学金的外国留学生，在华学习期间，大学生每人每月发给人民币100元，进修生每人每月120元。此费用不得汇往国外。免收学费、医疗费、教材费、宿费、市内参观交

---

① 李滔主编：《中华留学教育史录（1949年以后）》，高等教育出版社，2000，第921—922页。

通费以及在华转学的车船费。

（二）自费留学生，自付伙食费、宿费、教材费和因病住院治疗的各项费用。免收学费、门诊药品医疗费、市内参观交通费以及在华转学的车船费。

（三）由中国提供奖学金的外国留学生，每年假期可享受一次减免四分之三车船费、宿费的参观旅行。参观旅行由学校统一组织。自费留学生也可参观，但各项费用自理。

（四）留学生来华、学业完成回国和学习中途回国的旅费，由派遣方或留学生本人负担。

以上各项费用，双方另有协议者，按双方协议执行。①

二、1978—2013年——经费来源逐渐多样时期

1978年，我国开始实行改革开放政策。随着国际政治、经济形势的好转及中国高等教育改革的深入推进，我国来华留学生的政策方针有所调整，来华留学生的管理体制开始走向完善。在此情形下，通过中央政府、各地方政府和高校、企业的共同努力，来华留学生经费渠道开始多样化：我国已基本建立起以中国政府奖学金项目为引导，中央政府专项奖学金、地方政府奖学金、高等院校奖学金、企业奖学金等各类专项奖学金为辅的多层次、多类别的来华留学生奖学金资助体系。现将各类奖学金的资助体系分述如下。

其一，中国政府奖学金。自1973年恢复招收来华留学生以来，中国政府奖学金即发挥了巨大的作用。1978年以来，在来华留学教育事业中，中国政府奖学金项目仍然扮演着重要的角色。即使在自费来华留学生占据90%的年份，中国政府奖学金项目仍起着主导和引领作用。需做解释的是，此处所说的中国政府奖学金项目，不含孔子学院奖学金和国侨办华裔学生奖学金。1973年，中国政府奖学金生在校人数有383人；至1978年，中国政府奖学金生在校人数达1207人；1983年达2066人；及至1999年，中国政府奖学金生

---

① 李滔主编：《中华留学教育史录（1949年以后）》，高等教育出版社，2000，第851页。

在校人数达 5211 人；2007 年，中国政府奖学金生在校人数首次超过 1 万人，达 10151 人。此后，中国政府奖学金生，除 2012 年涨幅约 12% 外，其他年份都以 15% 及以上的涨幅增加。现将 1973—2013 年间中国政府奖学金生在校人数统计列表（见表 5-1）示下：

表 5-1　1973—2013 年间中国政府奖学金生在校人数统计表

年度	奖学金生数	年度	奖学金生数	年度	奖学金生数	年度	奖学金生数
1973	383	1984	2593	1995	3001	2006	8484
1974	685	1985	3251	1996	4307	2007	10151
1975	885	1986	4091	1997	4677	2008	13516
1976	1177	1987	4593	1998	5088	2009	18245
1977	1217	1988	4596	1999	5211	2010	22390
1978	1207	1989	3871	2000	5362	2011	25687
1979	1278	1990	3684	2001	5841	2012	28768
1980	1389	1991	3630	2002	6074	2013	33322
1981	1631	1992	3389	2003	6153		
1982	1759	1993	3053	2004	6715		
1983	2066	1994	2969	2005	7218		

[资料来源] 根据教育部国际合作与交流司编的《来华留学生简明统计》1999—2013 年相关资料整理而成。

中国政府奖学金有不同的分类方式。按学生类别划分，中国政府奖学金分为博士研究生奖学金、硕士研究生奖学金、本科生奖学金、高级进修生奖学金、汉语进修生奖学金和普通进修生奖学金。按奖学金类别划分，中国政府奖学金一般分为全额奖学金和部分奖学金。在不同的历史时期，我国为中国政府奖学金生提供的奖学金内容并不相同。2014 年之前，全额奖学金的内容不仅包括来华留学生的注册费、学费、实验费、实习费、基本教材费和住宿费，还包括与中国学生同等的公费医疗服务、一次性安置补助费，不同学习身份的留学生有不同标准的生活费，此外还有入中国后由港口城市至接收院校所在城市的交通费等。部分奖学金的内容，则根据中国政府与来华留学生派出国之间的协议决定。奖学金生的国际旅费，一般由派遣方负担，另有协议者按协议规定办理。一般来说，中国政府奖学金生的学费和住宿费，按照人头由教育部和财政部等部门划拨至接收院校，其他费用由学校发给学生本人。

21世纪以来，由于自费来华留学生的学费不断提高，而中国政府奖学金生的费用标准变化不大，划拨至学校的费用没有明确划分，因而，来华留学生的培养费用不能得到保证，导致接收奖学金生的院校或老师的积极性受到削弱。职是之故，从2014年9月1日起，中国政府奖学金试行货币化政策，并参照自费来华留学生的学费标准，制定了奖学金生的经费标准：由中国政府为中国政府奖学金生提供学费、住宿费和医疗保险、生活费等，并按照货币化政策的标准，将奖学金生的费用划拨至具体的接收院校，以保障奖学金生的培养费用。

实际上，在每一发展阶段，因中国外交重点的不同，根据项目或对外交流时的需要，中国政府奖学金会设定不同项目的奖学金，如长城奖学金、优秀生奖学金、HSK（汉语水平考试）优胜者奖学金、外国汉语教师短期研修项目和中华文化研究项目奖学金、优秀自费生奖学金、中美人文交流奖学金、中美学分生奖学金、中欧学分生奖学金、中俄人文交流奖学金等。1996年前，中国政府奖学金项目主要由国务院科教组、外交部和教育部等部门联合管理，中国政府制订每年的招生计划，委托驻外使领馆或部分外国驻华使领馆招生，指定国内接收院校安排中国政府奖学金生的学习专业。入学后，由接收院校负责教学和日常管理，并根据国家政策发放奖学金，提供住宿等奖学金费用。

自1996年开始，国家留学基金管理委员会成立。受教育部委托，中国政府奖学金生的招生及日常事务工作，由国家留学基金委来华处负责管理。翌年3月，为进一步规范来华留学生奖学金管理，发挥奖学金的激励作用，国家专门颁布《外国留学生奖学金年度评审暂行办法》，对获准在华学习期限超过一年的所有奖学金生（包括博士、硕士研究生）进行评审。评审内容包括中国政府奖学金生该学年度的学习成绩、学习态度、考勤情况、行为表现和奖惩情况等。评审通过后，来华留学生方能继续享受下一年的奖学金；若未通过，将暂停发放其下一学年年度奖学金。至2001年4月，为加强学校教育和管理学生的自主权,进一步规范中国政府奖学金生年度评审工作,教育部对《外国留学生奖学金年度评审暂行办法》进行了修订,更名为《中国政府奖学金年度评审办法》,正式实施中国政府奖学金年度评审制度。

其二,孔子学院奖学金。除中国政府奖学金外,为来华留学生提供奖学金的还有孔子学院总部和国务院侨务办公室。为支持孔子学院建设,配合海外孔子学院的教学工作,进一步推动汉语国际推广和中国文化传播,培养合格的汉语教师和其他汉语人才,2009年起,孔子学院总部设立孔子学院奖学金,为两类学生提供资助:一类是来华学习汉语的学生,一类是来华学习汉语国际教育硕士的学生。奖学金内容基本上参照中国政府奖学金的资助内容设置。2009年至2014年年底,孔子学院奖学金共资助了来自150个国家近25000名来华留学生。

在对获得孔子学院奖学金学生的选拔上,孔子学院总部有明确规定:来华学习的外国学生,必须通过一定的汉语水平考试(HSK)级别和具有汉语水平口语考试(HSKK)成绩,还必须有海外孔子学院、驻外使领馆或接收院校的推荐。在各接收院校的推荐比例中,海外孔子学院推荐的学生必须达到一定比例。来华学习汉语国际教育硕士的学生,必须有半年的实习经验,回国后须从事对外汉语教学工作。为加强对孔子学院奖学金生的管理,孔子学院总部每年对孔子学院奖学金生进行评审。

其三,地方政府奖学金。为吸引优质来华留学生,扩大来华留学生规模,在中央不断增加的来华留学投入基础上,近20个省级地方政府及直辖市,专门设立了省级政府及直辖市来华留学奖学金,以吸引优质生源,支持来华留学教育事业的发展。

最早设立国际学生奖学金的地方政府,当属上海市政府。为推动上海市来华留学教育事业的发展,吸引更多优秀学生,自2005年开始,上海市教育委员会设立了上海市外国留学生政府奖学金,用于资助优秀国际学生到上海高等学校接受本科以上的高等学历教育。其后,2006年北京市政府设立了北京市外国留学生奖学金,用于支持北京市属高校的来华留学教育,扩大国际学生规模,提高国际学生层次。2007年,重庆市设立了重庆市人民政府外国留学生市长奖学金。此后,湖北、黑龙江、浙江、山东、海南、安徽、云南、辽宁、广东、江西、贵州、江苏、福建、天津等地的地方政府，也相继设立来华留学生奖学金。各地政府奖学金资助额度及执行办法不尽相同，或参照中国政府奖学金办法为来华留学生提供全额资助，或依据自费生学费标准，为来华留学生提供部分奖学金。

其四，各高校的学校奖学金。为适应来华留学热潮，吸引更多优质来华留学生，中国许多高校也根据自己学校的专业及师资情况，设立学校奖学金。如江苏大学、华中师范大学等，均先后为来华留学生设立了不同等级、标准的奖学金资助体系。以华中师范大学为例，2011年，华中师范大学制订《留学华师》计划，为不同类别、不同国家、不同专业的学生提供三种不同等级的奖学金，为来自特殊国家或学习特殊专业的学生，提供全额学费、半额学费或部分学费的奖学金政策。这种计划的实施，吸引了不少来自哈萨克斯坦、也门、土耳其、越南等国家的来华留学生。仅在2011年至2014年间，华中师范大学已为来自26个国家的300多名来华留学生提供了这种奖学金。

其五，外国政府奖学金。外国政府奖学金，指来华留学生的派遣国为本国学生来华留学拿出的资助资金。随着中国对外影响的扩大，过去一些主要往西方发达国家输送国际学生的国家，开始选送学生来中国学习，如沙特阿拉伯、越南、也门、苏丹、泰国、巴基斯坦、坦桑尼亚、卢旺达等。这些国家为学生提供的奖学金资助形式和管理部门也不尽相同：有的国家会直接与我国留学基金委合作，委托留学基金委具体实施奖学金项目，如沙特政府在2008年向中国派遣学生时即采取这种模式；有的国家会要求学生自行联系在中国的接收院校，一经录取，即由该国驻华使领馆向接收院校支付学费、住宿费等相关费用，如越南、也门等国。

其六，企业奖学金。随着中国国际贸易及对外投资的扩大，中外企业对懂中文、了解中国及中国文化的学生需求日盛。为满足企业发展的需要，许多中外企业纷纷设立奖学金鼓励学生来华留学。这些企业在定向培养懂中文、懂中国文化、懂专业技术人才方面，发挥了重要作用。如"庆华项目"即是实例之一。此项目于2010年设立，由中国庆华集团出资设立，用于招收100位来自莫桑比克的国际学生来华学习汉语和专业。此项奖学金的设立，主要是为了培养对华友好的莫桑比克人才。

来华留学的外国学生，除通过上述诸项奖学金获取资助外，还可以通过其他资助方式获取资助来华留学。21世纪以来，随着高等院校对外开放的不断深入及对外交流的日益扩展，加之高等院校自主权的增加，作为一种国际教育交流形式，交换学生逐渐开始流行。交换学生指学校间学生的交流计划，为了加强不同地区、国家学生间的相互理解、尊重，培养青少年的世界观，各国之间实行学校间学生交换。迄今为止，这一项目的发展，已经有了多种不同形式。

首先，较为普遍的交换学生项目，即长期对等交换。此举指交流院校之间互相交换对等数量的在校学生，时间大多为一年或一学期。交换双方互相免除对方学生的学费或住宿费。交换学习结束后，双方学校互相承认学生在对方学校获得的学分和成绩。其次，长期与短期的对等换算交换。由于中国高等院校与如美国、英国、法国、比利时、意大利、日本、韩国以及东盟国家的高等院校之间实行交换生项目，这些国家的学制和学期时间不尽相同，因此高等院校之间采取多数人短期学习对等少数人长期学习的方式进行交流学习，以维持项目的长期顺利进行或持续推进。

由于在校期间可以获得相应学分，还可以到异国见识不同的文化、学习新的语言，交换学生这一新的交流模式，受到中外学生的普遍欢迎。21世纪初，中国与韩国、日本、美国等国之间，较大规模地实行这一方式。2010年后，由于中国与韩国、美国、澳大利亚等国长期交换学生不能完全对等，这一模式遂改变其运作方式，采取更灵活的长期与短期共同交换，即派遣长期生不足的一方派遣相应数量的短期交换生，以保持双方派遣数量的平衡。以华中师范大学为例，2004年实施交换生项目以来，派往韩国、日本、美国、法国、加拿大、澳大利亚、英国等国的长期交换生仅1000人，其中接收的韩国、英国学生较为平衡，但来自美国、日本、法国、加拿大等国家的交换生，则远远少于派出的长期学生。为达到平衡，华中师范大学开始接收来自这些国家的短期学生。

除交换生外，来华留学生中，自费来华留学者亦不少见。自费来华留学生，即来华学习的费用由学生自己承担。随着我国高等教育质量的提高及中国政府奖学金项目的带动，来华学习的成本较低于欧美发达国家，愿意自费来华学习的国际学生呈几何倍数增长。1978年开始，我国开始接收短期自费来华留学生。至1989年，我国开始接收长期自费来华留学生。

为规范来华留学生学费的收取标准，1989年，国家教育委员会、国家发展计划委员会制定并出台了《自费外国来华留学生收费标准》。由于我国物价水平不断提高，来华留学生教学及管理费用普遍增大，如果继续按1989年制定的《自费外国来华留学生收费标准》收费，有些接收来华留学生的学校和专业将难以支付教学和管理中的各项正常费用。故而，1997年，国家对1989年制定的《自费外国来华留学生收费标准》加以修订，规定自费来华留学生的各项收费标准以人民币为计量单位，学员可缴纳人民币或外币，交纳外币时，按收取当天中国银行公布的汇率折算外币计价收费。现将具体标准列表（见表5-2）示下：

表5-2　1997年国家规定自费来华留学生收费标准一览表（单位：元／人）

经费项目		经费标准		
		本科生 （专科生、普通进修生）	硕士研究生 （高级进修生）	博士研究生 （研究学者）
报名费		400—800		
学费 （每学年）	文科	14000—26000	18000—30000	22000—34000
	理工科	比照文科相应类别学费标准上浮10%—30%		
	医学、艺术、体育类	比照文科相应类别学费标准上浮50%—100%		
	短期生（一个月）	3000—4800		
	短期生（三个月）	8000—10000		
住宿费		12—32／天／床位	不带单独卫生盥洗设备和电话、电视的双人间	
		最高不得超过上述普通留学生宿舍收费标准的2.5倍	增加房间设备和改善住宿条件后的双人间	

［资料来源］根据教育部国际合作与交流司来华处编的《外国留学生教育管理工作必读》2000年相关资料整理而成。

根据社会物价标准及我国高等学校接收来华留学生的实际情况，经国务院批准，自1998年1月1日起，按照1997年修订的标准，调整自费来华留学生的收费标准。各接收院校根据所处地域、专业等因素，具体规定各自的学费。1998年2月24日，国家教育委员会、国家发展计划委员会发布了《关于调整自费来华留学生收费标准的通知》，对自费来华留学生的学费标准进行了具体规定。此后很长一段时间，我国自费来华留学生的学费标准，均按照此标准制定。

1978年以来，自费来华留学生逐年增加。至1981年时，自费来华留学生在校人数已超过中国政府奖学金生在校人数，达1809人。1992年后，随着高等院校办学自主权的扩大，高等院校开始主动开展对外交流与合作，加之中国高等院校的对外影响力逐渐增强，愿意来中国学习的国际学生大幅增加。1992年，自费来华留学生在校人数首次突破1万人，总规模达10635人，占当年来华留学生总人数的75.83%；至1997年，自费来华留学生总人数有39035人，占当年来华留学生总人数的89.30%；及至2004年，自费来华留学生总数首次突破10万人，达104129人，占当年来华留学生总人数的93.94%；不到5年，2008年，自费来华留学生总数首次突破20万人，达209983人，占当年来华留学生总数的93.95%；至2013年，自费来华留学生总数首次突破30万人，达323177人，占当年来华留学生总数的90.65%（如表5-3所示）。

表5-3 1973—2013年自费来华留学生在校人数统计一览表

年度	自费生数	自费生比例	年度	自费生数	自费生比例	年度	自费生数	自费生比例	年度	自费生数	自费生比例
1973	0	0	1984	3551	57.80%	1995	32758	91.61%	2006	154211	94.79%
1974	0	0	1985	4476	57.93%	1996	36904	89.55%	2007	185352	94.81%
1975	0	0	1986	4663	53.27%	1997	39035	89.30%	2008	209983	93.95%
1976	0	0	1987	1053	18.65%	1998	37996	88.19%	2009	219939	92.34%
1977	0	0	1988	1239	21.23%	1999	39500	88.35%	2010	242700	91.55%
1978	29	2.35%	1989	2508	39.32%	2000	46788	89.72%	2011	266924	91.22%
1979	315	19.77%	1990	3810	50.84%	2001	56028	90.56%	2012	299562	91.24%
1980	708	33.76%	1991	8342	69.68%	2002	79755	92.92%	2013	323177	90.65%
1981	1809	52.59%	1992	10635	75.83%	2003	71562	92.08%			
1982	2776	61.21%	1993	13818	81.90%	2004	104129	93.94%			
1983	3395	62.17%	1994	22617	88.40%	2005	133869	94.88%			

[资料来源]根据教育部国际合作与交流司编的《来华留学生简明统计》1999—2013年相关资料整理而成。

纵观 1973—2013 年间来华留学教育的"来"之要素，即来华留学生为什么来、从哪里来以及通过何种经费渠道来，在不同的历史时期，均呈现出不同的特点。根据"推拉理论"分析，外国学生选择来华留学的原因非常复杂，既有中国提供的优质教育资源等拉力因素的吸引，又有国际学生各派出国国内教育供需等推力因素的推动，更有国际学生自身职业规划等第三方因素的作用。就来华留学生所属国别言之，在不同的历史时段，来华留学生的生源国也有不同的特点，这与来华留学生派出国与中国的双边国家关系、贸易关系及派出国内部的社会经济状况、教育供需情状等密切相关。至于来华留学生经费渠道，这一时期，随着中国国际地位的提升，来华留学生的经费渠道已由单一走向多元。

第六章

新时期外人来华留学的学校及专业（1973—2013）

国际学生流动的重要原因之一，即对优质教育资源的追求及对不同文化的体验，故而在来华留学教育中，最重要的环节即来华留学生在中国的"学"。这一环节主要包括国际学生来华后的学历层次、在哪里学及学什么专业。这些要素都会影响来华留学生学的成效。因此，我国根据来华留学教育过程中遇到的问题，颁布了一系列政策法规，着力规范相关内容，提高来华留学教育的质量。本章将以1973—2013年间为限，对来华留学生类别及学历层次、所入学校以及所学专业进行解析，旨在为今后来华留学教育中出现的问题提供参考。

第一节　来华留学生类别及学历层次

1973年以降，随着中国政治、经济、文化形势的变化，在不同的历史时段，我国接收来华留学生的类别及学历层次也有所不同。恢复招收国际学生伊始，在我国留学的学子，学习期满后，只发放毕业证书，不授予学位，故而其时来华留学生的类别较少，学历层次也较低。随着我国开始在来华留学生中实行学位制度，来华留学生的类别开始增多，学历层次也逐渐提高。

一、1973—1999 年间来华留学生类别及学历层次

"文化大革命"后期,为了在 1973 年正式恢复接收外国学生来华留学,国务院科教组与外交部专文请示国务院恢复国际学生来华留学。因我国来华留学教育事业刚刚恢复,接收的来华留学生类别较少,学历较低。如在《外交部、国务院科教组关于 1973 年接受来华留学生计划和留学生工作若干问题的请示报告》中,针对来华留学生的类别及学历层次,外交部、国务院科教组特此规定:

> 接受留学生的类别,限于入我高等学校学习的大学生、选课大学生和进修生三类。留学生应具备如下条件:自愿来华学习,大学生具有高中毕业以上文化程度,进修生具有大学毕业程度,身体健康,并能遵守我国法令及校规,坚持完成学习计划。①

可见,我国正式恢复招收来华留学生初期,接收的来华留学生类别,仅有大学生、选课大学生和进修生三类。来华留学生应具备的条件是,入学要求是自愿来华学习,大学生要具有高中毕业以上文化程度,进修生具有大学毕业文化程度,身体健康。值得言明的是,虽有上述条件限制,然而,其实我国并未对来华留学生的证件进行审核,如此一来,难免有些外国学生会浑水摸鱼。故而可以说,其时我国对来华留学生的入学条件较为宽松。此后数年间,关于来华留学生的招生类别,一直按照 1973 年的规定执行。1976 年,在《关于接受外国留学生入中国高等学校学习的规定》中,在来华留学生的招生类别上,外交部、教育部指出,入我国高等学校学习的大学生,必须具备高中毕业证件,进修生必须具有高等学校毕业证件。

由于我国对来华留学生的入学条件较为宽松,来华留学生没有经过相关考核,来华后,在学习上遇到不少问题。直至 1977 年,我国高等学校恢复统一考试招生后,高等学校的学生质量显著提高,高等学校的教学秩序逐步恢复正常。在此种背景下,是年 12 月,教育部、外交部在提交给国务院的《关于 1978 年

---

① 李滔主编:《中华留学教育史录(1949 年以后)》,高等教育出版社,2000,第 811 页。

接受留学生计划及来华前文化考核等问题的请示》中明确指出，不少国家并没有将优秀的高中毕业生送到我国学习，而是送往西欧、美、苏等国学习。究其原因在于，我国原来学制较短，加之不设学位，故而许多国家并不承认其学历。来华留学生回国后，有些国家将其作中专生安排，或找不到工作，此种情形的出现，致使多数国家的优秀学生不愿前来中国学习。加之其时来华留学的非洲学生在学习中出现了严重问题，原因即在于，我国在招收这些国家的学生时，主要根据该国政府或我国驻外使领馆的推荐进行录取，没有对他们进行文化考核，因此这些非洲来华留学生的文化水平较低。为改变此种情状，在1978年招收来华留学生时，教育部、外交部向各有关驻外使领馆发出如下通知：

> 为提高接受和培养外国留学生的质量，经国务院批准，从今年起，对来华学习理、工、医科的大学生，也要进行数学、理化基础知识的考核（学文科的暂不考核）。考核工作由我驻外使馆负责。此外，学习各科的大学生都要缴验高中毕业证书和高中学习成绩单。①

对于来华学习的进修生，来华前要交验在大学文科、医科学习或毕业的学习证件，来华后经必要的考核，按照商定的专业进修。自此，我国招收来华留学生的学历层次有所提高。

1979年，我国对非洲国家来华留学生实行统一考试，通过考试录取理、工、农、医等学科的本科学生。考试学科主要包括数学、物理和化学三门，三门学科考试成绩总分达到180分即可录取。令人意想不到的是，当年参加考试的考生没有人达到180分。在大幅度降低录取分数线后，当年仅从撒哈拉以南的非洲国家录取了25名来华留学生。而在1975—1978年间，我国每年从该地区录取的来华留学生，平均达130人。②1980年，在《教育部关于外国留学生入中国高等院校学习的规定（1980年）》中，教育部再次规定了我国接收来华留学生的类别，包括大学生、普通进修生和高级进修生，对其具体入学条件和要求是：

> 自愿来华学习。必须保证遵守中国政府的法律、法令和学校的规章制度，尊重中国的风俗习惯。一律持普通护照。

---

① 李滔主编：《中华留学教育史录（1949年以后）》，高等教育出版社，2000，第826页。
② 于富增：《改革开放30年的来华留学生教育（1978—2008）》，北京语言大学出版社，2009，第75页。

来华前在我（国）提供的专业表中选定学习或进修的专业、专题，并明确学习或进修年限，来华后一般不得变更。特殊情况，须由本国驻华使馆向中国教育部正式提出，申请改变专业者，须在来华后两个月内提出；申请延长学习年限者，须在结业前四个月提出。均须经中国教育部同意后方可变动。

学习理、工、医、农科的大学生，须在来华前经过考试，合格后才能录取；学习文科的大学生暂不考试，但高中毕业成绩要符合我（国）规定的录取标准；普通进修生也不必考试；高级进修生，来华后进行考试，如发现专业水平不符合要求者，经过本人申请、教育部批准，可作普通进修生安排。凡学习艺术专业的留学生，来华前均须交作品，并有副教授以上资格的教师推荐。

来华前没有学过汉语的大学生，其中学习理、工、医、农者，来华后须学习一年基础汉语，学习文科和中医者，须学习两年汉语，成绩合格后才能转入专业院校学习；普通进修生来华前一般应具有一定的汉语基础，水平达到规定的要求者，来华后经测验合格，可直接入专业院校学习。达不到要求者，补习半年至一年汉语，成绩合格后再学习专业；高级进修生，来华前须具有能听懂中文讲课，能查阅中文资料的水平。

学习或补习基础汉语的时间，不包括在专业学习的年限之内。

大学生，年龄要在25岁以下；普通进修生、高级进修生，年龄一般在35岁以下。身体健康状况必须符合中国教育部规定的《外国来华留学生健康检查标准》。来华前要进行体格检查，并提供医院的正式健康证明。不合格者不能来华。来华后复查，如发现不符合健康标准者，应在一个月内回国，旅费自理。保留学籍一年。

中国教育部根据留学生专业学习或进修要求，统一分配入专业院校。留学生来华前可以在《外国留学生来华学习申请表》中填写一至三所希望去的院校，作为中国教育部分配时参考。如不愿服从中国教育部的分配，请不要来华。

在校住宿的留学生应遵守学校的规定，一律住集体宿舍。目前一般不提供单人房间,也不提供夫妇住宿条件。[①]

此后数年,我国接收来华留学生的类别及入学条件和要求,皆与1980年相同。至1983年,在入学条件和要求方面,我国在之前的基础上,增加了一些内容。如凡学习艺术专业的进修生,除需要两名副教授以上资格教师的推荐书及学历证件外,还需具备以下条件:进修艺术史者,交验有关论文;进修音乐者,交验30分钟的声乐或器乐演奏录音带;进修美术者,交验6张作品的彩色照片。上述进修生经审议合格后,方可来华留学。至于学习艺术专业的本科生,可免交教师推荐书;学习艺术史者,免交论文,但要交验一篇有关艺术的评论或文章。其他条件同学习艺术专业的进修生。

1985年6月,国家教育委员会成立后,开始负责来华留学生的接收、培养工作。为促进中国与世界各国间的教育、科技、文化交流,同时使来华留学生生源国的有关部门与我国国家教育委员会进行良好合作,帮助外国学生在中国顺利完成留学任务,国家教委公布了《关于外国留学生来华学习的有关规定》。其中规定,我国接收来华留学生的类别,可分为五类:本科大学生、硕士研究生、博士研究生、普通进修生和高级进修生。现将这五类来华留学生的入学条件列示于下表(见表6-1)。

表6-1 1986—2000年我国来华留学生入学要求一览表

学生类别	入学要求	学习年限	年龄要求	入学考试
本科生(文科)	具有相当于中国高级中学毕业的学历	4—6年	25周岁以下	无
本科生(理、工、农、医)	具有相当于中国高级中学毕业的学历	4—6年	25周岁以下	有
硕士研究生	经中国硕士研究生招生考试合格者;或在中国高等院校应届本科毕业成绩优秀,经本校推荐免试获准者;或具有相当于本科学位的学生	2—3年	35岁以下	有
博士研究生	经两名副教授以上的导师推荐和中国有关高等院校考核合格者	2—3年	40岁以下	有
普通进修生	具有大学二年以上学历,来华进修原所学专业	1—2年	35岁以下	无
高级进修生	大学毕业并已获得相当于中国硕士学位的学历;或已取得攻读博士学位的资格,来华后在中国导师指导下,就某一专题进修提高	1年	45岁以下	无

---

① 李滔主编:《中华留学教育史录(1949年以后)》,高等教育出版社,2000,第853页。

[资料来源]李滔主编：《中华留学教育史录（1949年以后）》，高等教育出版社，2000，第861—862页。

如上表所述，我国在1986年对来华留学生的类别和条件做出了详细规定，至此，我国来华留学生才形成本科大学生、硕士研究生、博士研究生、普通进修生、高级进修生的教育体系。就入学考试而言，因为来华留学生总体数量少，进行统一的、标准化的本科入学考试有一定的困难。1978—1994年间，每年参加考试的考生都未突破100人。之后，随着政策的调整，自费来华留学生的比例有所增加。于是，在1995年，原国家教委扩大了对来华留学本科学历新生的数理化水平考试范围，要求来我国攻读本科学历的自费留学生也参加考试。即便如此，1995年全国来华留学的考生规模也很小。面对此种花大力气而收效不太明显的情形，至2000年，教育部最终取消了此项考试。

在此需要补充说明的是，就来华留学生的类别言之，以时间长短分类，可分为长期生与短期生。根据教育部国际合作与交流司的统计原则规定，在华学习6个月以上的学生才可称为"长期生"，若未满6个月，则称之为"短期生"。

20世纪90年代以来，长期生中，本科生、研究生人数增长缓慢；而与此不同的是，进修生人数却增长迅速，其中，作为来华留学生中重要组成部分的普通进修生，增长速度较快。1991年，我国接收访问学者；自1996年起，我国开始招收专科生。为了便于了解来华留学生中长期生的变化，现将20世纪90年代我国接收的来华留学生类别人数统计列表（见表6-2）示下。

表6-2　1991—1999年来华留学生类别人数统计表

年份	专科	本科	硕士	博士	普通进修生	高级进修生	访问学者	语言生	合计
1991	0	1883	284	50	1242	178	8	0	3645
1992	0	2100	400		1250	250	0	0	4000
1993	0	3000	710	380	13900	0	0	0	17990
1996	65	5760	869	338	8016	402	0	7292	22742
1997	74	6725	1088	474	7749	244	0	7278	23632
1998	0	8445	1907	850	9927	513	0	7544	29186
1999	181	8402	2896		17158	579	不详		29216
小计	320	40695	11320		71010	2166	8	22114	147633

[资料来源]根据《中国教育年鉴》编辑部编的《中国教育年鉴》1991—1999年相关资料整理而成。注：1991年统计人数为当年来华在校生人数；1992年为当年政府计划内接收的新生；1993年为当年招收的新生人数；1996、1997年为政府计划外接收的新生；1998年为当年来华在校生人数；1999年来华留学生数据来自教育部国际合作与交流司：《来华留学生简明统计（1999）》（内部资料）第3页；另，1994、1995年数据暂缺。

就短期生言之，随着我国对外关系的发展，要求利用假期来华参加短期学习班的外国人越来越多。加之，希望来中国学习中国历史、文学、书法、古建筑、法律、中医（针灸）、音乐、舞蹈、戏剧、绘画、武术等学科的外国友人也随之增多。为满足外国友人来华学习汉语的要求，1978年，北京语言学院开始为外国人举办暑期汉语学习班。短期学习班以"时间短、针对性强、效果好"的特点，受到国际学生的欢迎。自1980年开始，各种专业、各种类型的短期班迅速发展起来。

1978年以来，我国的短期来华留学教育发展迅速，规模逐年增加。1978—1985年间，我国招收短期生，主要由教育部通过驻外使领馆和有关驻华使领馆进行招生。其时，虽然短期来华留学生的招生计划和接收院校、名额，都由国家按计划执行，但由于较多人希望来华进行短期进修，短期来华留学生增长较为迅速。1986年后，高等院校可以自主招收来华留学生，其中包括短期生。自此，短期来华留学教育发展更加迅猛。这些短期生主要来自欧美发达国家以及周边国家。其中，来自韩国、美国和日本三个国家的短期来华留学生，占据了短期来华留学生的半壁江山。

改革开放初期，我国政府积极支持国内高等院校与外国高等院校开展校际间的学术交流活动，简称校际交流。据统计，在1979—1982年间，共有115所国内高等院校与外国的250所高等院校建立了校际交流关系。这115所院校中，72所是国家部委直属的高等院校，其余43所是省、自治区、直辖市所属的高等院校。① 这些校际交流活动，为我国开放接收短期来华留学生提供了契机。这一时期，我国接收的短期来华留学生，主要来自这些合作院校。

---

① 于富增：《改革开放30年的来华留学生教育（1978—2008）》，北京语言大学出版社，2009，第72页。

1978年，教育部正式对北京、上海、天津、辽宁、江苏、浙江及河北省（市）人民政府发布开办暑期汉语学习班的通知。通知中规定，北京大学、北京语言学院、北京师范大学、南开大学、辽宁大学、南京大学、南京师范学院（南京师范大学前身）、复旦大学、上海师范大学、杭州大学（浙江大学前身之一）、河北师范大学等11所院校，于1980年暑期开办学习班。各学习班的招生人数由教育部统一下达，学校负责审核录取（详见表6-3）。

表6-3 1980年暑期汉语学习班的规模统计表

院校名称	人数
北京大学	30
北京语言学院	180—200
北京师范大学	30
南开大学	30
辽宁大学	50
南京大学	120—140
南京师范学院	40
复旦大学	75
上海师范大学	90
杭州大学	30
河北师范大学	30

［资料来源］李滔主编：《中华留学教育史录（1949年以后）》，高等教育出版社，2000，第946页。

为进一步推动短期来华留学教育的发展，1980年12月31日，在《关于高等院校开办外国人短期中文学习班问题的通知》中，教育部明确提出，具备条件的高等院校，只需报省、市、自治区高等教育厅（局）和外事办公室同意，并报教育部备案后，均可开设外国人短期中文学习班。与之同时，具备招生资格的院校可以自主招生：学校直接与国外有关院校、团体和友好人士联系，签订协议，由学校办理录取手续。① 这一规定，在来华留学教育史上有着重要

---

① 李滔主编：《中华留学教育史录（1949年以后）》，高等教育出版社，2000，第949页。

意义。在当时由中央政府统一负责来华留学教育和管理的阶段，高等学校可以自主招收短期来华留学生，可以说是来华留学教育体制的重要改革。

此后几年，短期来华留学生基本按照1980年的模式运行。在1978—1984年间，我国接收自费来华留学生12500多人。这些自费来华留学生绝大多数是短期来华留学生。①

需要说明的是，各院校虽可以自主招收短期来华留学生，但短期来华留学生的收费标准是由教育部协商中央有关部委统一制定的。1980年，教育部规定了短期来华留学生的学费、宿费、伙食费标准。时隔3年后，教育部、财政部、劳动人事部、国家物价局、国家外汇管理局联合发布了《关于重新印发为外国人举办短期学习班费用实行规定的通知》。其后，由于人民币与美元汇率时有变化，1985年，教育部与财政部发布了《关于调整为外国人举办短期学习班学费、宿费标准的通知》。通知规定，鉴于人民币与美元汇率时有变化，为稳定短期来华留学生的有关费用标准，决定以美元规定短期来华留学生的学费和宿费标准。接收短期来华留学生的学校，根据当时汇率折算成人民币收取留学生的学费和住宿费。自1985年9月1日起，对短期来华留学生的收费标准，按如下计算：

学费：学习四周的汉语短期班，收取相当于250美元的外汇人民币（按开学之日中国银行各地分行美元与人民币兑换率折算，下同），第五至第八周每周增加相当于50美元的外汇人民币，第九周开始每周增加相当于25美元的外汇人民币。各校不得任意提高学费，但可酌情降低。对集体来华的外籍华裔子女，可予优惠。

为外国人举办的其他学科短期学习班学费亦照此办理。

宿费：在学校住宿时（二人一间），每人每日收取相当于2~2.5美元的外汇人民币；有空调设备的房间，每人每日收取相当于3~3.5美元的外汇人民币。②

这一学费和住宿费标准，与1985年的物价标准相比，相对较高。

---

① 于富增：《改革开放30年的来华留学生教育（1978—2008）》，北京语言大学出版社，2009，第74页。
② 李滔主编：《中华留学教育史录（1949年以后）》，高等教育出版社，2000，第962页。

及至1986年，为简化短期班学员的接收工作手续，提高工作效率，充分利用办班院校的条件，国家教委决定不再给各驻外使领馆指定院校和分配名额。凡国外学生、民间团体或个人申请入短期班学习的，各使领馆视入学时间、专业等要求，向对方推荐院校，并请对方直接与有关院校联系。此后，高等院校招收短期来华留学生的权力日益增大，由是充分发挥了高等院校在对外交流中的积极性和主动性。

二、2000年以来来华留学生类别及学历层次

20世纪90年代后期以来，随着自费来华留学生数量的增长，来华留学生的总数也与日俱增。为了进一步发挥高等院校在来华留学教育中的作用，2000年1月31日，教育部、外交部、公安部以第9号令发布《高等学校接受外国留学生管理规定》，自发布之日起施行。在这项规定中，第三章"外国留学生的类别、招生和录取"中明确提出，高等学校为来华留学生提供两类教育形式：学历教育和非学历教育。其中，接收学历教育的类别为专科生、本科生、硕士研究生和博士研究生，接收非学历教育的类别为进修生和研究学者。

与之同时，高等学校对申请来华学习者进行入学资格审查、考试或考核，由高等学校自主制定来华留学生招生办法，公布招生章程，按规定招收外国学子。最后，外国留学生的录取由高等院校自行决定，但应当优先录取国家计划内招收的来华留学生。由此可见，其时，高等院校可以自行招收校际交流外国留学生和自费来华留学生。也就是说，高等院校对招收录取来华留学生有了很大的自主权。根据招生工作的实际情况及对来华留学生的合理考察，很多高等院校选择以资料审查的方式对所录取的来华留学生进行质量把关，对不同类别的来华留学生有不同的明确规定，现将其入学要求列表（见表6-4）示下。

表 6-4 2000 年后来华留学生入学要求一览表

学生类别	入学要求	学习年限	年龄要求	入学考试
本科生	具有相当于中国高级中学毕业的学历	4 学年（医学等专业为 5 学年）	25 周岁以下	有
硕士研究生	具有学士学位，在中国境外申请者需有两名教授或副教授的推荐，在华申请者应已获得中国高校的录取	2—3 学年	35 周岁以下	无
博士研究生	具有硕士学位，学习成绩优秀，在中国境外申请者需有两名教授或副教授的推荐，在华申请者应已获得中国高校的录取	3 学年	40 周岁以下	无
汉语进修生	具有相当于中国高级中学毕业以上的学历	1—2 学年	35 周岁以下	无
普通进修生	大学二年级以上在校学生或具有相当于大学本科毕业的学历	1—2 学年	45 周岁以下	无
高级进修生	申请来华就某一专题在中国导师指导下进修提高者，申请者应具有相当于中国硕士研究生毕业以上的学历，并有两名教授或副教授的推荐	1—2 学年	50 周岁以下	无

[资料来源] 根据教育部国际合作与交流司来华处编的《外国留学生教育管理工作必读》2002 年相关资料整理而成。

由上表可见，与 1986 年来华留学生的类别相比，此处增添了汉语进修生。补加汉语进修生的原因，在于国家留学基金委对汉语进修生和普通进修生的资助金额不同，因此又加进了汉语进修生这一类别。但从本质上讲，汉语进修生属于普通进修生的一种。自教育部对来华留学生的类别进行分类后，为了保证来华留学生的生源质量，部分高校根据实际情况，自行探索，实行来华留学生入学考试制度，挑选优质生源，保障本科阶段的来华留学生与国内本科生执行相同的教学计划。如北京大学、清华大学等高校，除对申请者进行资料审查外，还对申请来校攻读本科学位的来华留学生进行入学考试，通过考试者，方可入学。

就长期生而言，1999 年以来，在我国长期来华留学生在校人数中，学历生比例逐年增加，进修生比例逐渐减少。如本科生人数占全年所有长期生的比例，由 1999 年的 28.76% 逐年增长到 2013 年的 39.46%；研究生比例由 1999 年的 9.91% 增长到 2013 年的 15.22%。专科生作为来华留学生中的组成部分，虽然数量较少，但在长期来华留学生中的比例也处于逐年增长之势。就普通进修生言之，1999—2013 年虽然人数逐年增加，但自 2002 年开始，其所占比例有所下降，这与来我国学习的学历生增加有很大关系。21 世纪以来，许多外国学子来中国后，会选择先学习一年或两年的汉语，然后学习本科、硕士或博士阶段的专业课程，来华留学生在校人数中的学历生比例稳步增加。2002 年，来华留学生中学历生占长期来华留学生中的比例为 34.80%。至 2009 年，来华留学生中的学历生所占比例首次超过非学历生的比例，占比达到 50.49%。至 2013 年，学历生在来华留学生中占比达到 55.43%。[①]

产生这一变化的主要原因在于，我国高等教育质量逐年得到很大提高，致使高等教育在世界的影响力大幅提升。为了便于了解 21 世纪以来长期来华留学生的发展趋势，现将 1999—2013 年我国长期来华留学生类别在校人数列表（见表 6—5）示下。

表 6—5　1999—2013 年我国长期来华留学生类别在校人数统计表

年份	全年学生人数	长期生人数	专科生		本科生		研究生		普通进修生		高级进修生	
			人数	占比	人数	占比	人数	占比	人数	占比	人数	占比
1999	44711	29216	181	0.62%	8402	28.76%	2896	9.91%	17158	58.73%	579	1.98%
2000	52150	35671	228	0.64%	10224	28.66%	3251	9.11%	21342	59.83%	626	1.75%
2001	61869	41226	1282	3.11%	11797	28.62%	3571	8.66%	24040	58.31%	536	1.30%
2002	85829	60501	499	0.82%	16309	26.96%	4247	7.02%	38668	63.91%	778	1.29%
2003	77715	64456	263	0.41%	19319	29.97%	5034	7.81%	39026	60.55%	814	1.26%
2004	110844	76486	450	0.59%	25351	33.14%	5815	7.60%	44097	57.65%	773	1.01%
2005	141087	103712	593	0.57%	37147	35.82%	7111	6.86%	57913	55.84%	948	0.91%
2006	162695	119733	1009	0.84%	45207	37.76%	8643	7.22%	63877	53.35%	997	0.83%

① 根据教育部国际合作与交流司编的《来华留学生简明统计》1999—2013 年相关资料整理而成。

(续表)

年份	全年学生人数	长期生人数	专科生		本科生		研究生		普通进修生		高级进修生	
			人数	占比	人数	占比	人数	占比	人数	占比	人数	占比
2007	195503	144163	1119	0.78%	56248	39.02%	10846	7.52%	74933	51.98%	1017	0.71%
2008	223499	165002	860	0.52%	64864	39.31%	14281	8.66%	83779	50.77%	1218	0.74%
2009	238184	185082	957	0.52%	73515	39.72%	18978	10.25%	90221	48.75%	1411	0.76%
2010	265090	201410	1178	0.58%	81388	40.41%	24866	12.35%	92287	45.82%	1691	0.84%
2011	292611	216850	1249	0.58%	87212	40.22%	30376	14.01%	96252	44.39%	1761	0.81%
2012	328330	242791	1644	0.68%	95805	39.46%	36060	14.85%	107306	44.20%	1976	0.81%
2013	356499	266799	2004	0.75%	105284	39.46%	40602	15.22%	116314	43.60%	2595	0.97%

[资料来源] 根据教育部国际合作与交流司编的《来华留学生简明统计》1999—2013年相关资料整理而成。

1999—2013年，来华留学生中的学历生大多来自亚洲，占所有学历生的79.55%，其中来自韩国的学历生最多，其后依次是越南、印度、巴基斯坦等国家的；非洲学历生占所有学历生的9.45%；欧洲、美洲和大洋洲的学历生人数较少。非学历生中，62.14%来自亚洲，19.06%来自欧洲，14.19%来自美洲，其余的学生主要来自非洲和大洋洲。[①]

至于短期生，自高等院校扩大招收短期来华留学生后，短期来华留学生项目的发展如火如荼。特别是有资源的高等院校，都举办了各种专业的特色短期班。除一些自费来华国际短期班外，还有自1999年开始受到国务院侨办资助的海外华裔青少年夏（冬、秋）令营、海外华文教师培训班，以及始于2009年由孔子学院资助的来自海外孔子学院的汉语学习短期班等。这些项目，也是我国短期来华留学生项目的重要组成部分。

21世纪以来，除因2013年受非典影响，短期来华留学生在校人数骤减外，其他年份，短期来华留学生规模基本稳步增长。如1999年，我国短期来华留学生在校人数为15495人；至2004年，短期来华留学生在校人数已达34358人，

---

① 根据教育部国际合作与交流司编的《来华留学生简明统计》1999—2013年相关资料整理而成。

比1999年翻了一番。2011年，短期来华留学生在校人数达75761人；2013年，短期来华留学生在校人数已高达89700人。① 在此期间，短期来华留学生的涨幅不同，除2003年和2009年外，其他年份短期来华留学生增长幅度显著。②

就短期生所属国别言之，21世纪以来，短期来华留学生主要来自经济较发达国家，如美国、日本、韩国、德国、法国、英国、加拿大、澳大利亚等国；其次是周边国家如印度尼西亚、新加坡、马来西亚等国。其中，韩国、美国和日本三国，是短期来华留学生的主要生源国。1999年，韩国、日本、美国三国的短期来华留学生，在校人数分别为2241人，5594人，2715人，占当年所有短期国际学生的68.09%。至2001年，来自这三个国家的短期学生，在校人数分别为4709人，6532人，3518人，占当年短期生总数的比例甚至突破70.00%，达到71.50%。在2005年，韩国短期生突破1万人，达10374人；此后短期学生人数均在1万人以上。美国短期来华留学生人数在2008年突破1万人，达11950人；来自日本的短期生人数，不像美国和韩国那样逐年增长，而是基本维持在5000—9000人；来自英国、澳大利亚、法国、德国等国家的短期国际学生的人数，则稳步增长（见表6-6）。因此，近年来，随着来自其他国家的短期国际学生人数的增加，韩国、美国、日本三个国家的短期国际学生，在同期来华留学生中所占比例有所下降，至2013年，此三国短期学生在校人数占比只有37.32%。③

表6-6　1999—2013年短期来华留学生部分生源国在校人数分布表

年份	美国	日本	韩国	新加坡	印度尼西亚	德国	法国	俄罗斯	意大利	英国	加拿大	澳大利亚
1999	2715	5594	2241	247	886	699	422	107	282	186	290	497
2000	2680	5712	3111	645	516	635	408	145	280	265	259	322
2001	3518	6532	4709	133	487	640	518	454	258	365	276	632
2002	4659	6223	7224	205	717	491	663	478	229	597	434	547
2003	1029	3289	4718	108	633	405	269	192	76	198	84	444

---

① 根据教育部国际合作与交流司编的《来华留学生简明统计》1999—2013年相关资料整理而成。
② 同上。
③ 同上。

(续表)

年份	美国	日本	韩国	新加坡	印度尼西亚	德国	法国	俄罗斯	意大利	英国	加拿大	澳大利亚
2004	5415	8683	8993	366	1201	1004	963	819	324	563	576	649
2005	6192	6941	10374	547	958	1082	1372	983	515	694	562	1069
2006	6943	6853	11174	591	1183	1154	1504	1870	682	645	734	817
2007	8189	7427	14577	571	1265	1358	1901	2402	772	1081	741	747
2008	11950	6281	12970	952	1158	2017	1909	2249	922	1944	1272	1185
2009	9107	5356	10413	1516	1113	1576	1821	2383	1009	1514	781	915
2010	10267	6636	11308	1709	1901	1874	2181	2971	1257	1638	814	1869
2011	12805	7004	12608	2501	2467	2026	2937	3263	1302	1572	1234	2148
2012	13614	8881	14038	1944	2864	2225	2763	3550	1621	2047	1214	1964
2013	13917	5786	13776	2841	2724	2330	3257	3638	1883	3006	1539	1988

[资料来源] 根据教育部国际合作与交流司编的《来华留学生简明统计》1999—2013年相关资料整理而成。

1973—2013年间，在来华留学生中，中国政府奖学金生尤值一提。1973年，我国正式恢复招收来华留学生。当时的来华留学生以大学生为主，基本都是中国政府奖学金生，有部分来自欧洲国家的进修生。他们的专业和类别，也由中国政府决定。至1990年，中国政府本着"积极稳妥、保证质量、提高层次、注意效益"的原则，进行来华留学生的招生工作。这一原则一直影响此后中国政府奖学金生在校人数的招生和名额分配。享受中国政府奖学金的来华留学生，一直以学历生为主。在此，以1999—2013年的统计数据为例，对中国政府奖学金生在校人数的类别进行分析。现将1999—2013年间中国政府奖学金生在校人数学历生与非学历生统计列表（见表6-7）示下。

表6-7　1999—2013年间中国政府奖学金生在校人数学历生与非学历生统计表

年份	总数	学历生	学历生所占比例	非学历生	非学历生所占比例
1999	5211	2842	54.54%	2369	45.46%
2000	5362	3044	56.77%	2318	43.23%

(续表)

年份	总数	学历生	学历生所占比例	非学历生	非学历生所占比例
2001	5841	3368	57.66%	2473	42.34%
2002	6074	3558	58.58%	2516	41.42%
2003	6153	3713	60.34%	2440	39.66%
2004	6715	3945	58.75%	2770	41.25%
2005	7218	4227	58.56%	2991	41.44%
2006	8484	5357	63.14%	3127	36.86%
2007	10151	6615	65.17%	3536	34.83%
2008	13516	9681	71.63%	3835	28.37%
2009	18245	14275	78.24%	3970	21.76%
2010	22390	18563	82.91%	3827	17.09%
2011	25687	21905	85.28%	3782	14.72%
2012	28768	25025	86.99%	3743	13.01%
2013	33322	29037	87.14%	4285	12.86%

[资料来源]根据教育部国际合作与交流司编的《来华留学生简明统计》1999—2013年相关资料整理而成。

由上表不难看出，自1999年以来，在中国政府奖学金生在校人数中，学历生人数一直保持稳步增长的态势。如1999年，在中国政府奖学金生在校人数中，学历生有2842人，占当年中国政府奖学金生在校人数总数的54.54%；至2003年，中国政府奖学金学历生在校人数已增至3713人，占同期中国政府奖学金生在校人数总数的60.34%；2008年，在中国政府奖学金生在校人数中，学历生人数已达9681人，占当年中国政府奖学金生在校人数总数的71.63%；2009年，在中国政府奖学金生在校人数在校人数中，学历生人数首次突破1万人，达14275人，占中国政府奖学金生在校人数总数的78.24%；至2013年，中国政府奖学金学历生在校人数已达29037人，占所有中国政府奖学金生在校人数总数的87.14%。

就中国政府奖学金生在校人数类别所属洲别言之，在中国政府奖学金生在校人数中，亚洲和非洲的中国政府奖学金生较多。其中，来自亚洲的中国政府奖学金学历生在校人数多达 85265 人，来自非洲的中国政府奖学金学历生在校人数达 46036 人。可见，来自亚洲和非洲的学历生远远多于非学历生。自 2006 年起，来自大洋洲和美洲的学历生，开始超过或持平非学历生。就来自欧洲的中国政府奖学金生在校人数来说，非学历生多于学历生。（见表 6-8）

表 6-8　1999—2013 年中国政府奖学金生在校人数类别的洲别分布统计表

年份	类别	亚洲	非洲	欧洲	美洲	大洋洲	合计
1999	学历生	1477	999	282	74	10	2842
	非学历生	925	137	1154	123	30	2369
	合计	2402	1136	1436	197	40	5211
2000	学历生	1726	1052	180	76	10	3044
	非学历生	922	102	1140	129	25	2318
	合计	2648	1154	1320	205	35	5362
2001	学历生	1959	1124	178	98	9	3368
	非学历生	987	100	1193	158	35	2473
	合计	2946	1224	1371	256	44	5841
2002	学历生	2089	1160	181	116	12	3558
	非学历生	960	96	1248	165	47	2516
	合计	3049	1256	1429	281	59	6074
2003	学历生	2224	1153	178	134	24	3713
	非学历生	852	91	1264	171	62	2440
	合计	3076	1244	1442	305	86	6153
2004	学历生	2384	1207	186	153	15	3945
	非学历生	963	110	1394	241	62	2770
	合计	3347	1317	1580	394	77	6715
2005	学历生	2501	1290	232	181	23	4227
	非学历生	1000	77	1529	325	60	2991
	合计	3501	1367	1761	506	83	7218

(续表)

年份	类别	亚洲	非洲	欧洲	美洲	大洋洲	合计
2006	学历生	2911	1748	297	322	79	5357
	非学历生	1054	113	1561	339	60	3127
	合计	3965	1861	1858	661	139	8484
2007	学历生	3101	2562	345	467	140	6615
	非学历生	1070	171	1762	487	46	3536
	合计	4171	2733	2107	954	186	10151
2008	学历生	4557	3545	684	660	235	9681
	非学历生	1071	190	1944	561	69	3835
	合计	5628	3735	2628	1221	304	13516
2009	学历生	7307	4652	1073	931	312	14275
	非学历生	1102	172	1949	668	79	3970
	合计	8409	4824	3022	1599	391	18245
2010	学历生	10054	5550	1486	1112	361	18563
	非学历生	1143	160	1797	649	78	3827
	合计	11197	5710	3283	1761	439	22390
2011	学历生	12102	6183	1913	1311	396	21905
	非学历生	1208	133	1706	649	86	3782
	合计	13310	6316	3619	1960	482	25687
2012	学历生	14192	6611	2299	1518	405	25025
	非学历生	1242	106	1607	694	94	3743
	合计	15434	6717	3906	2212	499	28768
2013	学历生	16681	7200	2832	1893	431	29037
	非学历生	1281	105	1816	999	84	4285
	合计	17962	7305	4648	2892	515	33322

[资料来源]根据教育部国际合作与交流司编的《来华留学生简明统计》1999—2013年相关资料整理而成。

第二节　外人来华留学所入学校

自 1973 年正式恢复来华留学教育起，至 2013 年，我国所有的高等院校，并不是都可以接收来华留学生。接收来华留学生的院校，相关指标必须符合国家规定，且需经过教育部的评审。更重要的是，在接收来华留学生的院校中，有资格接收中国政府奖学金生的院校，一般都有资格接收自费来华留学生；但是，并非所有能够接收自费来华留学生的院校，都有资格接收中国政府奖学金生。除中国政府奖学金生及自费来华留学生外，我国对孔子学院奖学金生的接收院校，也有一定的要求。因我国接收孔子学院奖学金生的院校较少，本节将重点依据中国政府奖学金生、自费来华留学生两类来华留学生的分类标准，对其接收院校逐一进行分析。

一、接收中国政府奖学金生的院校

1973 年，中国正式恢复接收国际学生来华留学，是年根据外交部、国务院科教组《关于 1973 年接受来华留学生计划和留学生工作若干问题的请示报告》，外国学生来华后，一般先集中在北京语言学院[①]学习一年左右的汉语，然后视汉语运用能力转入专业学习。斯时，接收来华留学生的城市和学校，主要集中在北京、上海、天津、武汉、杭州、广州等开放城市。[②]

自 1978 年邓小平指示增派国际学生出国深造以来，各国也纷纷要求增派学子来华留学。为此，教育部、外交部、文化部等部门即着手就扩大来华留学生的工作做准备。1979 年 2 月 10 日，教育部、外交部、文化部、财政部、国家计委共同向国务院提交了《关于扩大接受外国留学生规模等

[①] 北京语言学院，1996 年经教育部批准，正式更名为"北京语言文化大学"；2002 年经教育部批准，校名简化为"北京语言大学"。
[②] 李滔主编：《中华留学教育史录（1949 年以后）》，高等教育出版社，2000，第 811 页。

问题的请示》，得到国务院的批准。该项请示中，计划1979—1985年共接收外国留学生13000人。对于接收这批来华留学生的院校，请示中有如下安排：

> 现根据中央提出的调整、改革、整顿、提高的方针，经商有关部委、省、市、自治区和院校，决定对接受外国留学生的院校和规模，分两批进行安排。第一批，从1979年至1985年安排43所院校，共接受六千五百七十五人。这些院校，除个别的未接受过留学生外，绝大多数院校已经接受。第二批，从1982年至1985年，共接受六千四百二十五人，将根据今后两年接受留学生的专业和人数变化情况，开放一批新的院校。①

及至1986年，中国已开放66所高等院校接收来华留学生。这些院校，可分为文理科综合性院校、师范院校、艺术院校、工科院校、农业院校、医药院校及体育院校七类。现将具体情形列示于下表（见表6-9）：

表6-9　1986年我国接收来华留学生的高等院校一览表

1	文理科综合性院校	北京大学、中国人民大学、复旦大学、南开大学、南京大学、山东大学、武汉大学、中山大学、厦门大学、四川大学、吉林大学、辽宁大学、北京语言学院、北京外国语学院
2	师范院校	北京师范大学、华东师范大学、天津师范大学、南京师范大学
3	艺术院校	中央美术学院、浙江美术学院、中央工艺美术学院、中央戏剧学院、中央音乐学院、上海音乐学院
4	工科院校	清华大学、同济大学、上海工业大学、天津大学、南京工学院、浙江大学、华中工学院、东北工学院、吉林工业大学、北方交通大学、北京邮电学院、北京钢铁学院、中国纺织大学、华东化工学院、河海大学（原华东水利学院）、无锡轻工业学院、武汉水运工程学院、大连海运学院、西安公路学院、长春地质学院、武汉地质学院、成都地质学院

---

① 李滔主编：《中华留学教育史录（1949年以后）》，高等教育出版社，2000，第832页。

(续表)

5	农业院校	浙江农业大学、华南农业大学、广西农学院
6	医药院校	北京医科大学、上海医科大学、上海第二医科大学、天津医学院、浙江医科大学、华西医科大学、湖北医学院、同济医科大学、中山医科大学、广西医学院、中国医科大学、北京中医学院、上海中医学院、南京中医学院、广州中医学院、南京药学院
7	体育院校	北京体育学院

[资料来源]李滔主编：《中华留学教育史录（1949年以后）》，高等教育出版社，2000，第834—841页。

其后，随着来华留学生规模的扩大，我国开放性地接收中国政府奖学金生的院校也逐渐增多。至1999年，在全国1071所普通高等院校中，接收中国政府奖学金生的院校已达89所。此89所院校，遍布18个省、自治区和直辖市：北京市26所；上海市12所；天津市5所；辽宁省6所；吉林省5所；江苏省7所；湖北省7所；广东省5所；浙江省和山东省各3所；广西壮族自治区、陕西省各2所；黑龙江省、安徽省、福建省、湖南省、四川省、甘肃省各1所。①

嗣后，考虑到地域、开放专业、办学条件等因素，教育部逐渐在全国增加了不同类别的来华留学生接收院校。然而，在各地增加中国政府奖学金生接收院校的同时，全国接收中国政府奖学金生的院校也有所变化。如2000年，重庆市增加1所，但全国接收中国政府奖学金生的院校减少至85所，占当年全国普通高等院校的8.17%；翌年，河北省增加1所，全国接收中国政府奖学金生的院校减少至82所，占当年全国普通高等院校的6.69%；2003年，江西省增加2所，全国接收中国政府奖学金生的院校又增加至96所，占当年全国普通高等院校的6.19%；2006年，云南省增加1所，全国接收中国政府奖学金生的院校增至106所，占当年全国普通高等院校的5.68%；2008年，内蒙古自治区和新疆维吾尔自治区各增

---

① 根据教育部国际合作与交流司编的《来华留学生简明统计》1999—2013年相关资料整理而成。

加 2 所，贵州省增加 1 所，全国接收中国政府奖学金生的院校增至 134 所，占当年全国普通高等院校的 5.92%；2010 年，河南省增加 1 所，全国接收中国政府奖学金的院校增至 164 所，占当年全国普通高等院校的 6.96%；2013 年，海南省增加 1 所，全国接收中国政府奖学金生的院校增至 217 所，占当年全国普通高等院校的 8.71%。[①]

1999 年，接收中国政府奖学金生的院校，占同期全国高等院校总数的 8.31%。此后至 2005 年间，因中国高等院校的数量迅速增加，导致这一比例逐年下降。至 2005 年，接收中国政府奖学金生的院校，只占全国高等院校总数的 5.41%。此后，随着接收中国政府奖学金生院校的数量增加及国内高等院校数量的逐步稳定，这一比例至 2013 年，上升为 8.71%。[②]

各高等院校若想接收来华留学的中国政府奖学金生，必须经过教育部审查通过后方可接收。经过多年的发展，至 2013 年，我国可以接收中国政府奖学金生的院校已遍布全国 21 个省、4 个自治区及 4 个直辖市。在这些院校中，不仅有"985"和"211"院校，也有省属院校；有综合性大学，也有理工科、体育类、艺术类及医学类专业院校。中国政府奖学金生来华后，由这些院校承担其教学和管理工作。2013 年，我国接收中国政府奖学金生的院校计达 217 所，现将其列表（见表 6-10）示下。

[①] 根据教育部国际合作与交流司编的《来华留学生简明统计》1999—2013 年相关资料整理而成。
[②] 同上。

表6—10　2013年中国政府奖学金生接收院校（217所）统计表

地区	学校序号	院校名称	地区	学校序号	院校名称
北京	1	北京大学	北京	26	中国农业大学
	2	中国人民大学		27	中央财经大学
	3	清华大学		28	中国科学院大学
	4	北京交通大学		29	外交学院
	5	北京工业大学		30	中国地质大学（北京）
	6	北京航空航天大学		31	北京林业大学
	7	北京理工大学		32	中国农业科学院研究生院
	8	北京科技大学		33	中央民族大学
	9	北京邮电大学		34	华北电力大学（北京）
	10	北京中医药大学		35	中国政法大学
	11	北京师范大学		36	中国石油大学（北京）
	12	首都师范大学		37	中国传媒大学
	13	北京外国语大学		38	中国音乐学院
	14	北京第二外国语学院		39	中国青年政治学院
	15	首都医科大学	天津	40	南开大学
	16	北京语言大学		41	天津师范大学
	17	对外经济贸易大学		42	天津工业大学
	18	首都经济贸易大学		43	天津理工大学
	19	北京体育大学		44	天津财经大学
	20	中央音乐学院		45	天津大学
	21	中央美术学院		46	天津医科大学
	22	中央戏剧学院		47	天津中医药大学
	23	北京电影学院		48	天津外国语大学
	24	北京化工大学		49	天津职业技术师范大学
	25	首都体育学院		50	天津科技大学

(续表)

地区	学校序号	院校名称	地区	学校序号	院校名称
上海	51	复旦大学	黑龙江	76	佳木斯大学
	52	同济大学		77	哈尔滨工程大学
	53	上海交通大学		78	齐齐哈尔大学
	54	华东理工大学		79	黑龙江中医药大学
	55	东华大学		80	牡丹江师范学院
	56	上海中医药大学		81	哈尔滨师范大学
	57	华东师范大学	吉林	82	吉林大学
	58	上海外国语大学		83	东北师范大学
	59	上海音乐学院		84	吉林师范大学
	60	上海大学		85	长春理工大学
	61	上海财经大学		86	北华大学
	62	上海师范大学		87	延边大学
	63	上海体育学院	辽宁	88	辽宁大学
	64	上海理工大学		89	大连医科大学
	65	上海海事大学		90	大连理工大学
	66	华东政法大学		91	东北大学
	67	上海对外经贸大学		92	大连海事大学
	68	重庆大学		93	中国医科大学
	69	西南大学		94	辽宁师范大学
	70	重庆邮电大学		95	沈阳师范大学
	71	重庆医科大学		96	东北财经大学
黑龙江	72	哈尔滨工业大学		97	大连外国语大学
	73	黑龙江大学		98	沈阳航空航天大学
	74	东北林业大学		99	辽宁中医药大学
	75	东北农业大学		100	沈阳工业大学

(续表)

地区	学校序号	院校名称	地区	学校序号	院校名称
辽宁	101	沈阳建筑大学	浙江	126	浙江大学
	102	大连交通大学		127	宁波大学
	103	辽宁工程技术大学		128	中国美术学院
	104	辽宁石油化工大学		129	浙江师范大学
	105	沈阳理工大学		130	浙江理工大学
安徽	106	安徽大学		131	浙江工业大学
	107	中国科学技术大学		132	浙江科技学院
	108	安徽农业大学		133	杭州师范大学
	109	安徽师范大学		134	温州医学院
	110	合肥工业大学	山东	135	山东大学
江苏	111	南京大学		136	中国海洋大学
	112	东南大学		137	中国石油大学（华东）
	113	河海大学		138	青岛大学
	114	江南大学		139	青岛科技大学
	115	南京中医药大学		140	鲁东大学
	116	中国药科大学		141	山东师范大学
	117	南京师范大学		142	济南大学
	118	南京理工大学	湖南	143	湖南大学
	119	南京航空航天大学		144	中南大学
	120	苏州大学		145	湘潭大学
	121	中国矿业大学（徐州）		146	湖南师范大学
	122	南京农业大学	湖北	147	武汉大学
	123	南京信息工程大学		148	华中科技大学
	124	江苏大学		149	中国地质大学（武汉）
	125	扬州大学		150	华中师范大学

(续表)

地区	学校序号	院校名称	地区	学校序号	院校名称
湖北	151	武汉理工大学	四川	176	成都中医药大学
	152	中南财经政法大学	陕西	177	西北工业大学
	153	华中农业大学		178	西北农林科技大学
	154	三峡大学		179	西安交通大学
广东	155	华南农业大学		180	长安大学
	156	华南理工大学		181	西安外国语大学
	157	中山大学		182	陕西师范大学
	158	广州中医大学		183	西安石油大学
	159	南方医科大学		184	西安电子科技大学
	160	汕头大学	甘肃	185	西北师范大学
	161	华南师范大学		186	兰州大学
	162	广东外语外贸大学		187	兰州交通大学
	163	暨南大学		188	兰州理工大学
广西	164	广西师范大学	江西	189	南昌大学
	165	广西大学		190	江西财经大学
	166	广西医科大学		191	景德镇陶瓷学院
	167	广西民族大学		192	江西师范大学
福建	168	厦门大学		193	南昌航空大学
	169	福建师范大学	云南	194	昆明理工大学
	170	福建农林大学		195	云南师范大学
	171	福建医科大学		196	云南大学
四川	172	西南交通大学		197	云南财经大学
	173	四川大学		198	昆明医科大学
	174	西南财经大学		199	云南民族大学
	175	电子科技大学	新疆	200	石河子大学

(续表)

地区	学校序号	院校名称	地区	学校序号	院校名称
新疆	201	新疆师范大学	河南	210	郑州大学
	202	新疆大学	河北	211	河北经贸大学
	203	新疆医科大学		212	河北大学
贵州	204	贵州大学		213	燕山大学
内蒙古	205	内蒙古农业大学		214	河北师范大学
	206	内蒙古大学	宁夏	215	宁夏大学
	207	内蒙古师范大学	海南	216	海南大学
	208	内蒙古工业大学	山西	217	太原理工大学
	209	内蒙古民族大学			

[资料来源] 根据教育部国际合作与交流司编的《来华留学生简明统计》2013年相关资料整理而成。

为便于了解此间中国政府奖学金生接收院校的变化情形,现将1999—2013年间中国政府奖学金生的接收院校地域分布情状列表(见表6-11)示下:

表6-11 1999—2013年中国政府奖学金生接收院校地域分布表

序号	所在地区	年份													
		1999	2000	2001	2002	2003	2004	2005	2006	2007	2008	2009	2010	2011	2012	2013
1	北京	26	25	23	25	25	25	26	28	31	33	34	35	36	36	39
2	上海	12	12	12	11	12	13	12	13	12	13	13	14	15	15	17
3	天津	5	5	5	5	6	7	6	7	7	7	8	8	8	9	11
4	辽宁	6	6	6	6	7	7	7	7	7	7	9	10	10	13	18
5	吉林	5	2	2	2	2	2	2	3	6	6	6	6	6	6	6
6	黑龙江	1	1	1	1	1	1	1	2	4	5	6	6	8	8	10
7	江苏	7	7	7	8	8	8	8	8	9	10	11	14	14	15	15
8	浙江	3	3	2	3	3	3	3	4	4	4	6	7	8	9	

(续表)

序号	所在地区	年份														
		1999	2000	2001	2002	2003	2004	2005	2006	2007	2008	2009	2010	2011	2012	2013
9	安徽	1	3	3	3	3	3	3	3	3	3	4	4	4	5	5
10	福建	1	1	1	1	1	1	1	1	1	1	1	1	2	4	4
11	山东	3	3	3	3	3	3	3	3	3	3	3	3	3	7	8
12	湖北	7	4	4	5	6	7	6	7	7	7	7	7	7	7	8
13	湖南	1	2	2	2	2	2	2	2	2	2	2	4	4	4	4
14	广东	5	5	5	4	4	4	4	5	5	6	8	8	8	8	9
15	广西	2	2	2	2	2	2	2	2	2	3	3	4	4	4	4
16	四川	1	1	1	2	3	3	3	3	3	3	3	4	4	4	5
17	陕西	2	1	2	2	2	2	2	3	5	5	5	7	7	8	8
18	甘肃	1	1	1	1	1	1	1	1	3	3	3	4	4	4	4
19	重庆	0	1	2	2	2	2	2	2	2	2	2	2	3	3	4
20	河北	0	0	0	1	1	1	1	0	0	0	0	0	2	2	4
21	江西	0	0	0	0	2	2	2	2	2	2	2	2	2	2	5
22	山西	0	0	0	0	0	0	0	0	0	0	0	0	0	0	1
23	内蒙古	0	0	0	0	0	0	0	0	2	4	4	4	4	4	5
24	河南	0	0	0	0	0	0	0	0	0	0	0	1	1	1	1
25	海南	0	0	0	0	0	0	0	0	0	0	0	0	0	0	1
26	贵州	0	0	0	0	0	0	0	0	0	1	1	1	1	1	1
27	云南	0	0	0	0	0	0	1	2	4	4	4	4	4	6	6
28	新疆	0	0	0	0	0	0	0	0	0	2	3	4	4	4	4
29	宁夏	0	0	0	0	0	0	0	0	0	0	0	1	1	1	1
	小计	89	85	84	89	96	99	97	106	118	134	146	163	173	189	217

[资料来源]根据教育部国际合作与交流司编的《来华留学生简明统计》1999—2013年相关资料整理而成。

值得一提的是，除中国政府奖学金生外，还有一类孔子学院奖学金生的规模也日渐扩大。2009年，孔子学院奖学金由孔子学院总部（国家汉办）设立，目的在于资助国际学生、学者来华学习汉语、中国历史、中医等专业。在设立孔子学院奖学金时，可以接收孔子学院奖学金生的院校，均须设有海外孔子学院，并由孔子学院总部委托招生、培养。其时，可以接收孔子学院奖学金生的院校共70所，其中可以接收汉语国际教育硕士生的院校有49所，接收汉语进修生的院校共70所。此后，可以接收孔子学院奖学金生的院校逐年增加。

二、接收自费来华留学生的院校

1978年，我国开始招收自费来华留学生，此后至1989年间，自费来华留学生的招生工作均改由教育部负责。申请自费前来中国留学的外国学生，需向中国驻外使领馆、外国驻中国使领馆或教育部直接提出申请，教育部审核通过后，由教育部发放录取通知书，并安排接收院校。斯时，中国接收的自费留学生，大部分是短期语言生，长期自费留学生数量较少。

其后，随着中国改革开放的深入发展及高等院校对外教育交流的不断扩大，自费来华留学的外国学子日益增多。由是，越来越多的高等院校希望自行接收来华留学生。为了进一步做好自费来华留学生的招生工作，1989年6月13日，国家教委发布了《关于招收自费外国来华留学生的有关规定》，其中规定：

> 普通高等院校要求接受自费生，必须具备接受外国留学生的教学、生活、管理等条件，要有管理外国留学生的机构，并经省、市、部委一级教育主管部门批准。经批准接受外国留学生的高等院校，由省、市、部委负责报国家教委备案。[1]

---

[1] 何东昌主编：《中华人民共和国重要教育文献（1949年—1997年）》，海南出版社，1998，第2867页。

由上述文字可见，经教育部审批通过的高等院校，可以自主招收自费来华留学生。但需要说明的是，此处的自费来华留学生，不仅包括短期生，还包括长期生。从某种意义上说，自上述文件颁布后，我国正式大批接收自费留学生。原因在于，1978年以来，虽有自费留学生前来中国学习，但人数甚少。前文已述，其时的自费来华留学生，虽名为"自费"，却名不副实。自1989年后，随着自费来华留学生的招生工作逐渐步入正轨，我国接收自费留学生的院校数量显著增加。

随着自行接收自费来华留学生的院校越来越多，为保证教学质量，提高管理水平，根据国家教育委员会的有关规定，各有关省、市、自治区的教育主管部门，对部分接收外国学生高等院校的办学条件进行了评审，并于1993年公布了第一批有条件接收自费来华留学生的200所高等院校名单，其中包括所有能够接收中国政府奖学金生的院校。现将这些高校列示下表（见表6-12）。

表6-12　第一批具备接收自费来华留学生的高等院校统计表

省（市、区）	校名	
北京	北京语言学院	北京大学
	中国人民大学	北京师范大学
	北京外语学院	清华大学
	北京科技大学	北方交通大学
	北京邮电学院	北京医科大学
	北京中医学院	中央美术学院
	中央工艺美术学院	中央戏剧学院
	中央音乐学院	北京体育学院
	首都师范大学	北京经济学院
	北京商学院	北京农业大学
	对外经贸大学	中国政法大学
	北京第二外语学院	北京电影学院
	北京外语师范学院	中央民族学院
	北京工业大学	北京农业工程大学
	北京针灸骨伤学院	中国中医研究院

（续表）

省（市、区）	校名	
天津	南开大学 天津外语学院 天津轻工学院 天津商学院	天津大学 天津中医学院 天津师范大学
上海	华东师范大学 上海工业大学 中国纺织大学 上海医科大学 上海中医学院 上海外语学院 华东政法学院 上海戏剧学院 上海第二教育学院 上海工程技术大学 上海教育学院	复旦大学 同济大学 华东化工学院 上海科技大学 上海第二医科大学 上海音乐学院 上海师范学院 上海大学文学院 上海体育学院 上海交通大学 上海机械学院
江苏	南京师范大学 无锡轻工学院 南京中医学院 江南大学 华东工学院 江苏商业专科学校 徐州师范学院 苏州大学	南京大学 东南大学 中国药科大学 河海大学 扬州师范学院 中国矿业大学 江苏工学院
浙江	浙江大学 浙江美术学院 浙江中医学院	浙江农业大学 杭州大学 浙江医科大学
湖北	武汉大学 武汉水运学院 同济医科大学 华中师范大学 湖北中医学院 湖北大学 武汉体育学院	华中理工大学 中国地质大学 湖北医学院 华中农业大学 中南民族学院 江汉大学

(续表)

省（市、区）	校名	
广东	中山医科大学 华南农业大学 深圳大学 广州美术学院 汕头大学 华南理工大学	中山大学 广州中医学院 五邑大学 华南师范大学 广州外语学院 暨南大学
山东	山东师范大学 青岛大学 烟台大学 烟台师范大学	山东大学 山东中医学院 青岛海洋大学
福建	厦门大学 华侨大学 福建师范学院	福州大学 福建中医学院
四川	成都科技大学 成都中医学院 四川师范大学 四川农业大学 西南师范大学	四川大学 成都地质学院 西南民族学院 四川外语学院 重庆大学
广西	广西农业大学 桂林医学院 广西中医学院 广西师范学院	广西医科大学 广西师范大学 广西大学 广西民族学院
辽宁	东北工学院 中国医科大学 大连外国语学院 沈阳师范学院 阜新矿业学院 大连理工大学	辽宁大学 大连海运学院 辽宁师范大学 辽宁中医学院 沈阳建工学院 东北财经大学
吉林	吉林工业大学 长春大学 长春中医学院 白求恩医科大学	吉林大学 长春地质学院 延边大学 东北师范大学

(续表)

省（市、区）	校名	
黑龙江	黑龙江商学院 哈尔滨船舶学院 哈尔滨工业大学 大庆石油学院	黑龙江大学 黑龙江中医学院 哈尔滨师范大学 哈尔滨科技大学
陕西	西安交通大学 陕西师范大学 西安外语学院 西安公路学院	西北大学 西安联合大学师范学院 西安音乐学院
河北	河北师范大学	
河南	郑州大学 洛阳工学院	河南大学 洛阳工业高等专科学校
甘肃	兰州大学	
山西	山西大学	
安徽	安徽大学 安徽师范大学 中国科技大学	
青海	青海教育学院	
江西	江西教育学院	江西中医学院
内蒙古	内蒙古师范大学 内蒙古农牧学院 内蒙古大学	
宁夏	宁夏大学	
新疆	新疆工学院 八一农学院 喀什师范学院	新疆大学 新疆师范大学 新疆艺术学院
云南	云南民族学院 云南教育学院 昆明医学院	云南大学 云南师范大学
海南	海南师范学院	
贵州	贵州大学	

[资料来源]李滔主编：《中华留学教育史录（1949年以后）》，高等教育出版社，2000，第847—850页。

上表所列200所高等院校，涵盖了文、理、工、医、农林、师范、艺术、体育等各类院校，分布在28个省、自治区和直辖市。其中，北京市30所；上海市22所；江苏省15所；湖北省13所；辽宁省12所；广东省12所；四川省10所；广西壮族自治区8所；吉林省8所；黑龙江省8所；天津市7所；山东省7所；陕西省7所；浙江省6所；新疆维吾尔自治区6所；福建省5所；云南省5所；河南省4所；安徽省3所；内蒙古自治区3所；江西省2所；此外，河北省、山西省、甘肃省、青海省、宁夏回族自治区、贵州省及海南省各1所。①

时隔4年后的1997年，全国接收自费来华留学生的院校增加到330所。1999年增至356所，占当年全国普通高等院校的33.24%。进入21世纪以后，每年接收自费来华留学生的院校数目及占比情况是：2000年344所，占当年全国普通高等院校的33.05%；2001年363所，占当年全国普通高等院校的29.63%；2002年394所，占当年全国普通高等院校的28.22%；2003年352所，占当年全国普通高等院校的22.68%；2004年420所，占当年全国普通高等院校的24.26%；2005年464所，占当年全国普通高等院校的25.89%；2006年519所，占当年全国普通高等院校的27.80%；2007年544所，占当年全国普通高等院校的28.51%；2008年592所，占当年全国普通高等院校的26.16%；2009年619所，占当年全国普通高等院校的26.85%；2010年618所，占当年全国普通高等院校的26.21%；2011年660所，占当年全国普通高等院校的27.40%；2012年增至690所，占当年全国普通高等院校的28.26%；2013年首次突破700所，达746所，占当年全国普通高等院校的29.95%。②

---

① 李滔主编：《中华留学教育史录（1949年以后）》，高等教育出版社，2000，第847—850页。
② 根据教育部国际合作与交流司编的《来华留学生简明统计》1999—2013年相关资料整理而成。

第三节　外人来华留学所学专业

1973—2013 年间，外人来华留学所学专业，在不同的历史时段，呈现出不同的时代特点。我国正式恢复留学教育初期，来华留学生所学专业以理工科为主。1978 年改革开放后，随着我国对外开放专业的迅速增加，在来华留学生所学专业中，文科比例逐步扩大。20 世纪 90 年代，外人来华留学所学专业中，文科专业占据主体地位。21 世纪以来，随着我国高等教育质量及科研实力的增强，外人来华留学所选学科开始走向多样化。但在此历史时期，汉语始终为来华留学生选择最多的专业，因其贯穿整个历史时段，故而将其作为一目专门论述。除汉语外，为帮助来华留学生克服语言障碍，我国还专门为这些国际学生开放以英语为主的外语授课专业，因其较为特殊，故而也将其分作一目专门阐析。

一、由理工为主转向学科多样化

1973 年，我国正式恢复接收来华留学生。外交部、国务院科教组在《关于 1973 年接受来华留学生计划和留学生工作若干问题的请示报告》中明确指出，外国学生来华后，一般先集中到北京语言学院学习一年左右汉语，然后视来华留学生的汉语运用能力，转入相关专业学习。有些专业，如艺术、农林之类，由于目前尚不具备接收条件，未予安排，但从长远看，仍需有所关注或考虑。与此同时，在这项请示报告中，外交部、国务院科教组列示了 1973 年拟接收来华留学生学习的专业。其后，请示报告得到国务院的批准。现将 1973 年我国接收来华留学生学习的专业列表（见表 6-13）示下。

表 6—13 1973 年我国对来华留学生开放的专业统计表

编号	专业	编号	专业	编号	专业
1	中国文学	24	金属压力加工	47	建筑学
2	汉语	25	金属材料及热处理	48	水工建筑
3	中国历史	26	金属物理	49	采矿
4	世界历史	27	冶金机械	50	炼钢
5	政治经济学	28	精密计量仪器	51	炼铁
6	国际政治	29	水道及港口水工建筑	52	电冶金
7	哲学	30	化工机械	53	冶金生产自动化
8	英语	31	无机化工（化肥）	54	矿山自动化
9	法语	32	高分子化工	55	矿山机械
10	西班牙语	33	棉纺	56	数学
11	德语	34	毛纺	57	物理
12	阿拉伯语	35	机织：毛织	58	化学
13	印尼语	36	棉织	59	医学
14	光学	37	针织	60	石油水工
15	无线电物理	38	纺织机械	61	选矿
16	有机化学	39	化纤	62	重金属冶炼
17	高分子化学	40	染整	63	轻金属冶炼
18	房屋建筑	41	汽车设计	64	药学
19	道路	42	焊接工艺及设备	65	中医
20	桥梁	43	工业自动化	66	中药
21	工业自动化仪表	44	电机	67	体育（系）
22	光学仪器	45	电力系统及自动化	68	硅酸盐（玻璃）
23	机械设计与制造工艺	46	计算机		

[资料来源] 李滔主编：《中华留学教育史录（1949 年以后）》，高等教育出版社，2000，第 815—816 页。

从上表不难看出，1973 年我国对来华留学生开放的专业主要集中在理工科及医科方面，尤其集中在与基础建设、重工业等方面相关的领域。理工科和医科方面的专业，占当年对来华留学生开放专业的 81%。文科专业则主要集中在汉语专业，另外，小语种专业、文学、历史及国际政治等 13 个专业，皆对来华留学生开放。其中，就文科专业而言，占当年对来华留学生开放专业的 19%。由于当时的条件不成熟，有些专业如艺术、农林等，没有接收过任何来华留学生。

在 1973 年的基础上，1974 年，我国对来华留学生开放的专业，增加了少量农林专业。[①] 1975—1976 年度，鉴于对外开放的专业接收来华留学生的能力和条件有限，针对第二世界国家，我国只开放汉语、文学、历史和哲学 4 个专业。对匈牙利、保加利亚、波兰、捷克斯洛伐克，我国仅接收汉语、文学专业的留学生。针对第三世界国家，我国开放 4 个文科专业、59 个理工科专业、4 个医学专业（医学名额有所限制）。[②] 由此看来，与 1973 年相比，1975—1976 年，我国对来华留学生开放的专业有所减少，但不可否认的是，在对来华留学生开放的专业中，理工科专业仍然占主体地位。综合言之，1973—1976 年间，我国高等学校对来华留学生开放的专业，理工科专业（包括理、工、农、医科）占主体，大概占对来华留学生开放专业的 70% 以上；文科专业（包括文、史、哲、艺术等）所占比例较小，占 10%—30%。

1978 年 1 月 26 日，在《关于做好今年接受外国留学生工作的通知》中，教育部、外交部强调，为提高接收和培养外国留学生的质量，经国务院批准，从当年起，对来华学习理、工、医科的大学生，也要进行数学、理化基础知识的考核（学文科的暂不考核）。学习各科的外国大学生，都要交验高中毕业证书和高中学习成绩单。为此，国内提供出一批考题，连同标准答案、评分标准一起翻译成外文，供驻外使馆选拔学生时使用。使馆通常选择学习较好、

---

① 李滔主编：《中华留学教育史录（1949 年以后）》，高等教育出版社，2000，第 816 页。
② 李滔主编：《中华留学教育史录（1949 年以后）》，高等教育出版社，2000，第 822 页。

确实具有高中毕业文化程度的学生来华学习。显然，此种考核规定，对学习理、工、医科的来华留学生而言，是一个较大的挑战，尤其对那些数理化基础薄弱的来华留学生（主要是亚非拉发展中国家的学生）更加不利。故而，此项规定一出台，就遭到不少发展中国家的埋怨和反对。虽然经过多次协商并折中处理，事实上，上述规定仍暂时削减了发展中国家理工科来华留学生的人数。来华学习文科的国际学生，阻力较小，只要交验相关的学习证件、获得签证，即可顺利来华学习，这也为来华学习文科的外国学生打开了方便之门，有力地推动了文科来华留学生的快速增长。

同时，在《关于做好今年接受外国留学生工作的通知》中，教育部列示了1978—1979年间我国对来华留学生开放的38个专业。其中，文科专业只有汉语、中国文学、中国史和哲学4个专业，占所开放专业总数的10.53%；其余皆为理、工、农、医科专业。现将1978—1979年度我国接收来华留学生的专业状况列表（见表6-14）示下。

表6-14　1978—1979年度我国接收来华留学生专业一览表

编号	专业名称	学习年限	编号	专业名称	学习年限
1	汉语	4年	14	纺织机械	4年
2	中国文学	4年	15	染整	4年
3	中国史	4年	16	化学纤维	4年
4	哲学	4年	17	普查找矿	4年
5	基本有机化工	4年	18	水文地质	4年
6	高分子化工	4年	19	工业与民用建筑	4年
7	电机	4年	20	建筑学	4年
8	机械制造工程	4年	21	发电厂及电力系统	4年
9	内燃机	4年	22	工业自动化	4年
10	农业机械	4年	23	水工建筑	4年
11	棉纺	4年	24	公路与桥梁	4年
12	机织	4年	25	采矿	4年
13	毛纺	4年	26	电冶金	4年

(续表)

编号	专业名称	学习年限	编号	专业名称	学习年限
27	冶金炉	4年	33	铁路工程	4年
28	食品工程	4年	34	铁路信号	4年
29	无线电技术	4年	35	药学	4年
30	无线电通信	4年	36	中药	4年
31	多路通信	4年	37	医学	5年
32	铁路运输	4年	38	中医	5年

[资料来源]李滔主编：《中华留学教育史录（1949年以后）》，高等教育出版社，2000，第827—830页。

进入20世纪80年代后，我国高等院校的文科专业，越来越多地接收大量的来华留学进修生和本科生。如在《关于1980年接受外国留学生工作的通知》中，教育部、外交部指出，我国主要在文科方面接收进修生。对本科大学生学习文科者，来华前仍不考试。学习理、工、医、农的学生，来华前需经过考试。由于我国文科类专业入学条件比较宽松，来我国学习文科专业的各国学生逐渐增多。

1980—1982年间，我国接收来华留学生的高等院校增加至36所，对国际学生开设的专业已超过130个。36所高等院校中，接收文科和艺术类来华留学生的院校有11所。随着开放院校数量的增长，我国对来华留学生开放的文科和艺术类专业，扩大到汉语、中国文学、中国史、哲学和考古以及中国美术史、中国画、书法等专业。如北京大学、复旦大学、南京大学、南开大学、辽宁大学、山东大学等综合性院校，皆开放文科专业；中央美术学院、浙江美术学院、中央戏剧学院及上海音乐学院等艺术类院校，都被纳入对外开放的院校，同时增加如美术、版画、美术史、音乐、戏曲、钢琴演奏、民族乐器演奏等专业。尽管如此，对外开放的理工科院校数量及所开放的专业数量，仍然占绝对优势。其中，理工科院校有25所，专业更是涉及建筑、机械、无线电、纺织、化学、中医和西医等学科。为了便于读者了解，现将1980年我国接收来华留学生的院校及专业一览表（见表6-15）和1982年我国接收来华留学生的艺术院校及专业一览表（表6-16）示下。

表6-15 1980年我国接收来华留学生的院校及专业一览表

编号	院校	专业名称	类别（学制）
1	北京语言学院	现代汉语	大学生（4）
		基础汉语	进修生（1）
2	北京大学	汉语言文学	大学生（4）
		中国文学	进修生（1）
		中国历史	大学生（4）
			进修生（1）
		哲学	大学生（4）
			进修生（1）
		政治经济学	进修生（1）
		考古学	进修生（1）
3	复旦大学	中国古典文学、中国现代文学、中国古代史、中国近现代史、中国哲学史	进修生（1）
4	南京大学	汉语、中国文学、中国历史、考古学、中国哲学史、政治经济学	进修生（1）
5	南开大学	汉语言文学	大学生（4）
			进修生（1）
		中国古代史、中国近代史、中国现代史	进修生（1）
6	辽宁大学	汉语、中国古典文学、中国现代文学、中国古代史、中国近代史、中国现代史	进修生（1）
7	山东大学	汉语言文学、中国历史、考古学、哲学	进修生（1）
8	清华大学	工业自动化、电子计算机、机械制造工艺及设备、水工建筑、建筑学、发电厂及电力系统	大学生（5）
		工业与民用建筑	大学生（5）
			进修生（1）
9	天津大学	无线电技术、工业电器自动化、发电厂及电力系统、电机、水利建筑工程、机械制造工艺及设备	大学生（4）
10	同济大学	工业与民用建筑、建筑学	大学生（4）
11	南京工学院	无线电技术、公路工程、机械制造工艺及其设备、发电厂及电力系统	大学生（4）
12	北京邮电学院	无线电技术、采矿、电冶金	大学生（4）

(续表)

编号	院校	专业名称	类别（学制）
13	北方交通大学	内燃机车、铁道车辆、铁道信号、铁道工程、铁道运输	大学生（4）
14	上海工业大学	电机工程、机械设计与工艺	大学生（4）
15	华东化工学院	化学工程、基本有机化工、高分子化工、石油炼制	大学生（4）
16	华东纺织工学院	棉纺、毛纺、机织、纺织机械、化学纤维、染整	大学生（4）
17	华东水利学院	农田水利	大学生（4）
18	无锡轻工业学院	食品工程	大学生（4）
19	吉林工业大学	农业机械	大学生（4）
20	长春地质学院	普查找矿	大学生（4）
21	西安公路学院	汽车运用与修理、公路工程、桥梁与隧道	大学生（4）
22	浙江农业大学	农学、土壤农化	大学生（4）
23	广西农学院	农学、畜牧兽医	大学生（4）
24	北京医学院	医学	大学生（6）
			进修生（1）
25	中国医科大学	医学	大学生（6）
			进修生（1）
26	上海第一医院	医学	大学生（6）
			进修生（1）
27	上海第二医院	医学	大学生（5）
			进修生（1）
28	中山医学院	医学	大学生（5）
29	广西医学院	医学	大学生（5）
30	北京中医学院	中医	大学生（5）
			进修生（1）
31	广州中医学院	中医	大学生（5）
			进修生（1）
32	南京药学院	药学	大学生（4）
			进修生（1）

[资料来源]根据《中国教育年鉴》编辑部编的《中国教育年鉴》1949—1984年相关

资料整理而成。

表6-16 1982年我国接收来华留学生的艺术院校及专业一览表

序号	院校	专业名称	类别（学制）
1	中央美术学院	中国美术史	大学生（4）
			进修生（1—2）
		中国画	大学生（4）
			进修生（1—2）
		版画	大学生（4）
			进修生（1—2）
		油画	大学生（4）
			进修生（1—2）
		雕刻	大学生（4）
			进修生（1—2）
2	浙江美术学院	中国画	大学生（4）
			进修生（1—2）
		书法	大学生（4）
			进修生（1—2）
		美术史	大学生（4）
			进修生（1—2）
		油画	大学生（4）
			进修生（1—2）
		版画	大学生（4）
			进修生（1—2）
		雕刻	大学生（5）
			进修生（1—2）
		装潢美术设计	大学生（4）
			进修生（1—2）
		染织美术设计	大学生（4）
			进修生（1—2）
3	中央戏剧学院	中国戏曲史	进修生（1）

(续表)

序号	院校	专业名称	类别（学制）
4	上海音乐学院	民族音乐理论	大学生（5）
			进修生（1—2）
		作曲	大学生（5）
			进修生（1—2）
		钢琴演奏	大学生（4）
			进修生（1—2）
		民族器乐演奏	大学生（4）
			进修生（1—2）
		管弦乐器演奏	大学生（4）
			进修生（1—2）

[资料来源]根据《中国教育年鉴》编辑部编的《中国教育年鉴》1949—1984年相关资料整理而成。

及至1986年，我国可以接收来华留学生的院校已增至66所，其中包括14所文理综合院校、4所师范院校、6所艺术院校、22所工科院校、3所农业院校、16所医药院校和1所体育院校。这些院校，多数是当时我国的重点高校。对外开放的院校增多后，我国对来华留学生开放的专业迅速超过300个。其中，部分院校为国际学生开放的专业增加很快，如中国人民大学、武汉大学、天津大学等（见表6-17）。相对而言，文理科院校所开设的文科专业，数目急剧增长。此种变化，为综合性院校大规模接收文科留学生创造了条件和可能。然而，总体来看，就开放的专业数目而言，理工科专业仍然占明显优势，这种现象应该与中华人民共和国成立以来我国高等教育一直重视理工科专业建设有一定的关系。此后直至1989年，我国为来华留学生开放的专业，基本参照1986年的标准。

表6-17 1986年我国对来华留学生开放的院校及专业统计表

编号	院校	专业名称
1	北京大学	中国语言文学、中国史、考古、政治经济学、哲学、宗教学、世界经济、政治学、古典文献、国民经济管理、世界史、法律学、国际共产主义运动史、国际法、气象、国际政治、数学、化学、生物化学、生物物理、力学

(续表)

编号	院校	专业名称
2	中国人民大学	中国哲学史、现代汉语、中共党史、政治经济学、世界经济、清史、中国经济思想史、中国经济史、中国政治制度史、中国历史、档案管理学、档案学、档案保护技术学、中国新闻史、国际共产主义运动史、国际政治、工业经济管理、农业经济管理、商业企业管理、商业经济、劳动人事管理学、商品学、中国劳动人事制度史、法律学、法学基础理论和法律思想史、中国法制史、外国法制史、中国宪法、中国刑法、中国民法、中国诉讼法、经济法、中国犯罪侦查学、国际法、国际经济法
3	复旦大学	中国现代文学、中国古代文学、中国古代史、中国近现代史、中国哲学史、中国经济思想史、中国经济史、中国货币史、国际政治、中国法律、社会主义经济学、汉语
4	南开大学	汉语言文学、中国史、社会主义经济理论、价格学、《资本论》研究、博物馆学、中国经济思想史、中国经济史、中国管理史、环境生物学、环境化学、生物化学、昆虫学、化学、电子学、微电子学、激光物理与激光技术、光学信息处理及全息术、光谱学与激光光谱、有机化学、中国哲学史
5	南京大学	汉语言文学、中国历史、中国哲学、中国经济、中国法律、基础汉语、中国文化、中国书画、天气动力学、海岸地貌学、城市与区域规划、区域自然地理、地貌与第四纪环境、古生物地层、构造地质与地球物理、计算机软件、无线电物理、原子核物理、晶体物理、半导体物理、天文学史及古天文学、计算机应用、声学
6	山东大学	中国古代文学、语言学、哲学、中国现代文学、经济法律、科学社会主义、山东地方现代史、中国近现代史、中国古代史、考古
7	武汉大学	中国古代文学史、现代汉语、古代汉语、中国现代文学史、中国现代史、中国古代史、中国当代文学史、中国近代史、六朝断代史、中国古代文学批评史、中国哲学史、国际法、荆楚史地与考古、中国经济史、经济法、第二次世界大战史、国际私法、国际经济法、中国图书馆事业的历史发展、宪法、中国目录学、基础数学、民法、高分子化学、分析化学、刑法、计算机软件、植物分类学
8	中山大学	中国哲学史、基础汉语、汉语、孙中山研究、中国史、粤语、计算机数学与计算机应用、法律、计算机软件、应用数学、考古、地质学、气象学、数学、昆虫学、植物学
9	厦门大学	中国现代文学、中国古代文学、汉语言文学、中国古代史、中国现代史、中国经济史、政治经济学、会计学、统计学、海洋化学、物理化学、数学、海洋生物学、财金

(续表)

编号	院校	专业名称
10	四川大学	中国古代文学、古代汉语、哲学、汉语言文学、现代汉语、中国现代文学、中国历史、中国文学批评史、中国古代史、中国古文字学、中国近代史、中国近现代史、四川地方史、西南民族考古学、西南民族史、中国经济思想史、中国哲学史、中国道教思想史、中国经济史、政治经济学、世界经济、数学、植物分类学、植物遗传学、化学、光学
11	吉林大学	中国语言文学、历史学、考古学、政治经济学、法律学、政治学、高分子材料、物理学、数学、物理化学、化学
12	辽宁大学	中国语言文学、历史、经济学
13	北京语言学院	基础汉语、现代汉语
14	北京外国语学院	汉语、汉语语言文学
15	北京师范大学	中国语言文学、学校教育、历史、对外汉语教学、学前教育、数学、政治经济学、中共党史、心理学、无线电电子学、生物学、化学、生物化学、物理学、天文、地理学、体育学
16	华东师范大学	精细有机合成、理论物理、数学、高分子化学、分析化学、气候学、自然地理学、人文地理、学校教育、中国人口地理、汉语言文学、基础汉语、中国古典文献、中国古代史、中国近代史、中国哲学史、光学、激光
17	天津师范大学	中国语言文学、中国历史、化学、地理、汉语
18	南京师范大学	汉语言文学、现代汉语、古代汉语、中国古代文学、中国现代文学、农村教育、中国幼儿教育、青少年道德、中国书法、中国心理学史、中国教育史、中国画、中国古代史、动物学
19	中央美术学院	中国美术史、中国画、油画、民间绘画、连环画、版画、雕塑、壁画
20	浙江美术学院	中国画（人物）、中国画（山水）、中国画（花鸟）、书法、油画、版画
21	中央工艺美术学院	陶瓷设计、印染织绣、工业设计、书籍装帧、商业美术、服装设计、装饰绘画、装饰雕塑、金属工艺
22	中央戏剧学院	中国戏剧史、戏剧导演、戏剧表演、舞台美术设计
23	中央音乐学院	作曲与作曲技术理论、音乐学、声乐歌剧、民族乐器、指挥

(续表)

编号	院校	专业名称
24	上海音乐学院	民族乐器演奏、管弦乐器演奏、民族音乐理论、声乐和民族民间演唱、钢琴演奏、作曲、中外音乐史
25	清华大学	化学工程、内燃机、电机、高分子化工、电力系统及其自动化、计算机及应用、热能工程、建筑学、空气调节工程、建筑结构工程、水资源工程、机械制造工艺、设备及自动化、锻压工艺及设备、焊接、汽车专业、金属材料、铸造
26	同济大学	建筑学、建筑结构工程
27	上海工业大学	机械制造工艺及设备、电子精密机械、液体传动与控制、电机工程、电磁测量技术及仪表、电视与信息处理
28	天津大学	机械制造工艺及设备、焊接、光电子技术、工程热物理、内燃机、电力系统及其自动化、电机制造、工业电气自动化、工业自动化仪表、计算机及应用、计算机软件、建筑学、建筑结构工程、供热通风及空气调节、水利水电工程建筑、港口及航道工程、应用数学、无机非金属材料、金属材料及热处理、精细化工、电化学生产工艺、高分子化工、化学工程、基本有机化工、化工设备及机械、应用物理
29	南京工学院	建筑学、建筑结构工程、无线电技术、电力系统及其自动化、公路与桥梁工程、半导体物理与器件、计算机科学与工程
30	浙江大学	工业电气自动化、电力系统及自动化、生产过程自动化、化工设备及机构、化学工程、建筑结构工程、流体传动及控制、光学仪器、建筑学
31	华中工学院	固体力学、应用数学、光电子技术、工业电气自动化、过程控制与自动化、内燃机、信号、电路与系统、金属材料、锻造工艺及设备、制造系统工程
32	东北工学院	地质矿产勘探、采矿工程、铸造、中国前寒武纪地质及矿床、矿井建设、选矿工程、钢铁冶金、有色金属冶金、冶金物理化学、金属材料与热处理、金属压力加工、机械制造工艺及设备、矿业机械、机械设备及制造、冶金机械、真空技术及设备、热能工程、流体传动及控制、无线电技术、工业自动化仪表、计算机及应用、科学学与科学管理、自动控制、工业管理工程、应用数学、工业自动化、系统工程
33	吉林工业大学	汽车与拖拉机、汽车运用工程、起重运输与工程机械、农业机械、机械制造工艺与设备、内燃机、工业管理工程、工业电气自动化、电子仪器及检测技术、矿业机械、计算机及应用、铸造
34	北方交通大学	计算机及应用、计算机软件、交通信号与控制、通信工程、无线通信、铁道运输、铁道车辆、热能动力机械与装置、内燃机、起重运输与工程机械、铁道工程、电力牵引与传动控制、技术经济、工业与民用建筑工程、铁道财务会计、物资管理工程

(续表)

编号	院校	专业名称
35	北京邮电学院	电信工程、电磁场与微波技术、图像传输与处理、计算机及应用、无线通信、邮电管理工程、应用物理
36	北京钢铁学院	采矿工程、矿业机械、钢铁冶金、金属材料与热处理、选矿、铸造、金属压力加工、计算机及其应用、工业电气自动化、腐蚀与防护、冶金机械、金属物理、热能工程、冶金物理化学
37	中国纺织大学	纺织工程、针织工程、染整工程
38	华东化工学院	石油加工、有机化工、化学工程、无机化工、无机非金属材料、生物化工、高分子材料科学与工程、精细化工
39	河海大学（原华东水利学院）	农田水利工程、水利水电工程建筑、水电站动力设备、陆地水文、港口及航道工程、水力建筑力学、工程地质及水文地质、工业与民用建筑
40	无锡轻工业学院	发酵工程、食品工程、油脂工程、制糖工程、粮食加工工程
41	武汉水运工程学院	船舶工程、船舶机械、内燃机、热能动力机械与装置、起重运输与工程机械、工业电气自动化、交通运输管理工程
42	大连海运学院	海洋船舶驾驶、轮机管理、船舶电气管理、电子工程、计算机及其应用、通信工程、自动控制
43	西安公路学院	桥梁工程、公路与城市道路工程、汽车运用工程、起重运输与工程机械
44	长春地质学院	地质矿产勘查、水文地质与工程地质、勘查地球物理、地球化学与勘查、电子仪器及测量技术、工业分析、探矿工程、地质学
45	武汉地质学院	地质学、矿床学、地层古生物学、水平地质及工程地质、地球化学、岩石学及矿物学、石油地质学、勘查地球物理、探矿工程
46	成都地质学院	地质学、水文地质与工程地质、地质力学、勘查地球物理、石油及天然气地质勘查、同位素地质学、沉积岩石学、石油及天然气、地质勘查、工程地质学
47	浙江农业大学	农学、土化、植保、蚕桑、茶叶
48	华南农业大学	农学、作物遗传育种、果树、农业昆虫、植物病理、土壤农化、蚕桑、林学、农业机械化、兽医、农业机械设计制造、兽医外科学、畜牧、养禽及禽病防治、蔬菜、家禽病毒病的实验室诊断、作物营养与施肥、热带土壤学、土壤发生、分类与土壤调查

(续表)

编号	院校	专业名称
49	广西农学院	农学、植物保护、土壤农业化学、畜牧、兽医、农业机械化
50	北京医科大学	医学、口腔医学、药物化学、药学
51	上海医科大学	医学、公共卫生、药学专业、药物化学、药理专业
52	上海第二医科大学	医学专业
53	天津医学院	医学、中西医结合治疗急腹症、脑系科、临床放射学、心血管、病理学及超微结构病理学、生物化学
54	浙江医科大学	医学、药学
55	华西医科大学	医学、法医学、口腔医学、口腔颌面外科、药物设计
56	湖北医学院	医学、口腔医学
57	同济医科大学	医学
58	中山医科大学	医学
59	广西医学院	医学
60	中国医科大学	医学
61	北京中医学院	中医、针灸推拿、中药、中医内科、针灸学、中药学、中医基础理论、中国医学史
62	上海中医学院	中医学、针灸学、中药、中医内科、针灸、中药学
63	南京中医学院	中医、针灸学、针灸、中医内科、中药
64	广州中医学院	中医医疗、中医内科、中医针灸
65	南京药学院	药学、药剂、中药、生药鉴定
66	北京体育学院	体育、运动、专项

[资料来源]李滔主编:《中华留学教育史录(1949年以后)》,高等教育出版社,2000,第834—841页。

20世纪90年代初,我国对来华留学生的招生政策做出了较大调整,旨在使来华留学教育提高层次、扩大规模,推动自费来华留学生事业的快速发展。根据当时国家教委的指示精神,1990—1991学年度,我国对来华留学生的招生工作,要遵循"积极稳妥、保证质量、提高层次、注意效益"的原则,主动做工作,努力完成招生任务。其时,我国对来自不同国家的外国留学生,采取不一样的措施。如针对第三世界国家的来华留学生,本着实行高层次、短学制、注重效果的精神,从1990年起,除个别专业和个别国家外,不再为亚洲、非洲、拉丁美洲和南太平洋岛国的高中毕业生提供来华攻读本科的奖学金。① 在招收西方国家的来华留学生方面,积极争取更多的全自费生来华学习,原因在于,来自西方国家的国际学生,多为学习语言或一些文科类的进修生。这些政策都在一定程度上鼓励了国际学生来华学习文科专业。此种现象,从1995—1998年间来华留学生的学科分类中可见一斑(见表6-18)。

表6-18 1995—1998年来华留学生学科分类统计表

年份	文科	医科	工科	艺术	理科	体育	农科	总数	文科生占比
1995	26377	3945	933	471	596	293	143	32758	80.52%
1996	31745	3509	313	391	203	663	80	36904	86.02%
1997	33178	4134	458	516	253	428	68	39035	85.00%
1998	35588	4004	1742	383	674	196	497	43084	82.60%
合计	126888	15592	3446	1761	1726	1580	788	151781	83.60%

[资料来源]根据《中国教育年鉴》编辑部编的《中国教育年鉴》1993—2000年相关资料整理而成。

1995—1998年间,在来华留学生中,文科学生占绝大多数,平均占

---

① 李滔主编:《中华留学教育史录(1949年以后)》,高等教育出版社,2000,第842页。

据来华留学生总数的83.60%；其次是医科学生，占据来华留学生总数的10.27%；再次是理工科学生,占据来华留学生总数的3.41%；其他科类如艺术、体育、农科等专业，共占据2.72%。

1999年后，来华留学生规模迅速扩大，特别是自费来华留学生迅速增加。自费来华留学生来华后，可以自由选择专业学习。随着我国高等教育的发展以及科研实力的增强，来我国学习经济、管理、法律、教育、医科、理工科类的留学生日益增加。自此，来华留学生所选学科日益多样化。仅1999年，我国接收来华留学生的院校达356个，其中，来华留学生人数超过500人的院校有16所。在当年来华留学生所选专业中，人数超过2000人的专业有2个，分别是文学和中医；① 至2000年，来华留学生所选学科明显增加，此后，每年来华留学生所选学科日益走向多样化。

1999—2013年间，来华留学生所选专业主要集中在汉语言、文学、西医、经济、工科、管理、中医等专业。在这些专业中，汉语言仍然是来华留学生选择最多的专业。首先，1999—2013年间，学习汉语言的学生总数多达1497208人，竟然比学习其他专业学生的总和还多。产生此种现象的原因，将在后文详细介绍。其次，学习文学类专业的来华留学生也较多，人数达219911人。再次是学习西医、经济、工科、管理、中医、法学、理科、艺术、农科、体育的学生，人数分别为212351、141859、135827、129462、119991、58033、28029、21695、10796、9268。②

其实，进入21世纪以来，随着中国综合国力的增强，特别是在工业制造、高新技术等方面的进步，来我国学习理工科和医科的学生比例又有所增加。如2002年，在所有来华留学生中，学习理工、农医类专业的学生，占所有来华留学生总数的11.44%；至2008年，此比例增至21.68%；及至2013年，比例增至22.75%。③

在此需做说明的是，学习医科的来华留学生，无论是西医还是中医，一直是来华留学生选择较多的专业。选择这些专业的国际学生，主要来自第三

---

① 根据教育部国际合作与交流司编的《来华留学生简明统计》1999—2013年相关资料整理而成。
② 同上。
③ 同上。

世界国家，如印度、巴基斯坦及非洲国家。此外，在来华留学生中，学习经济及管理学的学生也有明显增加。如 2000 年，选择经济与管理类的学生，仅占当年来华留学生总数的 4.24%。至 2013 年，学习经济和管理类专业的学生，已占当年来华留学生总数的 13.97%。①

二、汉语学习及预科教育概况

在我国来华留学生专业分布中，汉语一直是占比例最大的专业，对此前文已有说明。1978 年以来，来华留学生中学习汉语的学生，每年都有大规模增加。掌握汉语除了是学习其他专业的基础，也与我国接收来华留学生的政策不无关系。

国际学生的口语和写作，对国际学生的求学成效和学业表现至关重要。对那些母语不是接收国所用教学语言的来华留学生而言，在教学环境中，语言水平直接影响学生的学业成功与否。语言水平不仅对学业较为重要，对国际学生的社交也很重要。因此，高等院校应给来华留学生提供足够的机会，以提高他们的语言技巧，包括听、说、读、写等方面的能力。与之同时，高校可适当地给国际学生安排当地学生做学习伙伴，以帮助国际学生构建良好的社会关系，适应在华学习和生活。

来华留学生在语言上的困难，是其在华接受专业教育的主要问题之一。对此，1973 年我国高等学校恢复接收来华留学生时，就对他们的汉语培训有过如下规定：外国留学生一般先集中到北京语言学院学习一年左右汉语，然后视汉语运用能力而定是否转入专业学习。这一时期，北京语言学院接收的汉语专业学生，主要是国家间交流的奖学金生。此外，国家还规定，在来华前没有学习过汉语的国际学生，通过在华一年的汉语培训后，若其汉语能力还不能适应专业学习的需要，必须在进入专业学习后，利用课程规定中的外语课时间，再学习一至两年的汉语课，以提高自身的汉语能力，借此保证专业学习质量。同时规定，选学文、史、哲和中医等专业的来华留学生，必须

---

① 根据教育部国际合作与交流司编的《来华留学生简明统计》1999—2013 年相关资料整理而成。

接受两年的专门汉语培训。此后，我国的留学生教育，基本按照上项规定进行语言培训。

1991年10月，国务院学位委员会就部分高等院校施行《关于普通高等学校授予来华留学生我国学位试行办法》，对来华留学生汉语能力做出了明确规定：

> 对于在我国获得学士学位、再次申请来华攻读硕士学位者，要求具有使用生活用语和阅读本专业汉语资料的能力；对于在他国（含派遣国，下同）获得相当于我国学士学位学术水平的学历证书者，要求具有使用生活用语的初步能力。《中国概况》应作为来华留学硕士生的必修课来安排和要求。
>
> ……
>
> 对于在我国获得硕士或学士学位、再次申请来华攻读博士学位者，要求具有使用生活用语和阅读本专业汉语资料的能力；对于在他国获得相当于我国硕士学位学术水平的学历证书者，要求具有使用生活用语和阅读本专业汉语资料的初步能力。《中国概况》应作为来华留学博士生的必修课来安排和要求。①

为辅助来华留学生学习汉语，我国决定为其开展预科教育。2004年11月，我国首次召开"中国大学预科教育研讨会"，在研讨会上，第一次正式提出"预科教育"的概念，此后，"预科教育"一词被广泛使用。研讨会上明确指出，在来华留学生中开展预科教育，不仅可以加强国际学生语言能力的培养，并能够促进汉语培训与专业知识的接轨，使国际学生的汉语水平达到能够接受专业教育的水平，以确保其专业教育顺利进行。为此，会议强调，为来华留学生开展预科教育很有必要，是来华留学教育质量的保障。

为了提高来华留学教育的质量和中国教育的国际影响力，进一步发展中国与世界各国的文化、教育交流与合作，自2005年开始，教育部选择三所大学作为预科教育试点，为中国政府奖学金本科生进行预科教学。这三所大学

---

① 国务院学位委员会办公室、教育部研究生工作办公室编：《学位与研究生教育文件选编》，高等教育出版社，1999，第103—104页。

分别是山东大学、南京师范大学和天津大学。针对所有中国政府奖学金本科生，预科教育为其进行汉语强化培训及理科、文科、经管类等基础专业知识培训。经过4年的试点，预科教育取得了很大的成功。在第一年的汉语强化训练中，预科教育要求来华留学生通过HSK（汉语水平考试）四级及相关专业基础课程的考试。

2009年4月，教育部下达了《关于委托对中国政府奖学金本科来华留学生开展预科教育的通知》，南京师范大学、天津大学、山东大学、北京语言大学、华中师范大学、同济大学等6所高校，正式成为承担中国政府奖学金本科来华留学生预科教育工作的指定高校，承担来华留学生的汉语强化培训及相应学科的专业基础知识培训。如天津大学和同济大学，承担汉语及理科专业的培训；华中师范大学和山东大学，承担汉语及文科专业的培训等。所有来华的中国政府奖学金本科生，都必须根据自己的学习专业，在这6所预科院校中选择1所，进行汉语强化培训和专业基础知识的培训。时隔1年后，增加了东北师范大学，承担预科教育项目的高等院校扩大至7所。至2013年，北京第二外国语大学和对外经济贸易大学2所院校，也加入了预科教育基地的高校队列。

2010年9月，在《关于中国政府奖学金本科来华留学生开展预科教育的通知》中，教育部规定，中国政府奖学金本科生，均须进入预科院校接受预科教育，时间定为1年。完成预科教育后，来华留学生须在汉语水平、相关专业的基础知识以及跨文化交际能力等方面有很大提高，并能达到进入专业学习的要求。上述通知强调"跨文化交际能力"的培养，是对传统来华预科教育观念的突破，对汉语教材内容的革新起到了推动作用。传统的预科教育，指对来华留学生汉语水平的集中训练，为学生进入汉语授课环境做准备。但是，来华留学生不仅是来中国学习专业知识，他们还要在这里生活，同中国人进行社会交往和文化交流，因此，他们必须学会适应中国的生活环境和文化背景，了解中国人的风俗习惯、思维方式和价值观念，为其在中国的学习打下良好的基础。职是之故，对来华留学生的预科教育，不仅要关注他们汉语水平的提高，更要关注他们在文化方面适应能力的增强。

自2005年以来，我国的预科教育取得了难能可贵、令人瞩目的成绩。我国预科学生的 HSK 四级通过率高达 98%。这些进入预科阶段学习的来华留学生，汉语基本为零，他们要在短短一年时间内，跨越语言的障碍、专业基础知识的障碍、中外文化差异的障碍，进入中国高校与中国学生同堂学习专业，无论对授课教师还是学生自身，都是一个巨大的挑战。

除中国政府奖学金生外，汉语同样成为许多进修生的选择。随着中国经济形势的发展及对外交流的深入，特别是在经济、外贸、文化、教育等领域对外合作与交流的增加，各国对懂中文、了解中国文化的人才需求也随之增加。为此，对中文和中国文化感兴趣的外国人士也不断增多。为节省时间，很多学生会选择来中国进行短期汉语学习，致使全球的"汉语热"频频升温。据不完全统计，2012 年，全世界 109 个国家 3000 多所高等学校开设了汉语课程，在多数国家，学汉语的人数高速增长。[①] 是故，学习汉语的学生总数，往往高于学习其他专业的学生总数。

更重要的是，近年来，国际教育界也在大力推行短期校际交流学生项目，即签订相关协议的两所或多所高等院校，互相派遣自己院校的在读学生赴对方院校短期学习，或学习 1 年，或学习 1 学期，或学习几个月。这种交流学习项目，经费较为灵活，高等院校之间就费用达成一致意见并签订相关协议后，即可互派学生前往对方院校学习。一般而言，签订协议的交流院校，多会采取互相免收学费、学生只交自己母校学费的方式进行。而来华学习的短期交流学生，也多会选择在华期间学习汉语。

三、英语为主的外语授课专业

使用什么语言对来华留学生进行授课，一直是高等院校内部争论激烈的一个问题。根据国际惯例，对于来华留学生，应使用汉语进行教学。然而，为了吸引更多的优质生源，保障教学质量，与国际教育接轨，增强本国的教育竞争力，很多国家的高等教育机构都开设了英语授课专业，以克服国际学

[①]《中华文化走出去，汉语负重续前行，由表及里，仍待破题》，2012 年 6 月 29 日《人民日报》（海外版）。

生的语言障碍，缩短留学生的学习时间，如意大利、法国、北欧四国等国家。上述这些国家，都推出了大量英语授课的硕士生和博士生项目，以促进教育的对外服务。我国也在大力推动英语授课项目，以吸引更多国际学生来华留学。

20世纪80年代，我国在华留学生的教育方面遇到一些问题。为了解决这些问题，国家及时调整留学政策，提出了"培养第三世界国家的来华留学生要实行高层次、短学制、注意效果"的指示精神，结合第三世界国家的实际情况，重点帮助第三世界国家的在职教师、政府官员、工程技术人员、医务人员等在短期内提高业务水平，使他们回国后更好地发挥作用，提高我国智力援外的效益。[①] 为此，我国遂开设专业本科班、专业硕士班、专业医生进修班以及专业针灸进修班。专业班教学语言分两种：一种用汉语教学，外国学生来华后，先补习1年汉语，然后开始专业学习；另一种用外语（主要用英语，个别专业用法语）教学，外国学生来华后，即可开始专业学习，同时学一些汉语，以解决在华生活所需用语。

1990—1992年的实践证明，硕士班和专业进修班更加受到亚洲和非洲国家学生的欢迎。此种专业班，不仅扫除了来华留学生"汉语难"的障碍，同时有利于国际学生在专业上的学习。此外，英语授课项目可以缩短来华留学生在华的学习时间，有利于这些学生在更短的时间内完成学习任务，达到学习目的，并取得相关学位。因此，自1993年开始，我国开始重点发展这两种形式的专业班。外语授课专业班的举办，推动了来华研究生教育的发展，尤其是硕士研究生教育的发展。例如，自1990年起，北京大学国际政治系开始举办国际关系硕士班，学习期限2年，全英文授课，毕业论文用英文撰写并进行答辩，成绩合格者，授予硕士学位。此班的学员，主要来自第三世界国家的奖学金学生，其中多数来自非洲国家，而且多是在政府机构中任职的官员，因此该班又称"非洲官员班"。在1990—1998年间，共举办了4期，共有学员35人，除3人外，其余32人均获得了硕士学位。再如20世纪90年代初，清华大学精密仪器系和电机工程系举办了三个英语授课硕士研究生班，学员全部是来自非洲和亚洲国家的奖学金生。这三个班的规模都不大，最多的一

---

① 李滔主编：《中华留学教育史录（1949年以后）》，高等教育出版社，2000，第843—844页。

个班有 8 人，最少的一个班只有 4 人，学习期限 2—3 年。除个别学生中途退学外，其他人均获得硕士学位。从教学效果来说，这个班是成功的，学生也是满意的，但教师花的精力与培养成果不成比例。①

外语授课专业班的开办，最初是针对奖学金生提出的。由于它的成功实施，也对我国高等院校自费来华留学教育的发展产生了影响。此后，有的院校开始举办英语授课西医本科留学教育。如原西安医科大学，从 1995 年开始举办全英语授课西医本科留学生教育。1995—1997 年间，该校共有医学本科留学生 74 人，其中 70 人来自巴基斯坦，另外 4 人分别来自尼泊尔、苏丹、黎巴嫩和加拿大。根据教育部的有关规定，临床医学专业是不能实施全英文教学的，因为临床医学专业的课程包括一年医院实习，能够讲汉语是在中国的医院实习的前提条件。但是，当时世界上一些国家的临床医学教育中，流行着临床医学留学生回国实习的做法。故而，当巴基斯坦方面提出派遣国际学生到西安医科大学攻读临床医学本科时，西安医科大学经慎重研究后，同意接收巴基斯坦的本科留学生来校学习临床医学，但双方协定，国际学生的实习，需要巴基斯坦方面的医疗机构给予合作，即当国际学生读到高年级需要到医院实习时，安排他们回巴基斯坦去完成这一教学环节。

从多年的来华留学教育的工作实践中可以看出，语言障碍是制约来华留学生规模扩大和结构优化的掣肘因素。为不断提升人才培养的国际化水平，扩大来华留学生规模，加快推进我国国际化进程，吸引优质来华留学生生源，之后教育部开始在高等院校选择国家级英语授课精品课程，以提供资助，分批建设国家级来华留学英语授课品牌课程，实现优秀课程资源共享，引导高校重视英语授课课程建设，为扩大来华留学生（尤其是学历生）规模清除障碍。2008 年开始，国家在一些大学实行英语授课项目试点，且集中在研究生层次。原因在于：其一，硕士和博士阶段的课程设置，并没有本科阶段多，主要为便于实行英语授课；其二，国际通行的硕士学位，一般用 1—2 年完成，而我国的硕士学位需 3 年完成，若学生先学习 1 年汉语，则需要 4 年完成，时间

---

① 于富增：《改革开放 30 年的来华留学生教育（1978—2008）》，北京语言大学出版社，2009，第 90 页。

成本比较大；其三，来华攻读硕士或博士的国际学生年龄一般偏大，他们学习汉语的难度也会更大，为了与国际接轨，很多高校选择在硕士和博士阶段，大范围推行英语授课项目。

据不完全统计，至2013年，已有200多所大学开设了6400多个英语授课专业。这些专业涵盖了本科、硕士研究生和博士研究生阶段的课程。这些英语授课项目，受到了来华留学生的欢迎。以华中师范大学为例，国际关系、国际政治以及外交学、教育学等英语授课项目，较为普遍地受到来华留学生的热烈欢迎。

综合言之，自1973年正式恢复接收来华留学生以来，我国对国际学生开放的专业，主要集中在理工科专业，这与我国建国后非常重视理工科的发展有很大关系。1978年改革开放后，随着来华留学教育管理体制的改变和中国社会的变革，尤其是学校有招收国际学生自主权后，来华留学生在专业选择上更加灵活。在专业选择上，文科专业逐渐占据了来华留学专业选择的主体地位。进入21世纪以来，随着中国高等教育质量的提高，来华留学生选择的专业更加多样化，除汉语专业外，文科专业、理工科专业、经济与管理类专业、医科、体育类、农林类专业的学生规模越来越均衡。

1973—2013年间，来华留学生的类别及学历层次是逐渐丰富起来的。随着中国高等院校招收来华留学生自主权的扩大，来华留学的国际学生的类别逐渐增多，学历生人数及其在所有长期留学生中的比例也在不断提高。就接收院校而言，无论中国政府奖学金生，还是自费来华留学生，抑或孔子学院奖学金生等来华留学学生，我国对其开放的院校由少数到多数，院校类别也逐渐多样而齐全。至于来华留学生所学专业，随着我国高等教育的快速发展，由理工科为主逐渐走向多样化。综上言之，随着中国国际学生教育事业发展规模的不断扩大，中外教育交流的主渠道——留学教育，与出国留学潮流汹涌澎湃相应，来华留学潮流同样汹涌澎湃。

主要参考文献

一、专著类

[1] 仓石武四郎. 仓石武四郎中国留学记[M]. 荣新江，朱玉麒，辑注. 北京：中华书局，2002.

[2] 大里浩秋，孙安石. 近现代中日留学生史研究新动态[M]. 上海：上海人民出版社，2014.

[3] 北京大学校史研究室. 北京大学史料：第一卷：1898—1911[M]. 北京：北京大学出版社，1993.

[4] 程家福. 来华留学生教育结构历史研究：1950—2010[M]. 上海：同济大学出版社，2012.

[5] 柴汝新. 莲池书院研究[M]. 保定：河北大学出版社，2012.

[6] 国家行政学院. 中华人民共和国政府机构五十年[M]. 北京：党建读物出版社，2000.

[7] 梁山，李坚，张克谟. 中山大学校史：1924—1949[M]. 上海：上海教育出版社，1983.

[8] 李滔. 中华留学教育史录：1949年以后[M]. 北京：高等教育出版社，2000.

[9] 刘问岫. 中国师范教育简史[M]. 北京：人民教育出版社，1984.

[10] 南开大学校史编写组. 南开大学校史：1919—1949[M]. 天津：南开大学出版社，1989.

[11] 王学珍. 北京高等教育史：上卷[M]. 北京：中国广播电视出版社，2010.

[12] 魏志江. 中韩关系史研究[M]. 广州：中山大学出版社，2006.

[13] 吴镇柔，陆叔云，汪太辅. 中华人民共和国研究生教育和学位制度史[M]. 北京：北京理工大学出版社，2001.

[14] 于富增. 改革开放30年的来华留学生教育：1978—2008[M]. 北京：北京语言大学出版社，2009.

[15] 于富增，江波，朱小玉. 教育国际交流与合作史[M]. 海口：海南出版社，2001.

[16] 余子侠，刘振宇，张纯. 中俄（苏）教育交流的演变[M]. 济南：山东教育出版社，2010.

[17] 章开沅，余子侠. 中国人留学史：上册[M]. 北京：社会科学文献出版社，2013.

[18] 张研，孙燕京. 民国史料丛刊：文教·教育概况[M]. 郑州：大象出版社，2009.

[19] 金铁宽. 中华人民共和国教育大事记：第2卷[M]. 济南：山东教育出版社，1995.

[20] 《中国教育年鉴》编辑部. 中国教育年鉴：1949—1981[M]. 北京：中国大百科全书出版社，1984.

[21] 《中国教育年鉴》编辑部. 中国教育年鉴：1982—1984[M]. 长沙：湖南教育出版社，1985.

[22] 中央教育科学研究所. 中华人民共和国教育大事记：1949—1982[M]. 北京：教育科学出版社，1984.

[23] 潘相. 琉球入学见闻录[M]. 清乾隆刻本.

[24] 谭皓. 近代日本对华官派留学史：1871—1931[M]. 北京：社会科学文献出版社，2018.

[25] 王强. 民国大学校史资料汇编：1[M]. 南京：凤凰出版社，2014.

[26] 何东昌. 中华人民共和国重要教育文献：1949—1975[M]. 海口：海南出版社，1998.

[27] 国务院法制办公室. 中华人民共和国教育法典[M]. 北京：中国法制出版社，2016.

二、报纸类

[1] 观张广文请就南洋振兴孔教禀牍推广言之[N]. 申报，1901-10-19(1).

[2] 议订外人留学章程[N]. 大公报（天津），1909-11-13(2).

[3] 学部优待外国留学生[N]. 申报，1909-12-2(5).

[4] 外国学生准入经科大学[N]. 申报，1910-1-23(6).

[5] 专电·电五（北京）[N]. 申报，1910-3-14(3).

[6] 美存远志[N]. 申报，1898-11-29(1).

[7] 京师近事[N]. 申报，1909-11-18(6).

[8] 日肄华文[N]. 申报，1880-4-3(2).

[9] 教育司优待韩国生办法[N]. 大公报（天津），1924-3-23(7).

[10] 要闻·中华民国大学院组织法[N]. 申报，1927-6-30(11).

[11] 法政学院之外国留学生[N]. 申报，1930-3-12(11).

[12] 促进中印互相了解，印留学生候机来华[N]. 新华日报，1943-11-15(2).

[13] 沟通中印文化，印度来华的各位研究生都洋溢着这希望[N]. 新华日报，1943-12-5(2).

[14] 印度学生二批来华将分配各大学研究[N]. 申报，1946-12-6(8).

[15] 印学生一批将来华留学[N]. 中央日报，1947-3-13(5).

[16] 马来望加锡王子来华崇仰我国文化在沪留学[N]. 申报，1934-10-4(14).

[17] 美国愿与我国交换留学生[N]. 申报，1946-3-8(4).

[18] 美选派学生来中国求学[N]. 申报，1947-7-19(5).

[19] 教育简讯：中国科学社对英美退还赔款用途之宣言[N]. 申报，1924-8-12(15).

[20] 日童留学来华 使之彻底理解中国 十年树人储材备用[N]. 申报，1934-4-16(7).

[21] 中德为沟通文化交换研究生[N]. 申报，1934-9-2(19).

[22] 日人有留学我国者[N]. 大公报（长沙），1917-8-29(6).

[23] 国立大学联合会之发起[N]. 申报，1924-7-1(11).

三、期刊类

[1] 陈德军，杨健璎. 1965年来沪越南留学生考述[J]. 当代中国史研究，2017，24（2）：52-63.

[2] 陈强，孙奕，王静，等. 新中国第一批"洋学生"：清华大学东欧交换生中国语文专修班始末[J]. 神州学人，2015（7）：9-13.

[3] 黄荣光. 同治年间中日经贸交往清档[J]. 历史档案，2008（2）：3-18.

[4] 刘海方. 从中国模式的智力援助到全球化时代新公共外交：讲述中国对非洲奖学金的故事[J]. 当代世界，2013（3）：54-57.

[5] 谭皓. 试论近代日本外务省对华派遣留学生制度（1871—1931）[J]. 抗日战争研究，2017(2):100-113.

后　记

　　按照时俗的惯例，一部书稿画上句号之时，总得"交代"几句：本部书稿从"初心"萌生，到资料搜集，再到立意拟纲，本是想为8年前开篇的《中国人留学史》撰就一部"姊妹篇"或"比对卷"，即写成一部《外人来华留学史》！正因有此起意，当吉艳艳做博士学位论文时，我让她选题定下新中国成立以来外人来华留学的变迁，这也是现在呈现在诸君面前这本书后三章的资料基础。

　　然则今日为学，有些事情只能"随行就市"或"见异思迁"。尽管我于中国古代外人来华留学史料的搜集已是累案成堆，只缘大象出版社有意且好意助我编辑出版这套书——在此真心诚意地感谢他们，为了整体在历史时间上的起点划一，只好先撰写成近代以来外人来华留学的演进或嬗变，而难以顾及通史性研究初衷的实现。在此只能说，《外人来华留学史》留待来日了！

　　因为原意在于从古到今，所以在本书系编研工作已经启动时，近代部分资料的搜集尚未完备，而本人身膺丛书主编之任，职责所在，只能先用心用力对其他九部书稿进行"打磨"，将这一部留在最后来完成。正因如此，这部书稿起意最早而完工最晚，也正因如此，颇有"急就章"的意味！

　　因为赶得急，容不得我去从容就事。然则吉艳艳留校任教后，没有时间更无精力来参加此部书稿的撰作和整理。缘此，正在读博的王海凤接下了这一棒——从搜集资料到完成本书前两章初稿，并以吉艳艳的学位论文为底稿，进行章节的调整、引文的复核、数据的验算甚至一些节、目或段落的改写，当然，当下学界的通例，"导论""后记"之类的工作亦由本人来完成。

蕲阳　余子侠
于戊戌年大寒